W0191742

Jede Region Deutschlands besitzt faszinierende Zeugnisse der Geschichte, die anhand von noch heute sichtbaren Geländeveränderungen, Gebäuderesten und Artefakt-Funden nacherlebt werden kann.

Namhafte Autoren, allesamt Historiker, vermitteln in der Buchreihe „Archäologische Streifzüge" einen anschaulichen, verständlichen und lebendigen Einblick in das Leben der Menschen in früheren Zeiten und stoßen damit für den heutigen Geschichtsinteressierten ein Fenster in die Vergangenheit auf.

Jeder Band ist eine Motivation, den Spuren vergangener Völker zu folgen und die speziellen historischen Geschehnisse der jeweiligen Region kennen zu lernen, deren Auswirkungen manchmal bis in die heutige Zeit reichen. Die einzelnen Wanderrouten führen den Leser zu allen wichtigen historischen Sehenswürdigkeiten. In Verbindung mit ergänzenden Informationen zu Museen, frühgeschichtlichen Grabstellen und vieles andere mehr ist jeder Band dieser Reihe der ideale Begleiter für den historisch interessierten Wanderfreund.

Demnächst erscheint:

Nördlicher Hunsrück

Legende

Hessische Rhön

1 Rekonstruierter Grabhügel der Mittelbronzezeit Großenlüder-Bimbach
2 Grabhügel aus dem Frühneolithikum in den Gemarkungen Binz und Oberer Mühlberg
3 Haimberg mit urnenfelderzeitlichen Siedlungsspuren
4 Schulzenberg mit spätneolithischem Gräberfeld
5 Finkenberg mit Gräbern der Bronze- und Eisenzeit
6 Sängersberg mit eisenzeitlicher Höhenbefestigung
7 Wartturm bei Lüdermünd
8 Schiebberg
9 Gräber der Mittel- und Spätbronzezeit bei Trätzhof
10 Heidenküppel mit eisenzeitlicher Befestigungsanlage
11 Wüstung Frickenhausen
12 Wehrkirche in Dietershausen
13 Florenberg
14 Lanneshof mit urnenfelderzeitlichem Gräberfeld
15 Liobakirche bei Petersberg
16 Gräber der Frühlatènezeit bei Stöckels
17 Margretenberg mit Siedlungsspuren der Eisen- und Hallstattzeit
18 Frauengrab der Bronzezeit bei Traisbach
19 Niederungsburg bei Petersberg-Steinau
20 Barockkirchen in Burghaun
21 Siedlung der Hallstattzeit bei Hünfeld-Mackenzell
22 Bronzezeitlicher Grabhügel bei Burghaun „Am Dell"
23 Spätpaläolithischer Fundplatz am Steimelsberg
24 Markuskapelle (Totenkirche) bei Rothenkirchen
25 Burg Hauneck
26 Sinzigburg
27 Burg Altwehrda
28 Stiftsruine Bad Hersfeld
29 Grabhügel von Molzbach „Taubenberg"
30 Rekonstruktion zweier hallstattzeitlicher Häuser bei Hünfeld-Mackenzell
31 Morsberg
32 Wüstung Feuchtenborn
33 Stallberg
34 Kleinberg
35 Wehrfriedhof in Rasdorf
36 Dachberg
37 Wüstung Bingarten
38 Mittelalterliche Burg bei Haselstein
39 Milseburg
40 Ebersburg
41 Wüstung Altenhirza
42 Schwedenschanze bei Gersfeld
43 Kreuzberg und Ruine Osterburg
44 Schneeburg
45 Wüstung Rotenmohr
46 Wasserburg bei Wüstensachsen
47 Ruine Eberstein
48 Galgenberg bei Hilders
49 Auersburg bei Hilders
50 Frühmesolithischer Fundplatz bei Lahrbach
51 Eisenzeitliche Befestigungsanlage auf dem Habelberg
52 Freilichtmuseum in Tann

Thüringische Rhön

53 Hügelgräber der Mittelbronzezeit bei Pferdsdorf
54 Hügelgräber bei Deicheroda
55 Grabhügel bei Borsch
56 Gräber in der Borscher Aue, „Schnabelkanne"
57 Sünna, Öchsenberg
58 Wallburg Diesburg bei Aschenhausen
59 Schloss Feldeck in Dietlas
60 Grabhügel bei Stadtlengsfeld
61 Bohlenweg bei Weilar
62 Weilar, Baier
63 Mittelalterliche Burg Fischberg bei Diedorf
64 Mittelbronzezeitliche Grabhügel bei Fischbach
65 Altes Schloss von Dermbach
66 Burganlagen bei Neidhartshausen
67 Grabhügelfelder bei Kaltennordheim
68 Wehrkirche von Kaltensundheim
69 Burganlage „Alte Mark" bei Erbenhausen
70 Otzbach, Arzberg
71 Oechsen/Lenders, Hessenkuppe
72 Geiskopf bei Völkershausen
73 Schleidsberg bei Geisa
74 Grabhügel auf dem „Lindig" bei Buttlar
75 Motzlar, Rockenstuhl
76 Krayenburg bei Tiefenort
77 Bad Salzungen, Schlösschen

Archäologische Streifzüge

Frank Verse · Thomas Grasselt

Nördliche Rhön

Auf alten Wegen durch die Vor- und Frühgeschichte

unter Mitarbeit von
Udo Lange und Milena Wingenfeld

edition
Goldschneck
im Quelle & Meyer Verlag

Die Angaben in diesem Buch sind von den Autoren und dem Verlag sorgfältig erwogen und geprüft, dennoch kann keine Garantie übernommen werden. Bitte immer aktuelle Hinweisschilder auf den Wanderwegen beachten! Eine Haftung der Autoren bzw. des Verlags und seiner Beauftragten für Personen-, Sach- und Vermögensschäden ist ausgeschlossen.

Bibliografische Information der Deutschen Nationalbibliothek
Die Deutsche Nationalbibliothek verzeichnet diese Publikation in der Deutschen Nationalbibliografie; detaillierte bibliografische Daten sind im Internet über http://dnb.d-nb.de abrufbar.

1. Auflage 2014
© 2014, by Quelle & Meyer Verlag GmbH & Co., Wiebelsheim
www.quelle-meyer.de

Druck und Verarbeitung: Media-Print Informationstechnologie, Paderborn
Printed in Germany/Imprimé en Allemagne
ISBN 978-3-494-01544-6

Inhaltsverzeichnis

Vorwort

Liebe Leserinnen, liebe Leser,

die Rhön gehört zu den bedeutendsten Mittelgebirgsregionen Deutschlands. Lange Zeit durch die innerdeutsche Grenze geteilt, wird die Region in den letzten Jahren zunehmend touristisch erschlossen. Die Landschaft ist reich gegliedert und gehört spätestens seit Einrichtung des Biosphärenreservats Rhön zu den größten Naturschutzgebieten des Landes. Als solches ist die Rhön ein beliebtes Ziel für Naturfreunde und Wanderer sowie ein spannendes Betätigungsfeld für die Naturwissenschaften.

Darüber hinaus ist die Rhön aber auch ein vielschichtiger vor- und frühgeschichtlicher Kulturraum. Seit Anfang des 19. Jahrhunderts wurden hier archäologische Ausgrabungen durchgeführt, so dass heute Fundplätze aus allen Zeitepochen von der Altsteinzeit bis zum Mittelalter bekannt sind. Besonders reich ist das Fundmaterial aus der Bronze- und Eisenzeit. Aus diesen Epochen sind noch zahlreiche Grabhügel und Ringwallanlagen in der Rhön erhalten.

Burgen und Schlösser bezeugen die wechselvolle Territorialgeschichte der Rhön vom Mittelalter bis zur Barockzeit. Manche malerische Ruine einer einst stolzen Burg ist heute vom Wald verdeckt. Gleiches gilt für ehemalige Ansiedlungen, die heute als Wüstungen vom Wald überwuchert werden.

Die „Archäologischen Streifzüge durch die nördliche Rhön" sollen diese abwechslungsreiche Kulturlandschaft erschließen helfen. Dazu wird der Leser zunächst in die Kulturgeschichte der nördlichen Rhön eingeführt. In knapper Form werden die Epochen des Naturraumes grenzübergreifend von der Altsteinzeit bis zum Mittelalter charakterisiert. Außerdem werden in eigenen Kurztexten besondere Einzelaspekte wie Salzgewinnung, vorgeschichtliche Fernwege oder der Mord an Abt Bertho II. behandelt.

Im Mittelpunkt steht aber die Beschreibung der heute noch sichtbaren Bodendenkmale und ihrer Fundstücke. Es ist dabei ein besonderes Anliegen, dem Leser auch eine Erkundung der vor- und frühgeschichtlichen Fundplätze in der Landschaft zu ermöglichen, da der Kulturraum sich oft nur durch den umgebenden Naturraum erklärt. Wer z. B. einmal auf der Milseburg oder dem Öchsen gestanden hat und den Blick ins Umland schweifen ließ, kann besser als durch jedes Buch verstehen, warum gerader diese Berge eine keltische Ringwallanlage trugen. Es ist uns wichtig, den Reiz archäologischer Plätze als Quellen zur ältesten Geschichte herauszustellen und damit auch auf ihre Schutzwürdigkeit hinzuweisen. Es soll angeregt werden, über das Verzeichnis ausgewählter Literatur bereits vorhandene Kenntnisse zu erweitern und zu vertiefen.

Viele Bodendenkmale sind in regionale und auch überregionale Wanderwege eingebunden und ausgeschildert. Andere sind mit Hilfe der beigefügten GPS-Koordinaten leicht aufzufinden. Allerdings können nicht alle archäologischen Fundstätten direkt aufgesucht werden. Die Begehungsvorschriften des Biosphärenreservats und die Denkmalschutzgesetze der Länder sind unbedingt einzuhalten. Oftmals ist aber ein Blick aus der Ferne auch hilfreicher, da er eine bessere Übersicht über ein Fundareal ermöglicht.

Die Verfasser wünschen allen Lesern eine spannende Entdeckungsreise durch die Rhön und hoffen, mit diesem Buch einige interessante und unbekannte Fakten zur Erkundung der alten Kulturlandschaft beisteuern zu können.

Dr. Frank Verse   Dr. Thomas Grasselt

Naturraum

Mit der Rhön als Ganzem, die Flächen in den drei Bundesländern Bayern, Hessen und Thüringen beansprucht, liegt ein für die Ur- und Frühgeschichtsforschung interessanter, in seinen Teilen bei weitem nicht vollständig erforschter, weil auch naturräumlich vielfältiger und komplizierter Siedlungsraum vor uns. Nach ihrem unterschiedlichen geologischen Bau wird zwischen Rhönvorland, Vorderrhön/Kuppenrhön und Hoher Rhön unterschieden. Für die Archäologen ist die Rhön insgesamt ein südlich anschließender Teil der herzynisch streichenden Mittelgebirgslandschaft, zu der im Zentrum der Thüringer Wald gehört und die geologisch-geographisch bedingt auch aus siedlungsarchäologischer Sicht kein monolithisches Gebilde darstellt. Der Großraum mit einer Nord-Süd-Ausdehnung von etwa 60 km und einer Ost-West-Erstreckung von ca. 50 km ist nach seiner Topographie vielmehr in eine Anzahl von Kleinlandschaften, die bis in die mittelalterliche Zeit auch natürlich gebildete Siedlungskammern sein konnten, zergliedert. Nach den Kriterien, die den ur- und frühgeschichtlichen Menschen zur Wahl seiner Siedlungsplätze veranlassten, sind die Kleinräume für die Kommunikation untereinander und für den Alltag des Wirtschaftslebens bei noch eingeschränkter Mobilität entscheidend. Die Teillandschaften bedürfen einer gesonderten Beurteilung. Die jeweiligen Standortfaktoren zur Siedlungsplatzwahl weichen voneinander ab.

Die Rhön wird im Westen durch das Fuldatal mit dem markanten Fuldaer Becken begrenzt. Die Fulda entspringt unterhalb der Wasserkuppe und fließt im großen Bogen nach Norden und vereint sich bei Hedemünden mit der Werra. Der nordwestlich an die Fuldaer Senke angeschlossene Großenlüder-Lauterbacher Graben soll mit in die Betrachtungen einbezogen werden. Im Nordosten schließt sich an diese Region das Haunetal mit dem Hünfelder Becken an, das naturräumlich zum Fulda-Haune-Tafelland zählt. Den geologischen Untergrund bildet der Buntsandstein. Über verschiedene Täler, besonders aber über das Nüst- und Biebertal, werden Verbindungen zur östlich dieses Raumes gelegenen Hohen Rhön hergestellt. Auch diese besteht vor allem aus Gesteinsschichten des Mittleren Buntsandsteins sowie in deutlich geringerem Umfang aus solchen des Röts, Muschelkalks und Keupers. Diese Schichten werden immer wieder durch Basalt- und

Phonolithkegel durchbrochen, die häufig als Einzelberge markante Geländemarken bilden. Sie sind das Ergebnis eines tertiären Basaltvulkanismus, der vor mehr als 10 Mio. Jahren stattfand und flächige Eruptivdecken und kleine Quellkuppen auf einer vorhandenen flach welligen Geländeoberfläche bildete. Die für uns wie auch für den urgeschichtlichen Menschen beeindruckenden und unterschiedlich nutzbaren Basaltkegel und Tafelberge haben ihre landschaftliche Ansicht der Millionen Jahre wirkende Bruchtektonik, Abtragung und Erosion der Umgebung zu verdanken. Die vulkanischen Bildungen selbst und das umgebende Gelände wurden bis in den Muschelkalk und den Buntsandstein hinein modelliert. Typische Beispiele sind die einzeln stehenden Berge, die als hessisches Kegelspiel bezeichnet werden. An die Hohe Rhön, die in der Wasserkuppe mit 950 m ihre höchste Erhebung hat, schließt nach Osten die Vorder- oder Kuppenrhön an. Zwischen der Milseburg und den östlich benachbarten Kuppen der Thüringischen Rhön wie dem Öchsen und dem Umpfen, dem Arzberg, dem Schleidsberg oder auch dem Baier, die alle auch Wallanlagen tragen, bestehen bei gutem Wetter Sichtverbindungen, die auch bis zum Kreuzberg in Unterfranken reichen.

Die innere Rhön wird durch den knapp 50 km langen Lauf der Ulster erschlossen. Diese entspringt oberhalb von Wüstensachsen und mündet bei Philippsthal in die Werra. Der Ulster fließen auf ihrem Weg zur Werra mehrere Bäche zu: Brandbach, Schleppenbach, Habelbach und Grüsselbach von West sowie Weid, Kohlbach, Bremen, Bermbach und Hubengraben von Ost. Das weite Ulstertal mit seinen Nebentälern bildet einen wichtigen Siedlungsraum und stellt gleichzeitig einen bedeutenden Korridor in Süd-Nord-Richtung dar. Die Werra, deren Lauf wir hier etwa zwischen Meiningen und Bad Salzungen im Blick haben, bildet die Nord- und Nordostgrenze unseres Untersuchungsgebietes. Ihr fließen östlich der Ulster von Süden und Südwesten auch noch die Felda, der Rosabach und der Schwarzbach, die Katz und die Herpf zu. Die Felda bildet von Erbenhausen bis zur Mündung in Dorndorf ein ca. 35 km langes Tal, das zum Ulstertal parallel verläuft und vergleichbar gute Siedlungsbedingungen aufweist.

Die bayerische Rhön zwischen Bad Brückenau im Süden und Ostheim v. d. Rhön nordöstlich davon wird durch die in südöstliche Richtung der Fränkischen Saale zufließenden Streu für ur- und frühgeschichtliche Besiedlungsvorgänge aufgeschlossen. Der Kreuzberg liegt weiter westlich bei Haselbach und ist mit seinen

927,8 m Höhe die markanteste Erhebung in der südlichen Rhön. Neben der Fränkischen Saale fließt auch die Sinn, die nahe der bayerisch-hessischen Grenze nördlich Wildflecken entspringt dem Main zu und mündet wie diese bei Gemünden. Über das Fulda-Werraflussgebiet wird die Rhön zur Weser entwässert, über die Fränkische Saale und den Main gehört der Raum zum Einzugsgebiet des Rheins. Die Wasserscheiden sind für die Beurteilung archäologischer Kulturverhältnisse durchaus von Bedeutung.

Die für die Anwesenheit des Menschen wichtigen jüngsten Bildungen der Oberfläche fanden im Quartär statt. Von Bedeutung ist dabei, dass die Rhön während der Kältehöhepunkte des Pleistozäns nie von Gletschern erreicht wurde, das heißt, sie blieb immer eisfrei. Es entstanden die heutigen Flusstäler, damit wurden Schotterkörper gebildet, und mit der letzten Klimaerwärmung beginnend auch Auelehme sedimentiert. Ein Travertinbildungsprozess ist im Sommertal oberhalb Fischbachs bis heute zu beobachten. Löß, ein kalkhaltiges äolisches Sediment, wurde in der Rhön eher gering mächtig und kleinflächig abgelagert. Kleine Lößlehminseln finden sich auf sanften Buntsandsteinhängen. In den Kaltphasen des Pleistozäns entstanden durch die Verwitterung der Basalte die bekannten Blockmeere und auch die Kalksteinbruchmassen. Beide, für die Rhön typische Bildungen, erfolgten flächenüberdeckend, waren beweglich und somit nicht ohne Auswirkungen auf die Siedlungstätigkeit.

Bei Beachtung der anstehenden Grundgesteine und den seit dem Pleistozän hinzugekommenen Ablagerungen ist klar, dass die Bodenqualitäten innerhalb der Rhön im Hinblick auf ihre Tal- und Beckenlagen akzeptable Siedlungsstandorte bot. Dort finden sich fruchtbare Parabraun- und Braunerden, die aus einstmals vorhandenen Lößböden hervorgegangen sind. Auch die Kolluvien der Fließgewässer – im Bereich der Niederterrassen landwirtschaftlich nutzbar – besitzen gute Bodenqualitäten. Die Talauen selbst sind dagegen häufig vernässt und hochwassergefährdet. Die tiefgründigen Mergelböden des mittleren Muschelkalkes sind für den Nutzpflanzenanbau geeignet und ertragreich, allerdings schwer zu bearbeiten. In der thüringischen Kuppenrhön werden Muschelkalkböden auch kleinflächig von Basaltbruch bedeckt. Die sandigen Lehmböden, die sich auf dem Buntsandstein gebildet haben, sind von deutlich schlechterer Qualität als die Muschelkalkböden, aber leichter zu bearbeiten. Sie liefern nur bescheidene Ernteerträge. Der mittlere Buntsandstein der nördlichen Kuppenrhön wird für den Nutzpflanzenanbau als völlig ungeeignet eingestuft.

Der Basalt der Höhen und seine Verwitterungsprodukte, meist nur mit dünnen Humusauflagen versehen, erweisen sich als weitestgehend unbrauchbar für jeglichen Feldbau.

Aufgrund des rauen Klimas der Rhön lassen sich deren höhere Mittelgebirgslagen, ungeachtet der verfügbaren Böden, nur bedingt landwirtschaftlich nutzen. Heute werden diese kargen Flächen fast ausschließlich zur Viehweide genutzt. Historisch gesichert ist, dass das Kloster Fulda etwa um 1000 n. Chr. Hochweiden auf der Wasserkuppe betrieb. Die Weidewirtschaft kann in der Rhön durchaus eine bis in die urgeschichtliche Zeit zurückreichende Tradition haben. Eingedenk der begrenzten Ackerflächen war es nahe liegend diese Art der Tierhaltung etwa von Schafen und Ziegen als eine notwendige Ergänzung zum Pflanzenbau zu betreiben. Allerdings ist zu beachten, dass während des mittelalterlichen Klimaoptimums sogar an der Wasserkuppe Feldbau betrieben wurde und mit landwirtschaftlichen Versuchen durch die Zeiten (der Not) auch bei geringen Erträgen immer wieder gerechnet werden muss. In den regenreichen Gebirgslagen der hessischen Hohen Rhön betrieb man in der Neuzeit den Flachsbau mit Tauröste.

Ausdrücklich muss auf die Untersuchungen zur Vegetationsentwicklung nach Pollenentnahmen aus dem Stedtlinger Moor im Jahr 1989 und Pollendigramme aus Mooren der Hohen Rhön aufmerksam gemacht werden, die mit älteren Pollendiagrammen aus dem Werragebiet aus Sülzdorf, Säuligsee und Moorgrund bei Gumpelstadt sowie neueren Untersuchungen aus Nordbayern an Pollen aus Mooren bei Röppershausen und Rottenbach und aus dem Schwarzen Moor der Rhön, den archäologisch und historisch gewonnenen Besiedlungsgang gegenübergestellt, die archäologischen Karten der Hauptperioden durchaus stimmig komplettieren: erkennbare Eingriffe des Menschen in die Landschaft beginnen in der Bronzezeit, vorhandene Wälder werden kleinflächig zurückgedrängt. Die freien Flächen wurden überwiegend für den Anbau von Getreide genutzt. Neben den Rodungen waren noch größere Brachflächen für die Weidewirtschaft verfügbar. Der Anteil der Buche wächst und macht auf Normalstandorten zwischen der Hallstattzeit und dem 10. Jahrhundert mehr als 50 % aus. Zwischen Latène- und Merowingerzeit entwickeln sich die Wälder ohne nachhaltige anthropogene Eingriffe. Es dominiert die Rot-

Buche. Erst in der Karolingerzeit wirkt der Mensch nachhaltig ein. Der Feldbau wird erst spät zum dominierenden Wirtschaftszweig.

Neben dem landwirtschaftlichen Potenzial spielen auch die vorhandenen und für den ur- und frühgeschichtlichen Menschen zugänglichen Rohstoffe eine nicht zu unterschätzende Rolle für die Beurteilung der Siedlungsgunst einer Region. Für die ersten Siedler in der Rhön ist die reichliche Verfügbarkeit von Holz und Stein eine Lebensgrundlage. Geschlossene Waldgebiete, bevorzugt Waldränder am Übergang zu freien Trockenrasenflächen, waren in urgeschichtlicher und mittelalterlicher Zeit auch immer Jagdreviere. Vegetationsgeschichte kann, wie oben gezeigt wurde, nach der Entnahme von Pollen, die sich im feuchten und luftabgeschlossenen Raum gut erhalten, rekonstruiert werden. Eine extensive, gewerbliche Nutzung überfordert den Naturraum Wald. Im 16. Jahrhundert sind die Bestände soweit dezimiert, dass, wie für das Rhönvorland belegt, Waldschutzbestimmungen erlassen werden mussten.

Es gibt keine Erkenntnisse inwieweit örtliche Basalte seit dem Neolithikum zu Steingeräten verarbeitet wurden. Allerdings ist analog zu Nordhessen durchaus von einer Nutzung heimischer Basalte zur Geräteherstellung auszugehen. Um sicher zu gehen, wäre es notwendig geschliffene Beile, Äxte, Keile und Dechsel petrographisch mit örtlich zugänglichen Aufschlüssen zu vergleichen. Derartiges Fundmaterial, überwiegend für die Holzverarbeitung verwendet, liegt aus wenigen Siedlungsgrabungen und in beachtlicher Zahl als Oberflächenfunde vor. Dass ein Teil aus den anstehenden Vorkommen gewonnen wurde, ist wahrscheinlich. Diese Annahme wird durch neue materialanalytische Untersuchungen an latènezeitlichen Drehmühlsteinen genährt, von denen wenige Stücke von der Milseburg aus Lagerstätten in der unmittelbaren Nachbarschaft gewonnen wurden. Auch für die frühen Reibmühlsteine, die seit der Jungsteinzeit in Gebrauch waren, ist mit einiger Wahrscheinlichkeit die Nutzung vulkanischer Gesteine der Rhön zu erwägen. Wie für den Thüringer Wald sollte auch für die Rhön mit einer frühen Aufsuchung zur Rohstoffprospektion gerechnet werden, ohne dass direkt vor Ort länger gesiedelt wurde.

Ganz anders verhält es sich mit dem allseits begehrten Feuerstein (Silex), der für die meisten zu schlagenden Steingeräte der Alt- bis Jungsteinzeit Verwendung fand. Dieses Material fehlt in der Rhön. Es ist naheliegend zu erwarten, dass der wegen seiner Härte und guten Spaltbarkeit unentbehrliche Rohstoff aus den

Regionen nördlich der Rhön beschafft werden musste. Als Ersatz für den Mangel an Silex vor Ort konnten Quarzitknollen oder Kieselschiefer verwendet werden, die teilweise aus Flussschottern aufzusammeln waren.

Am Rande der Rhön gibt es große unterirdische Salzvorkommen, die heute in großem Stil bergmännisch ausgebeutet werden. Es gibt aber auch zahlreiche salzhaltige Quellen, aus deren Wasser im Siedeverfahren Salz gewonnen werden konnte. Zwar ist diese Art der Salzgewinnung erst für das Frühmittelalter in der Rhön belegt, jedoch ist mit Sicherheit davon auszugehen, dass Salz wie beispielsweise in den Produktionsstätten von Bad Nauheim während der Latènezeit auch in der Nähe von Bad Salzungen wahrscheinlich aus den Wassern der Werra gewonnen wurde. Eine Nachricht dazu liefert die „Germania" des Tacitus, die aus dem Jahr 98 n. Chr. stammt. Der römische Autor berichtet von einer großen und verlustreichen Schlacht zwischen den benachbarten germanischen Stämmen der Chatten und der Hermunduren an einem Fluss, der Salz führt. Aus dem 8. und 9. Jahrhundert stammen erste Überlieferungen einer frühmittelalterlichen Salzgewinnung bei Bad Salzungen und Großenlüder. Eine viel jüngere Überlieferung aus dem 16. Jahrhundert hält fest, dass die Salzsiederei wegen Holzmangel eingeschränkt werden musste.

Erzvorkommen treten nur in begrenztem Maße auf. Sie konzentrieren sich um Kalbach und zwischen Ulster und Felda, wo auch ein mittelalterlicher und neuzeitlicher Abbau nachweisbar ist. Ein Pingenfeld auf der Nordostseite des Arzberges belegt einen etwa 150 Jahre währenden Abbau im 11./12. Jahrhundert (Arzberg-Revier). Am Südhang des Geiskopfes bei Deicheroda wurden acht Pingen lokalisiert, die beim Abbau von metasomatisch vererztem Mittlerem Muschelkalk zwischen dem 15. und 17. Jahrhundert entstanden (Masbach-Revier). Die Erze wurden wohl überwiegend ortsnah eingeschmolzen und weiterverarbeitet, wobei vor allem für den Eigenbedarf produziert wurde.

Als weitere Produktionsanlagen sind Glashütten und vor allem in größerer Zahl vorhandene Töpfereien zu nennen, die ebenfalls die zur Herstellung ihrer Produkte notwendigen Rohstoffe direkt vor Ort finden konnten.

In der Rhön wurde in bescheidenem Umfang auch Braunkohle abgebaut. Schürfe zwischen der Ortslage Weilar und dem Baier sind nach Aktenlage mit einem Zeitraum zwischen den Jahren 1693 und 1839 zu verbinden.

Verbrochene Stollen und größere Halden in der Flur Kalten-nordheim markieren das Areal des Braunkohlebergwerks „Carl August", das mit Unterbrechungen zwischen dem 17. und 20. Jahrhundert bestand. Wahrscheinlich seit dem 18. Jahrhundert arbeitete ebenfalls in der Kaltennordheimer Flur die Grube Bruns, die bis 1949 in Betrieb war.

Die Rhön gehört nach dem, was sie für das Wirtschaftsleben bereit hält gewiss nicht zu den siedlungsgünstigsten Landschaften Mitteleuropas. Es war wegen der begrenzten Ressourcen dieser heterogenen Mittelgebirgslandschaft einer auf subsistenzieller Basis wirtschaftenden Gemeinschaft sicher nicht möglich über einen längeren Zeitraum hohe Bevölkerungszahlen kontinuierlich zu ernähren. Das sollte die für die urgeschichtlichen Perioden unterschiedlichen Besiedlungsverteilungen und -dichten erklären helfen.

Dennoch, die fruchtbaren Tal- und Beckenregionen mit guter Wasserversorgung, die vorhandenen Rohstoffe sowie die verkehrsgeographisch zentrale Lage der Rhön ermöglichten eine kontinuierliche Besiedlung durch praktisch alle vorgeschichtlichen Perioden hindurch. In der Besiedlungsintensität innerhalb der zur Untersuchung anstehenden Kleinräume der Rhön ergibt sich, wie zu zeigen sein wird, ein differenziertes Bild.

Vorab sei aber festgestellt: Eine frühe Blüte während der urgeschichtlichen Besiedlung erlebt die Rhön mit ihren Teillandschaften während der Bronzezeit. In dieser Periode können erstaunliche Fernkontakte und ein gewisser Reichtum, der sich in den Beigaben der in der Landschaft zahlreich vorhandenen Grabhügel und Grabhügelfelder niederschlägt, beobachtet werden.

Forschungsgeschichte

Unsere Kenntnisse zur Vorgeschichte in der Rhön beruhen vor allem auf Oberflächenfunden sowie partiellen Ausgrabungen von Gräberfeldern und befestigten Höhensiedlungen. Keine einzige Befestigungsanlage und kein Gräberfeld sind bisher komplett untersucht worden, oftmals wurden nur kleine Flächen geöffnet. Siedlungen im flachen Gelände zwischen den Höhen sind bisher nur vereinzelt bekannt und dann zumeist nur punktuell aufgeschlossen. Die Materialbasis ist also recht gering und kann daher schon durch einzelne neue Fundstellen entscheidend verändert werden.

Die älteste Erwähnung vorgeschichtlicher Geländedenkmäler der Rhön stammt aus einer um 780 datierten Schenkung an das Kloster Fulda. Bei der Umschreibung der Grenzen der Schenkung an der „Grasburg" bei Hohenroda-Mansbach werden als Geländemarken „antiqua sepulchra" erwähnt, bei denen es sich um vorgeschichtliche Grabhügel handeln muss.

Erste archäologische Forschungen in der nördlichen Rhön führten Freiherr von Donop und Medizinalrat J. Schneider in den 1820er Jahren durch. Wichtige Impulse gingen in der Folgezeit auch vom Hennebergischen altertumsforschenden Verein in Meiningen (gegr. 1832) aus. Auch wenn diese frühen Grabungen eher als Schürfungen zu bezeichnen sind, die vor allem zur Erlangung von Fundstücken durchgeführt wurden, warfen sie doch ein erstes Licht auf die Vorgeschichte der Rhön.

Eine systematische Erforschung der Vorgeschichte setzte jedoch erst am Ende des 19. Jahrhunderts ein. Auf hessischer Seite ist diese vor allem mit E. Pinder und J. Boehlau (Direktoren des Museums Fridericianum in Kassel) sowie dem bedeutenden Fuldaer Heimatforscher J. Vonderau verbunden und auf thüringerischer Seite mit F. Klopfleisch (Lehrstuhlinhaber im Fach Kunstgeschichte der Universität Jena) und A. Götze (Prof. für Deutsche Archäologie der Universität Berlin).

Abb. 1 **Porträt des Fuldaer Heimatforschers Prof. Joseph Vonderau** (Stadtarchiv Fulda)

Abb. 2 *Blick in die von J. Vonderau freigelegte Zentralbestattung eines Grabhügels bei Rothemann; links Prof. Vonderau* (Stadtarchiv Fulda)

Angeregt durch diese frühen Forschungen fanden auch in der Folgezeit immer wieder Untersuchungen durch verschiedene Personen und Institutionen in der Rhön statt. Zu den am besten erforschten Altertümern der Rhön zählen die Gräberfelder bei Bimbach, Finkenberg, Lanneshof, Leimbach, Merzelbachwald, Molzbach, Stöckels und Schulzenberg sowie die Höhenbefestigungen Diesburg, Haimberg, Öchsen, Milseburg und Steinsburg.

Da die nördliche Rhön auf zwei Bundesländer verteilt ist, sind auch die heute zuständigen archäologischen Fachämter entsprechend aufgeteilt. Der hessische Teil wird von der Außenstelle Marburg der hessenARCHÄOLOGIE sowie der Stadt- und Kreisarchäologie Fulda betreut. Die thüringische Rhön mit ihren Anteilen am Wartburgkreis gehört zum Gebietsreferat Mittelthüringen, das von Weimar aus betreut wird und mit den Gebietsanteilen am Kreis Schmalkalden-Meiningen zum Gebietsreferat Südthüringen, das vom Steinsburgmuseum Römhild – einer Außenstelle des Thüringischen Landesamtes für Denkmalpflege und Archäologie – bearbeitet wird. Diese Institutionen sind somit auch die Ansprechpartner für alle archäologisch relevanten Themen und Fragen.

Die Ur- und Frühgeschichte der Rhön und ihres nahen Vorlandes im Überblick

Die Hominidenentwicklung außerhalb der Rhön

Die Entwicklung zum Menschen beginnt in Afrika. Allerdings ist es nicht einfach, den Beginn der Menschwerdung festzulegen. Der aufrechte Gang und die Verwendung von Werkzeugen werden dafür als Indizien angeführt, wobei jedoch auch Tiere Werkzeuge benutzen. Nach neuesten Kenntnissen erfolgte die stammesgeschichtliche Trennung zwischen den Hominiden, den Vorfahren des heutigen Menschen, und den Menschenaffen vor etwa sechs Millionen Jahren.

Am Beginn des Stammbaums der Hominiden stehen die Australopithecinen, die bereits aufrecht gehen konnten. Damit waren für die Anthropologen heute gut erkennbare Veränderungen am Skelett verbunden und die Hände wurden frei für andere Tätigkeiten als nur die Fortbewegung. Vor zwei bis drei Millionen Jahren entwickelten sich aus einer Unterart der Australopithecinen die ersten Vertreter der Gattung Homo, nämlich Homo habilis und Homo rudolfensis. Neben dem aufrechten Gang ist für beide Arten auch die Nutzung einfacher Werkzeuge belegt. Darunter verstehen die Archäologen zielgerichtet als Hilfen zur Bewältigung unterschiedlichster Existenzprobleme hergestellte Steingeräte, auch Artefakte genannt. Die Tätigkeit, sich mittels dieser Instrumente die Umwelt zu Nutze zu machen, wird auch Arbeit genannt. Sie ist, Uneinigkeit der Wissenschaftler in Definitionsfragen eingeschlossen, ein wichtiges Kriterium des Menschseins.

Vor etwa zwei Millionen Jahren entwickelte sich der Homo erectus. Es ist die erste Art der Gattung Homo, die Afrika verließ und bis nach Europa und Asien wanderte. Aus dieser Art ging vor etwa 600 000 Jahren eine Unterart des Homo erectus mit vergrößertem Gehirn hervor, der sogenannte Homo (erectus) heidelbergensis, aus dem in Europa vor 200 000 bis 130 000 Jahren der Neandertaler hervorging. Mit der Besiedelung Europas war die Nutzung

Chronologie der Kulturen und wichtigen archäologischen Fundplätze der Rhön.

Zeit	Kultur	Periode	Gruppe	Fundplätze
ab 1500 n. Chr.	Neuzeit			
1250–1500 n. Chr.	Mittelalter	Spät	Landesausbau	Wehrkirchen
1000–1250 n. Chr.		Hoch		Henneberg/Krayenburg
				Ebersburg/Morsberg
500–1000 n. Chr.				Rasdorf
				Bad Hersfeld
		Früh		Fulda
				Kaltensundheim
				Kaltenwestheim
375–500 n.Chr.	Völkerwande-rungszeit			
0–375 n. Chr.	Römische Kai-serzeit		Salzschlacht Germanen	Fulda „Domhügel"
				Mackenzell
450 v. Chr. – 0	Eisenzeit	Latène-zeit	Keltische Wanderungen	Diesburg/Öchsen
				Milseburg/Stallberg
				Leimbach/Geisa
				Philippsthal
				Steinau
800–450 v. Chr.		Hallstatt-zeit	Kelten	Herpf
				Kaltennordheim
				Mackenzell
1200–800 v. Chr.	Bronzezeit	Spät	Fulda-Werra-Gruppe	Haimberg
				Schleidsberg
				Künzell
1600–1200 v. Chr.		Mittel		Burghaun/Molzbach
				Trätzhof/Unterbimbach
				Pferdsdorf
				Kaltennordheim
2200–1600 v. Chr.		Früh	Aunjetitzer Kultur	Merkers

Zeit	Periode	Phase	Kultur	Fundort
2700–2200 v. Chr.	Jungsteinzeit (Neolithikum)	Spät	Becherkulturen	Schulzenberg
				Bebra
4000–2700 v. Chr.		Jung	Michelsberger Kultur	Haimberg
				Öchsen
				Schulzenberg
4500–4000 v. Chr.		Mittel	Rössen	
5500–4500 v. Chr.		Früh	Linienbandkeramik	Unterbimbach
10.000–5500 v. Chr.	Mittelsteinzeit (Mesolithikum)	Spät		Kleinsassen
		Früh		Tann-Lahrbach
				Hilders
12.000–10.000 v. Chr.	Altsteinzeit (Altpaläolithikum)	Spät		Burghaun „Steimelsberg"
40.000–12.000 v. Chr.		Jung	Magdalénien	Merkers
			Graveltien	
			Aurignacien	
200.000–40.000 v. Chr.		Mittel	Micoquien	
			Moustérien (Neandertaler)	Rothenkirchen
600.000–200.000 v. Chr.		Alt	Acheuléen	
			(homo erectus)	Großenbach

des Feuers eine überlebenswichtige Fähigkeit der Hominiden im Eiszeitalter geworden. Die Großwildjagd mit allen Konsequenzen war eine intellektuelle Herausforderung und wurde existenzsichernd zur Lebensgrundlage.

Etwa gleichzeitig mit dem Neandertaler entwickelten sich in Afrika die frühen Vorfahren des modernen Menschen (Homo sapiens) aus in Afrika verbliebenen Individuen der Gattung Homo erectus. Von dort aus begann Homo sapiens vor etwa 70 000 Jahren die übrige Welt zu besiedeln (Out-of-Africa-Theorie). Aber auch eine Verbindung des Homo sapiens mit osteuropäischen Neandertalern bleibt gedanklich und räumlich naheliegend. Spätestens vor etwa 35 000 Jahren verdrängte der Homo sapiens endgültig die Neandertaler, wobei es möglicherweise zu Vermischungen zwischen beiden Arten kam, wie neuere gentechnische Untersuchungen nahe legen. Seit dieser Zeit ist der moderne Mensch der letzte Vertreter der Gattung der Hominiden.

Altsteinzeit

Erst in den letzten Jahrzehnten sind innerhalb des Betrachtungsraumes vermehrt alt- und mittelsteinzeitliche Fundstellen entdeckt worden. Zu den ältesten Fundstellen Mitteleuropas gehört ein Fundplatz bei Hünfeld-Großenbach. Dort wurden einfache Geräte aus Quarz- und Tertiärquarzgeröllen gefunden. Bei den sogenannten Choppern bzw. Chopping Tools handelt es sich um ein- oder zweiseitig behauene Geräte, bei denen mit wenigen Schlägen Arbeitskanten gewonnen wurden (Abb. 3). Das Alter dieser Geräte kann nicht exakt bestimmt werden. Sie werden jedoch allgemein in das Altpaläolithikum datiert, womit sie in die Zeit des Homo erectus zu setzen wären. Andere alt- und mittelpaläolithische Fundplätze liegen u. a. bei Dietershausen, Haselstein, Maberzell und Rothenkirchen. In Rothenkirchen wurden beispielsweise eine mittelpaläolithische Moustierspitze aus Feuerstein sowie das Fragment einer Blattspitze gefunden.

Abb. 3 **Chopper und Chopping Tools vom Schulzenberg bei Fulda-Haimbach** (Foto Z. Jez)

Auch für die ausgehende Altsteinzeit liegt aus Rothenkirchen ein wichtiger Fundplatz vor. Auf einer terrassenförmigen Fläche am Steimelsberg oberhalb der Haune wurde von H. Leister ein Rastplatz entdeckt. Auf einer Fläche von etwa 50 x 50 m fand er Rückenmesser, Rückenspitzen, Kratzer, Stichel und endretuschierte Klingen. In den gleichen Kontext gehören ein spätpaläolithischer Stichel von Merkers und eine Silexklinge von Untermaßfeld. Beide Fundstellen liegen im Werratal und gehören noch zum Rhönvorland.

J. Vonderau hat demnach bereits 1926 mit seiner Auffassung dass „ … Altsteinzeitler recht wohl in den Talgründen der Vorderrhön ihr Dasein fristen konnten." unbedingt richtig gelegen.

Mittelsteinzeit

Die Mittelsteinzeit beginnt mit der Erwärmung nach der letzten Eiszeit vor etwa 10 000 Jahren. Die günstigeren Klimabedingungen fördern ein Anwachsen der menschlichen Population sowie deren kulturelle Entfaltung. Zu den typischen Geräteformen dieser Epoche gehören die Mikrolithen. Dabei handelt es sich um Kleingeräte, die mit Hilfe von Birkenpech mit Holz verbunden wurden, so dass die Herstellung komplexer Kompositwerkzeuge möglich wurde.

In der Rhön konnten mehrere mesolithische Fundplätze entdeckt werden. So wurden u. a. im Ulstertal bei Hilders und Tann einfache Spitzen, Kratzer, Bohrer und Klingen entdeckt, die teilweise aus Feuerstein, teilweise aus Kieselschiefer hergestellt worden waren (Abb. 4). Auch um Rothenkirchen herum konnten zahlreiche Mikrolithen entdeckt werden.

Die Rhön wurde demnach in der Alt- und Mittelsteinzeit von nomadisch lebenden Jäger- und Sammlergruppen aufgesucht. Die Verwendung des in der Rhön ortsfremden Feuersteins zeigt, dass sie auch für Prospektionen oder zur saisonalen Besiedlung von eigentlich außerhalb lebenden Gemeinschaften regelmäßig begangen wurde. Wohingegen weiträumige Verbindungen eher um die Rhön und weniger durch sie hindurch gelaufen sein sollten. Über mesolithische Oberflächenfunde bei Gerstungen werraabwärts wird eine Kontaktnahme Richtung Weser in das norddeutsche Tiefland erkennbar. Nach Osten sind mittelsteinzeitliche Stationen auf der Widderstatt bei Jüchsen und der Strick bei Henfstädt über das Grabfeld nach Süden verbunden.

Abb. 4 *Fundmaterial des frühmesolithischen Fundplatzes bei Lahrbach* (Foto Z. Jez)

Die Mittelsteinzeit endet mit der Sesshaftwerdung des Menschen während der Jungsteinzeit im 6. Jahrtausend v. Chr. Da aus dieser frühen Phase bisher nur wenige Funde in der Rhön entdeckt wurden, ist es möglich, dass hier die nomadisierende Lebensweise der Mittelsteinzeit noch länger andauerte oder, die Jagd fand immer statt, die landwirtschaftlich eingeschränkte Nutzbarkeit des Raumes eine Besiedelung im frühen Neolithikum verhinderte. Die Einschränkung bestand darin, dass die älteste bäuerliche Bevölkerung einen ertragreichen Feldbau betrieb und die dafür benötigten Bodenqualitäten, die noch dazu mit den einfachen Mitteln der Zeit gut zu bearbeiten waren, kaum im notwendigen Umfang zur Verfügung standen.

Jungsteinzeit

Im Neolithikum werden die Menschen sesshaft. Sie errichten Häuser und züchten bzw. domestizieren Pflanzen und Tiere. Außerdem werden in Mitteleuropa nun erstmals Keramikgefäße sowie geschliffene und durchbohrte Steingeräte hergestellt.

Die Sesshaftwerdung begann im 9. Jahrtausend v. Chr. im Vorderen Orient im ausgedehnten Raum des „fruchtbaren Halbmonds". Darunter versteht man ein Gebiet von der Levante im Westen über das südliche Anatolien und das nördliche Mesopotamien bis zum Zagrosgebirge im Westen des heutigen Iran. Von dort breiteten sich die bäuerlichen Kulturen nach Norden in Richtung Europa aus. Im 6. Jahrtausend erreichte mit den Bandkeramikern die erste Bauernkultur Mitteleuropa.

Die Träger dieser Kultur wanderten aus dem Donauraum ein, besiedelten aber fast ausschließlich die fruchtbaren Lößböden, so dass davon ausgegangen werden kann, dass in vielen Gebieten die nomadisch lebenden mittelsteinzeitlichen Kulturgruppen fortbestanden.

Bandkeramik und Rössener Kultur

Die Bandkeramik und die Rössener Kultur werden als donauländische Kulturgruppen bezeichnet, da sie in dieser Region ihre Wurzeln besitzen. Sie umfassen die Zeit des Alt- und Mittelneolithikums, d. h. die Zeit vom 6. bis zur Mitte des 5. Jahrtausends v. Chr. Bei der Bandkeramik handelt es sich um die älteste neolithische Kulturgruppe Mitteleuropas.

Beide Kulturgruppen besiedeln vor allem die fruchtbaren Lößböden, auch wenn die Träger der Rössener Kultur weniger stark an diese gebunden waren als die Bandkeramiker. Allerdings gibt es in der Rhön nur wenige Hinterlassenschaften dieser Kulturgruppen. Immerhin konnten bei Großenlüder-Bimbach zwei Fundstellen mit bandkeramischen Scherben gefunden werden (Abb. 5). In beiden Fällen wurden die Scherben in jüngeren Grabhügeln entdeckt, in die sie zufällig hineinangelangten. Obwohl die Scherben beim Bau der Hügel verlagert wurden, stammen sie aber wohl aus der näheren Umgebung ihres letztendlichen Fundplatzes. Bimbach liegt am Übergang von Fuldaer Becken und Lauterbacher Graben und damit in der fruchtbarsten Region des Betrachtungsraumes, so dass diese Stelle in besonderer Weise für eine frühe Besiedlung geeignet ist.

Neben den bandkeramischen Scherbenfunden können einige Dechsel bzw. Schuhleistenkeile (Abb. 6) beiden Kulturgruppen zugewiesen werden. Dabei handelt es sich um geschliffene Steingeräte mit asymmetrischer Schneide, die wohl zur Holzbearbeitung verwendet wurden. Drei wurden bei Großenlüder gefunden,

Abb. 5 *Bandkeramische Scherben von zwei Fundplätzen bei Großenlüder-Unterbimbach* (Foto Z. Jez)

Abb. 6 *Frühneolithische Dechsel und Keile von verschiedenen Fundorten im Landkreis Fulda* (Foto Z. Jez)

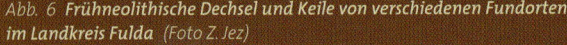

andere bei Hünfeld sowie eines bei Hofbieber-Danzwiesen. Einige Dechsel und Schuhleistenkeile sind als Einzelfunde auch aus der thüringischen Rhön ohne die für Siedlungsstandorte unbedingt zu erwartende Keramik aus den Ortsfluren von Deicheroda, Dermbach, Oechsen, Langenfeld, Rosa Pferdsdorf und Helmershausen bekannt gemacht worden. Die Verbreitungskarte der datierbaren Steingeräte in abseitigen Lagen vermittelt das Bild der wirtschaftlichen Nutzung des Waldes vor allem zur Holzgewinnung und Jagd. In Verbindung mit ackerbaulich nutzbaren Böden mögen die Funde auch Rodungsvorgänge bezeugen.

Die frühen jungsteinzeitlichen Funde in der Rhön liegen nur scheinbar isoliert. Die nächsten Siedlungsregionen liegen in der Wetterau und Nordhessen, im Werragebiet um Gerstungen und im westlichen Thüringer Becken sowie im Grabfeld. Von den Siedlungslandschaften um die Rhön ausgehend, wurden die Flusstäler erschlossen. Dennoch war auch der nicht dauerhaft besiedelte Raum stets im Focus des steinzeitlichen Menschen.

Michelsberger Kultur

Die Michelsberger Kultur gehört in das Jungneolithikum, in die zweite Hälfte des 5. und erste Hälfte des 4. Jahrtausends. Auch von dieser Kulturgruppe lassen sich in der Rhön nur wenige Hinterlassenschaften finden.

Drei Fundstellen befinden sich westlich des Fuldaer Beckens, auf den Kuppen von Haimberg und Schulzenberg. Auf dem Südhang des Schulzenberges bei Maberzell konnten Keramikscherben mit Arkadenleisten und Schnurösen gefunden werden, die auf einen Siedlungsplatz der Michelsberger Kultur hinweisen.

In denselben Kulturhorizont können auch einige spitznackige Steinbeile gesetzt werden, die u. a. an der Straße von Oberbernhards nach Dörmbach, westlich des Bahnhofs Milseburg sowie bei Großenlüder zu Tage traten (Abb. 7). Ein Gerät aus süddeutschem Plattenhornstein wird wohl als Fertigprodukt aus diesem Raum eingeführt worden sein. Auf dem nördlichsten Ausläufer der Vorderen

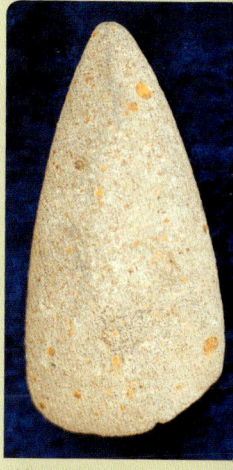

*Abb. 7 **Michelsberger Steinbeil von einem Fundort bei Großenlüder** (Foto F. Verse)*

Rhön, dem Öchsen bei Völkershausen, wurden eine Scherbe mit Arkadenrand sowie weitere Randscherben, ein spitznackiges Beil und ein Silexartefakt gefunden, die der Michelsberger Kultur zugewiesen werden können und die zweifelsfrei für eine jungneolithische Besiedlung des Berges stehen.

Die wenigen Funde lassen keine genauere Datierung innerhalb der Michelsberger Kultur zu. Sie liegen, wie schon die Funde der donauländischen Kulturen, ziemlich isoliert vom Hauptverbreitungsgebiet der Kultur, zumal die Rhön ohnehin an deren östlichem Randbereich liegt, aber auch als westliche Verbindung in das Thüringer Becken angesehen werden kann, wo in den letzten Jahren ein vergleichbares Fundaufkommen angewachsen ist.

Schnurkeramik und Glockenbecherkultur

Beide Kulturgruppen gehören in das Endneolithikum bzw. in die Kupferzeit. Die Glockenbecherkultur ist vor allem in Westeuropa, die Schnurkeramik in Osteuropa verbreitet, während in Mitteleuropa beide Kulturgruppen vorkommen, wobei sich ihre typischen Merkmale teilweise vermischen.

Erstmals liegen nun aus dem Umfeld der Rhön mehrere aussagekräftige Fundstellen aus dem Neolithikum vor, wobei schnurkeramische Fundstellen deutlich häufiger sind, als diejenigen der Glockenbecherkultur. Dazu gehören mehrere Gräber und einige Einzelfunde, besonders von Äxten, während Siedlungsplätze bisher kaum bekannt geworden sind. Wir wissen immer noch nicht viel über die Bauwerke, die Träger der Becherkulturen errichteten, was auch immer zu der Auffassung beitrug, dass es sich um eine eher nomadisierende Bevölkerung gehandelt haben könnte. Das Fuldaer Becken und sein Umland bilden noch immer den Schwerpunkt, doch auch in der Kuppenrhön gibt es Fundstellen.

Im Folgenden soll eine kleine Nekropole auf dem Schulzenberg bei Maberzell näher betrachtet werden. Diese umfasst sowohl vier Bestattungen der Schnurkeramik als auch zwei der Glockenbecherkultur, womit sie die enge Verzahnung beider Gruppen in der Rhön belegt. Es handelt sich um Körperbestattungen in Hügel- und Flachgräbern, wobei nicht klar ist, ob die vermeintlichen Flachgräber ursprünglich nicht doch von flachen Hügeln bedeckt waren. Die Toten waren in Hockerstellung niedergelegt worden, wobei Linkshocker als Frauen-, Rechtshocker als Männergräber angesprochen werden (Abb. 8).

In den schnurkeramischen Gräbern befinden sich Gefäße, Äxte und Feuersteinklingen (Abb. 9). In den Gräbern der Glockenbecherkultur konnten Reste der namengebenden Glockenbecher gefunden werden. In einem Fall befand sich ein vollständiger Rinderschädel am Rande einer Grabgrube. Außerdem wurden je ein Mahlstein und eine Reibplatte sowie eine Axt in einem Grabhügel der Glockenbecherkultur gefunden. In denselben Zeithorizont gehören auch kleine Rechteckbeile (Abb. 9).

Mit einer Erwähnung im Handbuch der in Deutschland entdeckten Altertümer weist S. Chr. Wagener schon 1842 auf die Zerstörung eines „Großsteingrabes mit Meißel" bei Bauerbach hin. Die jung- bis spätneolithische Besiedlung hat die Werra erreicht. In der südwestlich anschließenden Vorderrhön sind Einzelfunde von Äxten, Silexklingen und Pfeilspitzen überwiegend oberflächlich aufgesammelt worden: Vom Öchsen werden Steinbeilfragmente, eine Bootsaxt und manches Stück grob gearbeitete Siedlungskeramik in das Spätneolithikum datiert. Auch vom benachbarten Dietrichsberg liegen eine Feuersteinpfeilspitze, das Schneidenteil eines Beiles und wenige keramische Lesefunde vor. Es werden damit Begehungen bzw. Nutzungen der Kuppen erfasst. Die überlieferten Reste der Befestigungsanlagen sind jünger.

Das Endneolithikum dauert ungefähr bis 2200 v. Chr. und wird dann von den Kulturen der frühen Bronze-

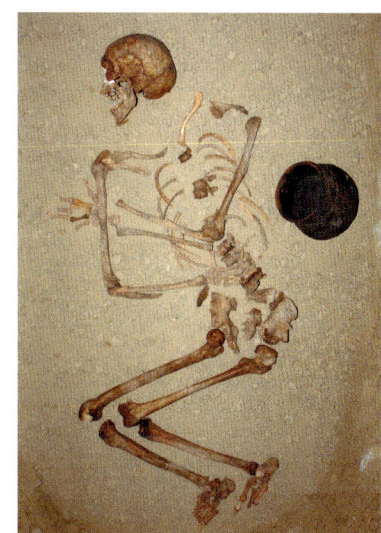

Abb. 8 Rekonstruktion einer endneolithischen Bestattung vom Schulzenberg bei Fulda-Maberzell im Vonderau-Museum (Foto Z. Jez)

Abb. 9 Schnurkeramische Hammeraxt vom Johannesberg und spätneolithisches Rechteckbeil aus Dipperz-Kohlgrund (Foto F. Verse)

zeit abgelöst. Typische Fundstücke der Frühbronzezeit sind aber aus der Rhön nicht bekannt, so dass es möglich ist, dass die endneolithischen Kulturgruppen hier noch etwas fortbestanden.

Bronzezeit

Die Bronzezeit begann in Mitteleuropa um 2200 v. Chr., wobei sich bronzezeitliche Kulturgruppen mit zeitlichen Verzögerungen von Süden nach Norden ausbreiteten. Kennzeichnend für diese Periode ist die Verwendung von Bronze für Waffen, Geräte und Schmuck. Parallel dazu wird aber auch weiterhin Stein als Werkstoff verwendet.

Bronze ist eine Legierung aus Kupfer und Zinn, bei der im Idealfall ein Mengenverhältnis von 9:1 erreicht wird. Die heute in den Museen befindlichen Bronzeobjekte haben zumeist eine grüne Patina, besaßen ursprünglich aber eine golden glänzende Oberflächenfärbung (Abb. 10; 11).

Kupfer kommt in der Natur verhältnismäßig häufig vor. Bedeutendere Vorkommen im Umfeld der Rhön finden sich im Richelsdorfer Gebirge, um Schweina, Stedtfeld und bei Gumpelstadt. Vereinzelte Kupfervorkommen stammen auch aus der Umgebung von Sontra. Es ist jedoch bisher nicht nachweisbar, wann dort die Kupfergewinnung begann, zumal ältere Spuren durch den mittelalterlichen und neuzeitlichen Bergbau überlagert sein können.

Zinnvorkommen sind demgegenüber deutlich seltener. Sie sind aus dem Erz- und Fichtelgebirge, Cornwall, der Bretagne, Spanien und Portugal bekannt. Aufgrund der seltenen Zinnvorkommen wurden Metalle über weite Strecken verhandelt, was zu weitreichenden Kontakten während der Bronzezeit führte.

Die Kontrolle des Kupfer- und Zinnbergbaus, der Bronzeverarbeitung und des Handels ermöglichten nun auch in Mitteleuropa die Anhäufung von Reichtümern. Erstmals kann eine gesellschaftliche Hierarchisierung beobachtet werden, die u. a. zur Anlage reich ausgestatteter Gräber unter mächtigen Grabhügeln führte. Schon in die frühe Bronzezeit datiert das sogenannte Fürstengrab von Leubingen in Thüringen. In dem Grab ist ein erwachsener Mann bestattet worden, dem zahlreiche Gegenstände aus Bronze und auch Goldschmuck mitgegeben worden sind. Auch große Hort-

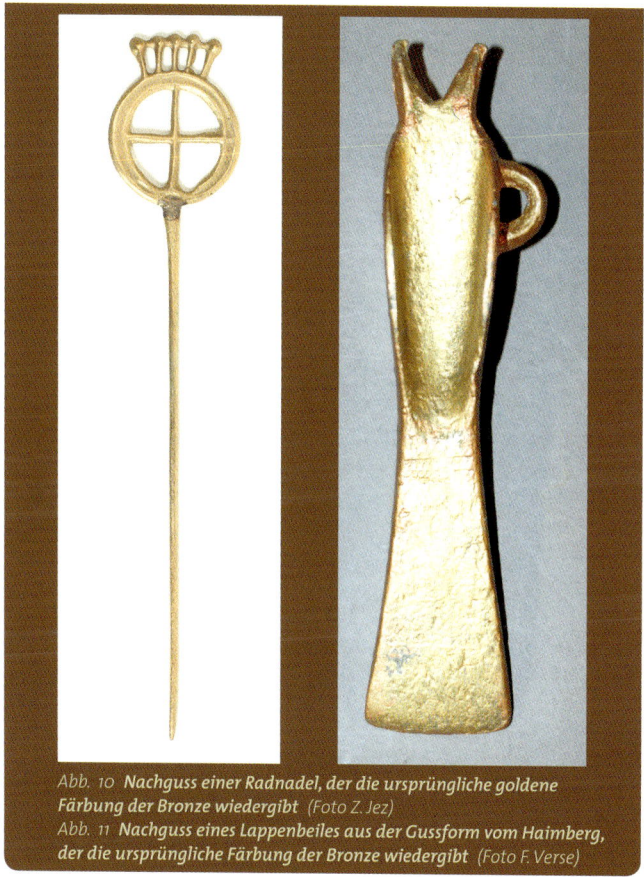

Abb. 10 *Nachguss einer Radnadel, der die ursprüngliche goldene Färbung der Bronze wiedergibt* (Foto Z. Jez)
Abb. 11 *Nachguss eines Lappenbeiles aus der Gussform vom Haimberg, der die ursprüngliche Färbung der Bronze wiedergibt* (Foto F. Verse)

funde mit teilweise hunderten von Bronzeobjekten belegen die Anhäufung großer Bronzemengen.

Zu den wichtigsten Fundstücken der Bronzezeit gehört die um 1600 v. Chr. vergrabene Sternenscheibe von Nebra in Sachsen-Anhalt. Sie ist ein wichtiges Zeichen für das astronomische Wissen der Bronzezeit und belegt die hohe Bedeutung der Himmelsbeobachtung.

Mit der Verwendung von Eisen als bevorzugtem Werkstoff für Waffen und Geräte endet um 800 v. Chr. die Bronzezeit in Mitteleuropa. Insbesondere zur Schmuckherstellung bleibt die Bronze als Werkstoff jedoch weiterhin in Gebrauch.

Frühbronzezeit

Aus der Rhön sind kaum frühbronzezeitliche Fundstellen bekannt. Frühbronzezeitliche Kulturgruppen aus Süd- und Mitteldeutschland sowie dem Mittelrheingebiet haben diese Region anscheinend noch nicht erreicht. Es ist wahrscheinlich, dass die endneolithischen Kulturgruppen hier fortbestanden. Chronologisch in die Frühbronzezeit könnten einige Scherben aus einem Grabhügel bei Burghaun-Heckelmannskirchen oder ein Riesenbecher aus der Fuldaaue bei Bebra im Kreis Hersfeld-Rothenburg datieren.

Mittel- bzw. Hügelgräberbronzezeit

Die Mittelbronzezeit gehört in der Rhön zu den am besten belegten Perioden der Vorgeschichte. Dies liegt an den zahlreichen, noch heute im Gelände leicht zu erkennenden Grabhügeln. Diese konzentrieren sich im Umfeld des Fuldaer Beckens und des anschließenden Lauterbacher Grabens sowie im Vorland der westlichen Kuppenrhön sowie in der Vorderrhön. Viele Hügel sind insbesondere im späten 19. und frühen 20. Jahrhundert ausgegraben worden. Leider ist die Dokumentation dieser Grabungen oft unzureichend, so dass unser Kenntnisstand lückenhaft ist. Dazu kommt, dass wir kaum Siedlungen aus dieser Zeit in der Rhön kennen.

Die Grabsitten der Mittelbronzezeit werden durch Erdschüttungen und Steinpackungen über Körperbestattungen geprägt. Die Hügel liegen in kleineren oder größeren Gruppen zusammen, aber auch Einzelhügel kommen vor. Sie haben Durchmesser von bis zu 30 m und erhaltene Höhen von bis zu 2 m. Die mittelbronzezeitlichen Grabhügel sind im Grundriss nicht immer nur kreisrund, sondern oft auch oval. Die meisten Hügel wurden mit Steinen eingefasst, die teilweise zu Trockenmauern aufgeschichtet waren. In wenigen Fällen (Bad Salzschlirf, Unterbimbach) konnten stelenartige Hügelbekrönungen nachgewiesen werden. Es gibt Hinweise darauf, dass zumindest einige Hügel nicht in einem Zug errichtet wurden. So konnte ein zweiter, innerer Steinkreis beobachtet werden (Dassen, Böckels, Pferdsdorf, Merkers) oder aufeinander folgende Bodenschichten (Trätzhof). Einige Hügel besaßen sichelförmige Anbauten, die teilweise zur Aufnahme von Nachbestattungen dienten (Burghaun, Langenbieber, Trätzhof).

Die meisten bronzezeitlichen Grabhügel enthielten neben dem Zentralgrab noch weitere Nachbestattungen. Sie wurden demnach über eine bestimmte Zeit benutzt. Der Grabhügel von Molzbach überwölbte mindestens zehn Gräber. Die meisten Toten wurden in gestreckter Rückenlage auf einem Steinpflaster liegend bestattet. Hinweise auf Holz- bzw. Baumsärge liegen aufgrund der mangelhaften organischen Erhaltung nur indirekt vor (Trätzhof). Die meisten Bestattungen waren durch Steinsetzungen geschützt. Die neueren Hügeluntersuchungen in Thüringen haben gezeigt, dass während der Mittelbronzezeit auch Brandbestattungen durchgeführt wurden.

Da sich aussagefähiges Skelettmaterial nicht erhalten hat, kann eine Geschlechtsbestimmung zumeist nur über die Beigaben erfolgen. In Männergräbern befindet sich zumeist eine Nadel mit kolben- oder nagelförmigem Kopf, ein Beil und in einigen Fällen ein Dolch (Abb. 12). Ergänzend treten manchmal noch einzelne Schmuckstücke, z.B. einzelne Armringe oder weitere Waffen wie Pfeilspitzen oder Schwerter, hinzu.

Im Gegensatz dazu sind die Schmuckinventare der Frauengräber wesentlich umfangreicher, während Waffen fehlen. In vielen Gräbern finden sich u.a. Arm- bzw. Beinspiralen, Armringe, Rad- oder Brillennadeln und Halsschmuck (Abb. 13). Einige Schmuckstücke sind aus Bernstein, darunter Perlen sowie kompliziert durchlochte Bernsteinschieber.

Besonders aufwendig war das sogenannte „reiche Mädchen von

*Abb. 12 **Dolche aus verschiedenen Gräbern im Landkreis Fulda** (Foto Z. Jez)*

*Abb. 13 **Doppelradnadeln aus verschiedenen Gräbern im Landkreis Fulda** (Foto Z. Jez)*

Molzbach" ausgestattet, bei dem es sich wohl eher um eine junge Frau von etwa 20 Jahren handelt. Dieses besaß ein Bronzehalsband, zwei Radnadeln, Armspiralen, Arm- und Beinschmuck, Ohrringe sowie jeweils ein Gürtelblech und einen Fingerring. Außerdem befanden sich zahlreiche Tutuli im Grab, die wahrscheinlich als Kleiderbesatz dienten. Teile der Tracht sind im Obermaingebiet beheimatet, was darauf hindeutet, dass das „Mädchen von Molzbach" aus dieser Region in die Rhön eingewandert ist (s. S. 96).

Der Goldschmuck aus einem mittelbronzezeitlichen Grabhügel von Pferdsdorf „Überm Haberts", der zu einem ausgedehnten Gräberfeld gehörte, das sich beiderseits der hessisch-thüringischen Landesgrenze erstreckte, gehört zusammen mit einer goldenen Drahtspirale von Unterbimbach „Kies" zu den ältesten Goldfunden der Rhön.. Die Gräber wurden von H. Hahn aus Fulda entdeckt. Mit dem Grenzausbau war 1960 die Untersuchung von zwei der sechs auf thüringischer Seite liegenden Hügel notwendig geworden. Das Edelmetall, ein kleiner Spiralring mit fünf Windungen und 1,94 g Gewicht, gehörte zu einer Körperbestattung, deren Skelett sich im Buntsandstein nicht erhalten hatte.

Die Bestattung war in Hügel 1 mit einem Durchmesser von 10 m und zwei umgebenden Steinkreisen innerhalb einer zentralen Steinpackung, die eine verstürzte Kammer enthielt, auf einem Steinpflaster in 1,30 m Tiefe vorgenommen worden. Zum Grab gehörte außerdem eine retuschierte Silexklinge. Über der Bestattung waren Brandreste eingeschüttet. Die Hügelschüttung aus Sand und Steinen war mit einer dachziegelartig angeordneten Steinlage abgedeckt.

In der Rhön sind nur wenige Siedlungsplätze der mittleren Bronzezeit bekannt, obwohl von einem engen Zusammenhang zwischen Siedlung und Bestattungsplatz auszugehen ist. Bei Petersberg-Steinau wurde eine Siedlungsschicht aus Kohle, Asche, Tierknochen und Scherben beobachtet, während am Fuß eines Grabhügels bei Großenlüder von J. Vonderau eine „Wohngrube" beschrieben wurde, in der sich Holzkohle, Tierknochen und Scherben befanden. Eine mittelbronzezeitliche Siedlung im Rhönvorland, die erste ihrer Art, ist von der Widderstatt bei Jüchsen bekannt. Ein 14-C-Datum aus einer Siedlungsgrube innerhalb des latènezeitlichen Siedlungsareals gibt den entscheidenden Hinweis, dass sich unter der Fülle des keramischen Materials auch bronzezeitliche Siedlungsware verbirgt. Bronzepfeilspitzen, Sichelbruchstücke und Bronzegussreste helfen den Standort zu sichern. Unter den vom Platz bekannten Grundrissen von Pfostenbauten sind auch mittelbronzezeitliche ebenerdige Haustypen zu erwarten. Das zur Siedlung gehörende zehn Hügel umfassende Gräberfeld wurde 1967/68 im unmittelbar benachbarten Rittersrain ausgegraben. Es muss auch erwogen werden, dass die Gräber abseits der Siedlungen angelegt wurden, wie es bei den Nekropolen nördlich der Werra im Raum Schwarza zu schlussfolgern ist. Auch die isolierten Lagen in der Rhön abseits und oberhalb der Flusstäler von Ulster und Felda sprechen für solche Überlegungen. Es ist auch nicht auszuschließen, dass infrage kommende offene Siedlungsareale in Nebentälern und am Fuß der Kuppen, die immerhin zwischen 3600 und 3200 Jahre alt wären, von Erosionsmaterial überschüttet wurden. Es bleibt noch auf die Auffälligkeit hinzuweisen, dass den zahlreichen mittelbronzezeitlichen Grabhügeln bisher keine zeitgleiche befestigte Höhensiedlung auf einer der Rhönkuppen zur Seite gestellt werden kann. In der nachfolgenden Jungbronzezeit der Vorderrhön ist das umgekehrt.

Während der Mittelbronzezeit gehört die Rhön zur Fulda-Werra-Gruppe, die sich durch Gemeinsamkeiten in der materiellen Kultur, der Zusammensetzung und Trageweise von Teilen der Tracht, sowie einem übereinstimmenden Bestattungsritus auszeichnet. Besonders umfangreiche Kontakte bestehen zum Rhein-Main-Gebiet und über das Thüringer Waldvorland bis an den Westrand des Thüringer Beckens. Es bestehen aber auch Verbindungen, die bis zur Lüneburger Gruppe reichen. Goldfunde und unterschiedlich reiche Ausstattungen der Gräber und deren Aufbau lassen eine soziale Differenzierung innerhalb der Gemeinschaften erwarten. Mit dem regelmäßigen Vorkommen von Bernstein in Gräbern haben wir ein Schmuckmaterial vor uns, das durch einen organisierten Fernhandel oder auch Zwischenhandel aus dem Baltikum ins Land gekommen ist. Die am überlieferten anthropologischen Material und an manchem Ausgrabungsbefund (Kaltennordheim, Jüchsen-Rittersrain) beobachteten Waffenwirkungen, meist von Pfeilen, sind deutliche Hinweise auf gewaltsam ausgetragene Konflikte.

Jungbronze- bzw. Urnenfelderzeit

Während der Urnenfelderzeit ändert sich der Grabbrauch drastisch. Die Zahl der Fundstellen geht gegenüber der Mittelbronzezeit deutlich zurück, was jedoch vor allem mit den Veränderungen

Abb. 14 *Grabbeigaben eines Urnengrabes des Gräberfeldes bei Künzell „Lanneshof"* (Foto Z. Jez)

im Grabbrauch zusammenhängt. Kein einziges Gräberfeld der Urnenfelderzeit ist vollständig erforscht, so dass ihre Größe nicht bestimmt werden kann. Mit 47 bekannten Bestattungen ist das Gräberfeld bei Künzell „Lanneshof" der größte Bestattungsplatz der Rhön, doch ist auch er nicht vollständig untersucht worden (Abb. 14).

Das Brandflachgrab ist nun die dominierende Bestattungsart. Der Leichenbrand ist zumeist in einer Urne niedergelegt worden. In anderen Fällen wird er kompakt im Boden liegend vorgefunden und war vielleicht einst von einem Behältnis aus organischem Material umgeben. Einige Gräber sind von Steinen umstellt worden und besaßen dadurch einen zusätzlichen Schutz.

Oft ist die Urne das einzige Grabgefäß. Als Urnen wurden verschiedene Gefäßformen wie Kegelhalsgefäße, Amphoren oder Doppelkoni verwendet, die sich auch im Siedlungsumfeld finden. Spezielle Grabgefäße gab es in der Urnenfelderzeit nicht. Einige Urnen werden durch Schalen oder Becher abgedeckt, manchmal werden noch ein oder zwei Beigefäße mitgegeben.

Außer Brandgräbern gibt es auch noch vereinzelt Körperbestattungen in mit Steinen umstellten Flachgräbern. Vorherrschende Ausrichtung dieser Gräber war die Ost-West-Richtung. Den Toten waren zwei bis drei Beigefäße mitgegeben worden. Außerdem fanden sich in einigen Gräbern vereinzelte Bronzebeigaben, darunter Lanzenspitzen, Nadeln, Hals-, Arm- und Beinringe.

Noch seltener sind urnenfelderzeitliche Hügelgräber. Ein urnenfelderzeitliches Körpergrab wurde im Zentrum eines Hügels in Oberbimbach gefunden. Auf demselben Gräberfeld konnten auch einige Körperflachgräber gefunden werden. Dem Toten waren eine Bronzelanzenspitze sowie zwei Gefäße mitgegeben worden. Außerdem wurden Brandgräber als Nachbestattungen in älteren Hügeln eingebracht (Rönshausen).

Wie schon in der Mittelbronzezeit sind auch in der Urnenfelderzeit kaum Siedlungsplätze bekannt. Spuren unbefestigter Siedlungen in Form von Pfostenlöchern, Hüttenlehm oder Gefäßresten fanden sich z. B. im „Denzeler Grund" bei Künzell „Lanneshof" oder am „Finkenberg" bei Oberbimbach. In keinem Fall konnten jedoch Hausgrundrisse oder sonstige Gebäude rekonstruiert werden.

Etwas besser sind wir über eine befestigte Höhensiedlung auf dem 416 m hohen Haimberg bei Fulda-Haimbach informiert. Die Befestigung war leicht oval und schloss eine etwa 1,3 ha große Fläche ein. Die Mauer bestand aus Basalt, der möglicherweise durch eine hölzerne Kastenkonstruktion stabilisiert wurde.

Die Anlage ist inzwischen durch Basaltabbau vollständig zerstört worden. Nur geringe Teile der Innenfläche konnten noch Anfang des 20. Jahrhunderts durch J. Vonderau untersucht werden. Dabei konnte er das etwa 10 x 5 m große Steinfundament eines Hauses freilegen, das durch eine Mauer in zwei Teile untergliedert wurde. Im Westteil des Gebäudes befand sich ein großer Mühlstein.

Von besonderer Bedeutung sind die zahlreichen Bronzefunde, die im Verlauf der Steinbrucharbeiten über mehrere Jahre hinweg am Haimberg entdeckt wurden. Es handelt sich wahrscheinlich um Teile mehrerer Hortfunde, die in oder bei der Befestigung niedergelegt wurden. Diese Sitte konnte auch bei anderen Höhenbefestigungen der Urnenfelderzeit in Süddeutschland beobachtet werden. Es wurden Schmuckstücke (Arm-, Bein- und Halsringe, Plattenfibeln, Vasen- und Plattenkopfnadeln), Zaumzeugbestandteile (Phalere, Ringschmuck), eine Lanzenspitze, eine zweiteilige Gussform für Lappenbeile sowie zahlreiche kleine Ringe, bei denen es sich vielleicht um sogenanntes Ringgeld handeln könnte, gefunden. Einige Stücke scheinen in Osthessen, vielleicht sogar im unmittelbaren Umfeld des Haimbergs selbst gefertigt worden zu sein. Andere weisen gute Parallelen zum Rhein-Main-Gebiet auf. Einige Stücke besitzen sogar Parallelen bis zum Alpenraum oder Norddeutschland. Damit wird deutlich, dass die Rhön auch während der Urnenfelderzeit in ein weit gespanntes Kontaktnetz eingebunden war.

Die zahlreichen umwallten Kuppen der Vorder- und Kuppenrhön werden mit ihren ältesten Besiedlungsspuren öfter in die Jungbronzezeit gestellt. Es gibt allerdings nach den wenigen datierenden Keramikfunden, wenn eine zeitliche Einordnung überhaupt gewagt werden kann, immer einen chronologischen Spielraum in die Eisenzeit hinein. Mit einer jungbronzezeitlichen Phase setzt die Besiedlung des Schleidsberges bei Geisa ein. Es wird auf Grund zahlreicher Keramikfunde und Reibemühlenbruchstücke mit einer intensiven wirtschaftlichen Tätigkeit bis in die Eisenzeit hinein gerechnet. Der Öchsen erbrachte wenig bronzezeitliches Keramikmaterial. Eine neue Bearbeitung des Fund- und Befundmaterials sieht in dieser Zeit, entgegen mancher früheren Überlegung, noch keine Befestigung des Gipfels. Auch auf der Milseburg, die ebenfalls während der Urnenfelderzeit besiedelt wurde, konnte bisher keine zeitgenössische Befestigung nachgewiesen werden.

Eisenzeit

Im 8. Jahrhundert v. Chr. beginnt in Mitteleuropa die Eisenzeit. Dabei setzt sich das Eisen als neuer Werkstoff erst allmählich durch und wird vor allem für Waffen und Arbeitsgeräte verwendet, während Schmuckstücke noch vielfach aus Bronze hergestellt werden. Die Eisenzeit wird in eine ältere (Hallstattzeit; 800–450 v. Chr.) und eine jüngere (Latènezeit; 450–50 v. Chr.) Phase unterteilt. In die Hallstattzeit gehören die süddeutschen Fürstengräber, von denen das Grab des Fürsten von Hochdorf am bekanntesten ist. Die Heuneburg bei Hundersingen an der Donau war ein bedeutendes Zentrum dieser Zeit.

Die Rhön liegt am nördlichen Rand des Hallstattraumes. Hier lassen sich im Fundmaterial gleichermaßen Einflüsse aus Süd- und Norddeutschland erkennen.

Im 5. Jahrhundert v. Chr. entwickelt sich im Mittelgebirgsraum von der Marne über den Hunsrück und die Eifel bis nach Böhmen die Latènekultur. Zu den bekanntesten Fundstätten der frühen Latènezeit gehört in Hessen der Glauberg mit seinen Fürstengräbern. Diese Epoche endet im 4. Jahrhundert v. Chr. mit den keltischen Wanderungen, bei denen keltische Kriegerverbände bis nach Griechenland und Kleinasien vordringen. Eine keltische Expansion nach Nordosten, auch in den hessisch-thüringischen Mittelgebirgsraum, könnte die Verbreitung typischer Körperflachgräber anzeigen.

Als eine Folge dieser Wanderungen gelangen Güter und Ideen aus dem Mittelmeergebiet nach Mitteleuropa und führen zur Entstehung der sogenannten Oppidakultur. Es kommt zur Errichtung großer stadtartiger Siedlungen mit zentralörtlichen Funktionen für Kult, Handwerk und Verwaltung. Außerdem entstehen neue, spezialisierte Handwerke und die Anfänge eines eigenständigen Münzwesens. Die Steinsburg auf dem Kleinen Gleichberg, in unmittelbarer Nachbarschaft zur Rhön gelegen, ist wegen der zahlreichen dort gefundenen Zeugnisse der Latènekultur die bedeutendste Anlage in unserem Mittelgebirgsraum. Die Milseburg in der Hohen Rhön ist der Steinsburg in mancher Beziehung gut vergleichbar.

Die Bevölkerung der Eisenzeit wird auch in der Rhön gerne mit der Bezeichnung „Kelten" charakterisiert. Dabei ist jedoch zu berücksichtigen, dass dieser Begriff auf höchst heterogene Bevölkerungen angewendet wird. Das Fundmaterial in der Rhön unterscheidet sich deutlich von demjenigen der Oppidakultur, zu der die Bewohner der Rhön Kontakte pflegten, ohne direkt zugehörig zu sein. Auch gibt es keine Hinweise auf ein übergeordnetes keltisches Identitätsbewusstsein der Menschen, vielmehr haben sie sich ihren jeweiligen Stämmen zugehörig gefühlt.

Die Oppidakultur wird etwa während der Mitte des 1. Jahrhunderts v. Chr., auch unter dem starken Einfluss von Germanen und Römern, in einem andauernden Prozess assimiliert. Mit ihr verschwindet auch die keltische Kultur aus Mitteleuropa, wobei anzunehmen ist, dass große Teile der keltischen Bevölkerung in den neu entstehenden germanischen Stämmen östlich des Rheins aufgehen.

Hallstattzeit

Der Übergang von der Bronze- zur Eisenzeit erfolgt in der Rhön ohne erkennbaren Bruch. Da Metallobjekte noch weitgehend fehlen, das älteste Eisen ist importiert und datiert allgemein in das 8. und 7. Jahrhundert v. Chr., und sich Gefäßformen und -verzierungen nur langsam ändern, ist es oft schwer, einzelne Bestattungen zeitlich genauer einzuordnen.

Während der Hallstattzeit werden viele Bestattungsplätze der vorangegangenen Urnenfelderzeit weiter belegt. Es ist also insgesamt von einer Bevölkerungskontinuität zwischen der späten Bronze- und frühen Eisenzeit auszugehen. Teilweise werden aber auch neue Bestattungsplätze angelegt oder ältere Grabhügel erneut für Bestattungen genutzt. Die Grabsitten sind sehr uneinheitlich. Es gibt in der Rhön parallel Brand- und Körpergräber sowie Flach- und Hügelgräber, wobei die verschiedenen Bestattungsarten auf einem Gräberfeld gleichzeitig vorkommen können.

Wie in der vorangegangenen Urnenfelderzeit dominieren Brandbestattungen, die außer in Flachgräbern auch in Hügelgräbern niedergelegt werden. Die neu angelegten Hügel können Durchmesser von bis zu 20 m erreichen und sind heute noch bis zu 1,5 m hoch im Gelände erhalten. Oftmals werden sie mit einem Steinkranz eingefasst. In den meisten Hügeln befindet sich nur eine Bestattung, die im Hügelzentrum niedergelegt wurde. Wurden ältere Hügel wiederverwendet, befindet sich die Bestattung zumeist in der Hügelschüttung.

Die Leichenbrände werden oft in Urnen bestattet, wobei es wie in der Urnenfelderzeit keine speziellen Grabgefäße gibt. Viele Urnen werden mit Schalen abgedeckt, außerdem liegen oftmals weitere Beigefäße neben ihnen. Einige Leichenbrände wurden scheinbar ungeschützt im Boden niedergelegt. Wahrscheinlich wurden sie einst in Behältnissen aus organischem Material wie Lederbeuteln oder Holzkästchen aufbewahrt. Manchmal sind Grabeinbauten beobachtet worden. So stehen einige Urnen auf Steinplatten oder sind von Steinen umstellt.

In seltenen Fällen befinden sich Metallgegenstände zwischen dem Leichenbrand. Dabei handelt es sich teilweise um Trachtbestandteile wie Bronzeringe, aber auch um Messer. Bei einigen dieser Stücke zeigen Hitzeschäden, dass Sie mit dem Toten zusammen verbrannt wurden.

Körperbestattungen sind in der Rhön deutlich seltener und kommen erst ab der späten Hallstattzeit vor. Dabei werden für die Bestattungen sowohl neue Hügel errichtet als auch ältere Hügel erneut benutzt. In den Grabhügeln wurde zumeist nur eine Bestattung niedergelegt, die sich in den neu errichteten

Grabhügeln im Zentrum befindet. Teilweise liegen die Gräber auf einem Steinpflaster oder sind durch eine Steinpackung geschützt. Nur einmal, in Unterbimbach „Lingegrund", konnte bisher ein hallstattzeitliches Körperflachgrab nachgewiesen werden. Um den Kopf des Toten sind dort kleine Kalksteine in einem unregelmäßigen Halbkreis angeordnet.

Die Toten wurden in gestreckter Rückenlage niedergelegt. Ihre Beigaben sind sehr unterschiedlich. Besonders einige reich ausgestattete Gräber lassen eine aufwändige Tracht erkennen. Zu dieser gehören Ohrringe, Fibeln, Arm- und Halsringe. So wurden der Toten von Unterbimbach „Lingegrund" ein scharflappiger Wendelring, eine Spiralkette mit vier Bernsteinperlen, zwölf Armringe – sechs an jedem Arm – und zwei Tongefäße mitgegeben. Einige Metallbeigaben, insbesondere verschiedene Fibelformen, weisen gute Parallelen in Süddeutschland auf, von wo wohl auch der Grabbrauch übernommen wurde (Abb. 15).

Da die Knochen zumeist vergangen sind, liegen zu den meisten Gräbern keine anthropologischen Bestimmungen vor. Es wird jedoch davon ausgegangen, dass die Bestattungen mit hohem Schmuckanteil eher weiblich sind, während Männerbestattungen durch Lanzen- und Pfeilspitzen charakterisiert werden.

*Abb. 15 **Zwei Segelfibeln aus einem Grabhügel bei Großenlüder-Unterbimbach „Binz"** (Foto Z. Jez)*

Das Bild der ältereisenzeitlichen Besiedelung Südthüringens wird durch eine große Anzahl von Grabhügeln, die in kleineren Gruppen, aber auch in größeren Nekropolen konzentriert sind, bestimmt. Die Fundplätze liegen immer auf Muschelkalk und reichen nicht so weit in die Rhön hinein, wie die mittelbronzezeitlichen Grabhügel auf Buntsandstein. Die Verbreitung der Gräber und Gräberfelder konzentriert sich südlich der Werra zwischen der Rhön und dem Grabfeld. Am Fuß des Großen Gleichberges im Merzelbachwald liegt das größte eisenzeitliche Hügelgräberfeld Thüringens. Sein Umfang wird auf ehemals ca. 200 Hügel geschätzt. Das größte Hügelgräberfeld der Vorderrhön befindet sich, heute noch etwa 30 Hügel umfassend, im Eichicht bei Herpf. Auch das Gräberfeld im Riederholz bei Kaltennordheim dürfte einst eine vergleichbar große Nekropole gewesen sein. In den Ausführungen zur Forschungsgeschichte wurde angedeutet wie frühe Hügelöffnungen seit der 1. Hälfte des 19. Jahrhunderts hier eingriffen. Wichtig ist vorab die Feststellung, dass die materielle Kultur in den Grabhügeln, ihre Architektur und der Ritus nicht so einheitlich sind, wie es das Kartenbild erscheinen lässt. Die Grabhügel in der Vorderrhön waren einem stärkeren westlichen Einfluss aus dem Rhein-Main Gebiet ausgesetzt. Dagegen wirkte im Grabfeld eine stärkere südöstliche Komponente, die nach Westböhmen weist. Auch eine Kontinuität der Bestattungsplätze von der Spätbronze- zur Hallstattzeit ist auf den Hügelgräberfeldern der nordöstlichen Rhön nicht sicher zu fassen. Die untersuchten hallstattzeitlichen Grabhügel hatten im Kern einen massiven Steineinbau, der eine Grabkammer besaß oder schützend über den Standort des Scheiterhaufens gepackt wurde. Die Gräber enthielten nur selten Metallbeigaben in Gestalt eiserner Messer oder vom Feuer des Scheiterhaufens gezeichnete Reste von Bronzeschmuck.

Körpergräber sind nur zweimal aus dem nördlichen Grabfeld überliefert: von Henfstädt Strick mit „fürstlicher" Ausstattung und Fibeln der frühen Stufe Hallstatt D und aus einem Grabhügel des Tännig bei Dingsleben ebenfalls mit Fibeln aus einer Nachbestattung. Nach älteren Fundbeschreibungen kann noch auf manche weitere späthallstattzeitliche Körperbestattung geschlossen werden, etwa im Riederholz bei Kaltennordheim, in den Gräbern am Fuß der Diesburg oder bei Unterkatz, wobei immer eine starke Latène-Komponente im Fundmaterial vorhanden ist und die Gräber meist jünger datiert werden.

Eine Ausnahme stellt das Gräberfeld von der Finkenliede bei Gerstungen an der Werra nördlich der Rhön dar. Die Flachgräber mit Steinschutz enthielten Brandbestattungen in Urnen mit Deckschalen. Die Ausgräber datieren den Bestattungsplatz an den Übergang von der Spätbronze- zur Hallstattzeit. Archäologisch-kulturell vermitteln die Grabausstattungen zwischen Osthessen und dem Thüringer Becken.

Unbefestigte Siedlungen lassen sich nur schwer nachweisen, da sie kaum obertägig sichtbare Spuren hinterlassen haben. Die meisten Siedlungsplätze konnten durch aufgepflügte Keramik lokalisiert werden. Sie liegen auf flachen Hängen oder auf Bergkuppen, wie dem Margretenberg bei Margretenhaun, dem Romersberg bei Oberbimbach oder dem Wieselsberg bei Malges. Da aber Ausgrabungen selten sind, liegen uns zumeist keine Kenntnisse zu Umfang oder Struktur der einzelnen Siedlungsplätze vor.

Eine Ausnahme bildet ein Siedlungsplatz bei Hünfeld-Mackenzell, der in die Hallstattzeit datiert werden kann. Hier konnten sechs bis sieben Hofstellen mit Haupthaus und Speicherbauten, Abfallgruben und sogar mehrere Keramikbrennöfen aufgedeckt werden.

Bei Vacha an der Werra in Dorndorf-Kirstingshof wurden im Jahr 1942 drei ältereisenzeitliche Siedlungsgruben untersucht. Das Keramikmaterial gestattet es hohe dickwandige Töpfe mit getupften Rändern zu rekonstruieren, die in eine nach Nordwesten orientierte Kulturverbindung passen.

Gelegentlich werden eisenzeitliche Scherben auf den Niederterrassen oder an den Talrändern der Flüsse und in Nebentälern gefunden, die auf Siedlungsstandorte zu den Hügelgräbern hinweisen.

Befestigte Siedlungen wurden in der Rhön am Übergang von der Hallstatt- zur Latènezeit errichtet und sollen daher erst im Anschluss näher vorgestellt werden.

Latènezeit

Erst in der archäologischen Kultur der Latènezeit wird der neue Werkstoff Eisen endgültig bestimmend. Was heißt, dass es eine umfangreiche örtliche Verfügbarkeit von Rohmaterial und ein nach keltischem Vorbild hoch qualifiziertes eisenverarbeitendes Handwerk gab.

Der Übergang von der Hallstatt- zur Latènezeit ist fließend. Besonders die Keramik der älteren Latènezeit zeigt nur geringe Unterschiede zu derjenigen der späten Hallstattzeit. Ein neues Merkmal latènezeitlicher Keramikproduktion ist die Übernahme der Töpferscheibe nach südlichen Vorbildern.

Wie in der Hallstattzeit können Hügel- und Flachgräber sowie Körper- und Brandbestattungen unterschieden werden. Insgesamt sind deutlich weniger Bestattungen bekannt, die noch dazu überwiegend aus der Frühlatènezeit stammen. Dies kann mit Veränderungen im Grabbrauch zusammenhängen, zumal die Zahl der Hügelgräber deutlich zurückgeht.

Bei den Hügelgräbern handelt es sich überwiegend um Brandgräber, wohingegen Körpergräber wesentlich seltener sind. Sie werden in älteren Hügeln eingebracht, während neu angelegte Hügel in der Latènezeit bisher nicht nachgewiesen werden können. Anders verhält es sich bei den wenigen nachgewiesenen Flachgräbern. Bis auf eine Ausnahme handelt es sich dabei ausschließlich um Körpergräber. Wie in der Hallstattzeit lagen die Toten, soweit noch erkennbar, in gestreckter Rückenlage. Gräber mit Lanzen oder Hiebmessern können als Männergräber angesprochen werden. Die Körpergräber aus Petersberg-Stöckels besitzen reiche Schmuckbeigaben, darunter Nadeln, Hals- und Armringe. Einige wurden dabei im plastischen Stil verziert (Abb. 16). Besonders bemerkenswert ist aber die stilisierte keltische Gesichtsdarstellung auf einem Halsreif. Außerdem wurden einigen Toten Gefäße, wahrscheinlich mit Speisen für das Jenseits

*Abb. 16 **Halsring mit Stempelenden (sog. Torques) aus einem Grab des Gräberfeldes bei Petersberg-Stöckels** (Foto Z. Jez)*

oder den Weg dorthin, mitgegeben. Einige dieser Gefäße weisen geometrische Verzierungen auf, die für den hessisch-thüringischen Mittelgebirgsraum typisch sind (Abb. 17).

Im thüringischen Rhönanteil ist von der Hallstatt- zur Latènezeit ein Wechsel im Bestattungsritus zu beobachten. Die Brandbe-

*Abb. 17 **Beigaben aus frühlatènezeitlichen Gräbern bei Großenlüder-Unter-bimbach: zwei Gefäße mit hessisch-thüringischer Strichverzierung und der Bronzegriff eines eisernen Hiebmessers** (Foto Z. Jez)*

stattung eines Mannes in der Borscher Aue fand um die Mitte des 5. Jahrhunderts v. Chr. noch in einem Grabhügel statt. Die Urne trägt eine geometrische Strichverzierung, die in ihrer Verbreitung den hessischen und thüringischen Mittelgebirgsraum weiträumig miteinander verbindet. Der Bestattung war der wohl bekannteste archäologische Fund der Rhön beigegeben: eine Bronzekanne, der vom Glauberg Grab 1 vergleichbar, die in künstlerischer Form und Fertigungstechnik etruskischen Vorbildern folgt. Es ist der Griff, der die Gestalt einer Großkatze nachbildet, der massiv in verlorener Form gegossen, erhalten blieb. Wir gehen heute davon aus, dass es ein örtlich ansässiger Handwerker war, der mit dem Gefäß typisch keltische Kunst produzierte. Stilistisch gleichzeitig und auch technisch vergleichbar ist der Einzelfund einer Vogel-kopffibel von Roßdorf, eine Leitform der älteren Latènezeit (ca. 450 v. Chr.), mit der die Verbindung zu den ca. 60 Vogelkopffibeln vom Kleinen Gleichberg hergestellt wird, die im Steinsburgmuseum aufbewahrt werden.

Noch im Verlauf des 5. Jahrhunderts v. Chr. setzte sich der Ritus der Körperbestattung durch. Das erfolgte mit den älteren Beispielen noch in Grabhügeln, die schon in der Hallstattzeit angelegt wurden. Die Körpergrabsitte wird bis an den Anfang des 3. Jahrhunderts v. Chr. über die gesamte Früh- bis zur Mittellatènezeit beibehalten. Es sind vor allem Altfunde überliefert. Soweit aus den spärlichen Dokumentationen zu erschließen, sind die Gräber etwas unregelmäßig Nordwest-Südost bis West-Ost orientiert ausgerichtet. Die Toten wurden in gestreckter Rückenlage, manchmal auf Brettern und in textiles Material gehüllt, in Gruben beigesetzt. Diese Flachgräber waren oft mit Steineinbauten ausgekleidet.

Die geschlechtsspezifischen Inventare – Frauen Schmuck, Männer Waffen – sind kulturell stark westlich zum Rheingebiet und Ostfrankreich ausgerichtet. Die Gefäßservice der Hallstattzeit werden durch die Beigabe von Einzelgefäßen abgelöst. Repräsentative Halsringe aus Körpergräbern, die keltischen Torques, sind einheimische Erzeugnisse (Abb. 16). Sie werden in Thüringen und im nordöstlichen Rhönvorland nicht wie historisch aus dem Westen überliefert von den Kriegern, sondern immer von Frauen getragen. Eine regional verbreitete große Nadel, die Tutulusnadel, kommt in Frauengräbern im Kopf bzw. auch Brustbereich vor und unterstreicht die Herausbildung lokaler Trachtsitten, die den Raum beiderseits der hessisch-thüringischen Landesgrenze miteinander verbindet (Abb. 18).

Zeitlich nach dem Grabfund von Borsch sind frühlatènezeitliche Körpergräber bei Geisa und auch Deicheroda sowie entlang der Werra von einem Flussübergang bei Einhausen, von einer Niederterasse bei Leimbach, von Philippsthal, von Breitungen und weiter nördlich von Creuzburg zu nennen.

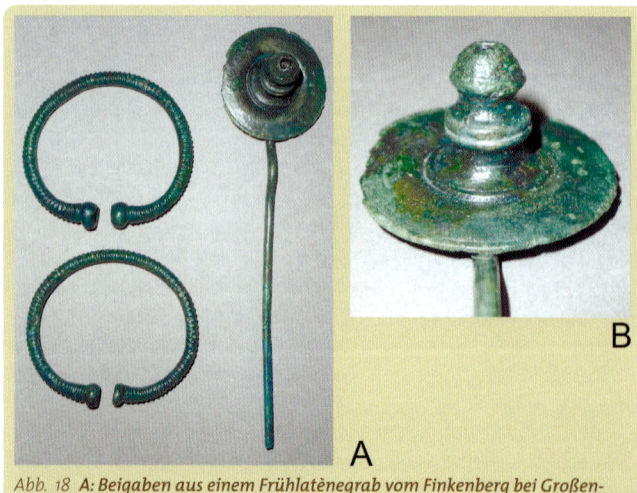

Abb. 18 A: Beigaben aus einem Frühlatènegrab vom Finkenberg bei Großenlüder; B: Detail der sogenannten Tutulusnadel (Foto Z. Jez)

Für die Latèneforschung der nördlichen Rhön ist das schon Ende des 19. Jahrhunderts untersuchte Gräberfeld von Leimbach von großer Bedeutung. Die erst später in ihrer Zusammengehörigkeit rekonstruierten Fundkomplexe lassen während des 3. Jahrhunderts v. Chr. einen kontinuierlichen Übergang von der bereits beschriebenen Körpergrabsitte zur Brandbestattung in Flachgräbern erkennen. Urnen mit Leichenbrand, oft mit Schalen abgedeckt, und darin Teile der Tracht zeigen erneut einen tiefgreifenden Wandel im Ritus. Die Veränderung geht in ihren Wurzeln auf den Einfluss nördlich der Mittelgebirge lebenden brandbestattenden Bevölkerungsgruppen, wie z. B. die Jastorfkultur, zurück. Zugleich werden Gräber in und um die Rhön selten. Außer von Leimbach sind Brandgräber des 2. und 1. Jahrhunderts v. Chr. in jüngerer Zeit von Wolfmannshausen und dann wieder aus dem Gleichberggebiet bekannt geworden. Insgesamt ist das zu wenig für die bekannte dichte Besiedelung während der jüngeren Latènezeit. Vielleicht gab es aber auch noch andere Bestattungssitten, die sich der Auffindung mit herkömmlicher Ausgrabungstechnik entziehen.

Unbefestigte Siedlungen können zumeist nur durch zufällig entdeckte Scherben wahrscheinlich gemacht werden. Lediglich in der Flur „Wollmig" bei Stöckels konnten acht Pfostenlöcher nachgewiesen werden, die auf ein Haus von etwa 3,50 x 3,00 m Größe schließen lassen. Die meisten unbefestigten Siedlungen lagen auf flach geneigten Hängen, seltener sind sie auf Bergkuppen, wie dem Schulzenberg bei Maberzell oder dem Haimberg bei Haimbach anzutreffen.

Bei Kranlucken ist die bisher einzige offene Siedlung der thüringischen Rhön gefunden worden, in der auch eine kleine Ausgrabung durchgeführt wurde. Der Platz liegt am Kohlbach in einem Seitental der Ulster. Aus Siedlungsgruben wurden Fragmente von Hand gefertigter großer Schüsseln mit einbiegendem Rand geborgen. Sie sind nach ihrer Oberflächenbehandlung eher nördlicher und nordwestlicher Keramik vergleichbar. Chronologisch folgen die Formen den Töpfen der Späthallstattzeit von Kirstingshof und sind allgemein (früh?) latènezeitlich zu datieren. In der Nachbarschaft des Gräberfeldes von Leimbach sind Oberflächenfundplätze mit latènezeitlicher Drehscheibenkeramik lokalisiert worden, die die Attraktivität der Werraniederterrasse für die eisenzeitlichen Siedler belegen.

Wesentlich besser sind befestigte Höhensiedlungen dokumentiert, da sie sich durch die wallartigen Überreste ihrer Befestigungswerke leicht im Gelände auffinden lassen. Aber auch hier ist festzuhalten, dass von vielen Befestigungen bisher keine datierbaren Funde vorliegen und auch die besser untersuchten Anlagen bisher nur zu kleinen Teilen erforscht wurden.

Allgemein kann zwischen Ringwällen und Abschnittsbefestigungen sowie kleinen Befestigungen (bis zu 6 Hektar) und Großsiedlungen von bis zu 32 Hektar Fläche (Milseburg bei Danzwiesen) unterschieden werden. Die Befestigungsmauern waren bis zu 4 m breit und bestanden aus Stein und Erde, die durch ein Holzgerüst zusammengehalten wurden.

Die bedeutendste Befestigungsanlage der Rhön ist die Milseburg bei Hofbieber-Danzwiesen. Sie wird in der Literatur oft als Oppidum bezeichnet, in jedem Fall handelt es sich um einen bedeutenden Zentralort. Erste Siedlungsspuren auf der Milseburg stammen aus der Urnenfelderzeit. Eine erneute Besiedlung während der Eisenzeit beginnt in der Späthallstatt-/Frühlatènezeit. Der Siedlungshöhepunkt und wahrscheinlich auch der Bau der Befestigung fallen jedoch in die jüngere Latènezeit. Der Milseburg nahe und gut vergleichbar ist die befestigte Höhensiedlung auf dem Öchsen, die am besten erforschte Anlage der thüringischen Rhön. Neben anderen führten J. Vonderau und A. Götze frühe Untersuchungen auf dem Berg durch, beschäftigten sich mit den Funden und besprachen den kulturhistorischen Kontext. Nach den Funden: Waffen, Gürtelteile und Drehscheiben- und handgemachte Keramik beginnt die eisenzeitliche Besiedlung in der Hallstattzeit, und ihr Höhepunkt lag am Ende der Mittellatènezeit im 2. Jahrhundert v. Chr. Auf dem Öchsen fehlen bisher späte Metallfunde.

R. Spehr bringt den Öchsen mit dem bei Ptolemaios genannten Canduum (Kandouon) in Verbindung. Der ehemals mehrfache Ringwall ist stark zerstört. Die Konstruktion der Trockenmauern aus Basalt sowie ihre Lage im Gelände, besonders die Absicherung der Wasserversorgung, erinnern an die Steinsburg auf dem Kleinen Gleichberg. Es gibt keine gesicherte, unmittelbar der Höhensiedlung zugehörige Latènebesiedelung um den Berg. Die Funktion der Anlage wird daher mehr in der Sicherung der Verkehrsführung vom Rhein-Main-Gebiet in das Thüringer Becken und der Werraquerung bei Vacha gesehen.

Weitere mit einem Ringwall befestigte Gipfel mit einer gesicherten Besiedlung während der Latènezeit sind der Sängersberg bei

Bad Salzschlirf, das Heidenküppel bei Bimbach, der Schiebberg bei Trätzhof, der Stallberg bei Kirchhasel, der Kleinberg bei Rasdorf, die Hessenkuppe bei Lenders, die Diesburg bei Aschenhausen mit zugehörigen Gräbern und der Schleidsberg bei Geisa nahe bei den Grabhügeln in der Borscher Aue. Auch der Heidenküppel und die drei letztgenannten thüringischen Befestigungen datieren eher etwas früher zwischen das 5. und 3. Jahrhundert v. Chr.

Während die frühe Latènekultur in und um die Rhön, besonders die Gräber, eindeutig keltische Züge des Westens zeigt, wandelt sich das Bild in der jüngeren Latènezeit, der Zeit der keltischen Oppida. Der Einfluss des Nordens wird stärker fassbar. Es entsteht eine Kontaktzone zwischen dem germanischen Norden und dem keltischen Süden.

Wege um und durch die Rhön ermöglichen dem Werralauf folgend eine westliche Umgehung des Thüringer Waldes an einer verkehrsgünstigen, weil flachen Stelle des Gebirges.

Wie auch in anderen Regionen endet die keltisch beeinflusste Kultur in der Rhön um die Mitte des ersten Jahrhunderts v. Chr. Die Kelten werden abgelöst durch germanische Gruppen, die die Rhön von Norden und Osten durchziehen und das Vorland besetzen. Es ist anzunehmen, dass große Teile der keltischen Bevölkerung in den neu entstehenden germanischen Stammesverbänden aufgehen.

Kaiserzeit und Völkerwanderungszeit

Wie schon für die Kelten beschrieben, gibt es auch keine übergreifende germanische Identität. Auch „die Germanen" gab es eigentlich nicht. Die Bevölkerung lebte in Stämmen und später in Stammesverbänden und war allenfalls durch einige sprachliche und kultische Gemeinsamkeiten miteinander verbunden. Die größeren, über die familiär-blutsverwandtschaftliche Bindung hinausgehenden, Zusammenschlüsse waren auch politisch motiviert und entsprechend fragil. Erst spät entwickeln sich im Kontext zum Römischen Reich Ansätze einer germanischen Identität, die aber vor allem die Zuschreibung durch die Römer reflektiert.

Eine wichtige römische Quelle ist die „Germania" des Tacitus, die im Jahr 98 n. Chr. erschien. Chatten und Hermunduren werden nach römischem politisch-ethnographischem Verständnis näher charakterisiert: die Chatten als umsichtige Krieger und potenzielle Gegner im Kapitel 30, die Hermunduren – den Römern näher – als ergebene Wirtschaftspartner im Kapitel 41.

In seinen Analen (13.57) berichtet Tacitus für das Jahr 58 auch von der legendären Schlacht zwischen Chatten und Hermunduren an einem Grenzfluss, womit wahrscheinlich die Werra gemeint ist. Es wurde um das Salz gekämpft. Nicht ohne eine gewisse Schadenfreude, denn die Chatten waren Gegner Roms, weist Tacitus auf deren folgenschwere Niederlage hin.

Fundplätze der Römischen Kaiserzeit und der Völkerwanderungszeit sind in der Rhön sehr selten. Einige kaiserzeitliche Fundstellen wurden von J. Vonderau im heutigen Stadtgebiet Fuldas freigelegt. Dabei handelte es sich jedoch nur um kleine Grabungsareale, die keine Rekonstruktionen der ehemaligen Siedlungsplätze zulassen. Immerhin konnte nachgewiesen werden, dass während der älteren Römischen Kaiserzeit auf dem Fuldaer Domhügel eine Siedlung bestand, deren Hinterlassenschaften auf einer Fläche von etwa 200 x 300 m zutage traten. Die Siedlung lag verkehrstechnisch günstig auf einem kleinen Kalksteinplateau oberhalb einer Furt, die an dieser Stelle über die Fulda führte.

Unter dem Fundmaterial der Siedlung dominiert naturgemäß die Keramik (Abb. 19). Einige Scherben mit facettierten Rändern weisen elbgermanische Einflüsse auf. Damit kann mit einem Siedlungsbeginn spätestens um Christi Geburt gerechnet werden.

Im Verlauf des 1. Jahrhunderts setzen sich rhein-weser-germanische Keramikformen im Fundmaterial durch. Überregionale Kontakte werden vor allem durch Funde römischer Keramik, darunter sogenannte „Belgische Ware" und Terra Sigillata nachgewiesen. Diese importierte Keramik belegt Verbindungen ins römische Reichsgebiet und datiert in das 2. Jahrhundert n. Chr.

Abb. 19 **Situlaartiges Gefäß der älteren Römischen Kaiserzeit aus Fulda** *(Foto F. Verse)*

Bei Hünfeld-Mackenzell wurden ebenfalls Siedlungsspuren der Römischen Kaiserzeit entdeckt, die aus dem Umfeld einer eisenzeitlichen Siedlung stammen. Da sie zeitlich erheblich jünger sind, ist hier nicht mit einer Siedlungskontinuität zu rechnen, sondern die natürliche Lagegunst dieses Ortes, auf einer Bachterrasse, wird zu einer erneuten Besiedlung dieses Geländes während der Römischen Kaiserzeit geführt haben. Zu den wenigen kaiserzeitlichen Siedlungsspuren, die an dieser Stelle entdeckt werden konnten, gehört eine Siedlungsgrube mit Keramik elbgermanischer Prägung. Außerdem wurden ein Mahlsteinfragment und die Nadel einer Bronzefibel gefunden.

Die Kuppen- und Vorderrhön erbrachten bisher keinerlei Siedlungsniederschläge der Kaiserzeit. Die das südliche Thüringer Waldvorland in Besitz nehmenden Elbgermanen und auch ihre Nachfolger waren Ackerbauern; sie siedelten gezielt auf guten Böden. Die germanische Besiedlung hat östlich der Rhön im Grabfeld ihre letzten gesicherten Plätze (Römhild, Gleichamberg, Milz, Reurieth). In der Sülzdorfer Flur Krautgärten wurde von 1994 bis 1998 eine ausgedehnte Siedlung der Kaiserzeit mit römischem Import, Hausgrundrissen, Speichern und technischen Anlagen ausgegraben. Sie bestand vom 1. bis in die erste Hälfte des 4. Jahrhunderts. Ein in der Kaiserzeit benutzter Werraübergang für eine von Süd nach Nord verlaufende Verkehrswegeführung befand sich bei Henfstädt auf der Strick. Im Vergleich zur dichten Besiedelung in der Latènezeit gibt es in der Kaiserzeit allerdings einen deutlichen Bevölkerungsschwund. Die ohnehin dünne Besiedelung, Gräber dazu fehlen, mied die unattraktive Rhön, die wahrscheinlich auch stark bewaldet war. Sehr locker gestreut liegen weitere germanische Siedlungen werraabwärts zwischen Bad Salzungen und Eisenach. Aus thüringischer Sicht ist auch erwogen worden, die im Werragebiet ausdünnende Besiedlung der Existenz eines Grenzkorridors zwischen Chatten und Hermunduren zuzuschreiben. Die Rhön würde dann dessen südliche Flanke bilden.

Für die augusteische Periode sei noch auf den römischen Münzhortfund von Dreißigacker hingewiesen, der, auf der Hochfläche über der Stadt Meiningen gefunden, als ein Hinweis auf frühe römisch-germanische Kontaktnahme in einer Zeit kriegerischer Auseinandersetzungen gelten müsste. Der aber auch als ein früher Bezug auf die Existenz des für Meiningen später wichtigen Werraübergangs angesehen werden könnte.

Abb. 20 **Römische Münzen aus dem Stadtgebiet von Fulda** (Foto F. Verse)

Trotz der wenigen Siedlungsspuren der Römischen Kaiserzeit, der Bevölkerungsrückgang bestand bis in das 6. Jahrhundert hinein fort, wird deutlich, dass die Rhön um die Zeitenwende herum und danach insgesamt verstärkt unter nordwestlichen und östlichen Kultureinfluss gerät, der zu einer Einbindung der Region in ein germanisch geprägtes Umfeld führt. Wie römische Münzfunde, insbesondere aus Fulda, belegen, bleibt diese Prägung der Region bis zur Völkerwanderungszeit bestehen (Abb. 20).

Mittelalter

Erst mit der Gründung einer Einsiedelei bei Bad Hersfeld im Jahre 736 und den Gründungen der Benediktinerklöster bei Fulda durch Sturmius (744) und Bad Hersfeld durch Lullus (769) beginnt in der Rhön die schriftlich überlieferte Geschichte (Abb. 21). Es ist aber wahrscheinlich, dass es bereits zuvor eine, wenn auch dünne Besiedlung der Region gegeben hat. So wird zwar in der „Vita Sturmi" berichtet, dass das Kloster Fulda in einer menschenleeren Einöde errichtet wurde, gleichzeitig wird aber auch erwähnt, dass

Abb. 21 **Denkmal für den Heiligen Bonifatius, den Apostel der Deutschen, in Fulda** (Foto F. Verse)

Sturmius in der Nähe des späteren Klosters einige nackt im Fluss badende Menschen angetroffen habe, bei denen es sich vielleicht um Slawen handeln könnte. Eine merowingerzeitliche *curtis*, wie sie J. Vonderau und H. Hahn für die Zeit vor oder um 700 in Fulda annahmen, wird hingegen in der neueren Forschung zunehmend angezweifelt.

Die fränkische Kolonisation erfolgte vom Main aus. Das Herzogtum der Hedene reichte vom Südrand des Thüringer Beckens (Arnstadt: 704 Schenkung an Willibrord) bis nach Würzburg und wurde in den Ausbau einer Königsprovinz einbezogen. Nach historischen Forschungen und archäologisch bisher kaum nachgewiesen, entstanden im Ulstertal und an der Werra bis in das Thüringer Waldvorland hinein Königshöfe. Wichtige Quelle dieser Zeit sind die bereits Ende der 1950er bis 60er Jahre untersuchten merowingerzeitlichen Reihengräberfelder von Kaltenwestheim und Kaltensundheim. Sie werden gegenwärtig umfangreich aufgearbeitet. Dabei geht es angesichts einer insgesamt reichen Beigabenausstattung der Gräber auch um die Frage nach dem Verhältnis von Kolonisationsvorgängen und autochthoner Bevölkerung in einer Grenzregion.

Die Aufsiedelung der nördlichen Rhön etwa um Bad Salzungen herum erfolgte auch aus Richtung Hessen und Thüringen. Die Gaue Tullifeld (Vorderrhön/Grabfeld) und Westergau (um Bad Salzungen) waren nicht völlig identisch mit den neu entstandenen Verwaltungseinheiten, denen königliche Beamte, ursprünglich noch absetzbar, vorstanden.

Mit den Klostergründungen in Bad Hersfeld und besonders in Fulda gehört die westliche Rhön zum Stammesgebiet der Franken, womit die Rhön zum Grenzgebiet zwischen diesen und den Thüringern wird. Beide Klöster sind bedeutende fränkische Vorposten im Osten und bilden den Ausgangspunkt für die Aufsiedlung der Region (Abb. 22). Sie sind von hoher kultureller und adminis-

Abb. 22 **Dom und Michaelskirche, deren erste Bauphase noch auf das 9. Jahrhundert zurückgeht.** *(Foto F. Verse)*

trativer Bedeutung und spielen eine herausragende Rolle in der Reichspolitik der Franken, was auch dadurch deutlich wird, dass beide Klöster direkt dem König bzw. Kaiser unterstellt werden, der sie im 8. und 9. Jahrhundert zu wichtigen Ausgangspunkten der Sachsenmission bzw. der Sachsenkriege macht.

Mit den Klostergründungen beginnt der fränkisch-karolingische Landesausbau, der in einer weitgehenden Erschließung der Rhön mündet. Mit der Gründung von Zellen, Propsteien, Neben- und Frauenklöstern entsteht rasch eine kirchliche Infrastruktur. Der Kernbau der Michaelskirche in Fulda, einschließlich seiner Ringkrypta, gehört zu den eindrucksvollsten noch erhaltenen Beispielen romanischer Architektur in Deutschland und gibt einen guten Eindruck von den damaligen Kirchenbauten.

Zahlreiche Schenkungen der Landeigentümer, z. B. die der Äbtissin Emhilt von Milz an Fulda 799/800 – sie hatte 783 dort ein Benediktinerinnenkloster gegründet – stärkten die Klöster Fulda und Hersfeld sowie das Bistum Würzburg.

Viele Siedlungen mit Endung auf „hausen", wie Poppenhausen, Friesenhausen oder Dietershausen, werden in dieser Zeit gegründet. Das Fuldaer Becken und Hünfelder Land werden aufgesiedelt. Hünfeld, Rasdorf (beide vor 815), Großenlüder (822), Petersberg (836) oder Bad Salzschlirf (885) werden gegründet. Auch die Hochrhön wird bereits in dieser Phase erschlossen, wie erste urkundliche Erwähnungen von Rodenbach (863), Hilders (891) oder Gersfeld (nach 944) zeigen.

Parallel dazu werden die Zentren weiter ausgebaut. So entstehen in Fulda neben den unmittelbaren Klosterbauten im Bereich der Langebrückenstraße kleine Handwerksbetriebe, zu denen auch eine Mühle aus dem 9. Jahrhundert gehört. Spätestens zu dieser Zeit entwickelt sich außerdem südöstlich des Klosters Fulda eine Zivilsiedlung mit Wohn- und Handwerkerquartieren, für die ab 852 die Bezeichnung *villa* belegt ist.

Aufgrund günstiger Klimaverhältnisse kommt es im hohen Mittelalter (11. bis erste Hälfte 14. Jahrhundert) zu einer deutlichen Zunahme der Bevölkerung. Dies führt auch in der Rhön zu einem deutlichen Ausbau der besiedelten und bewirtschafteten Flächen. Dabei werden nun auch zuvor nur dünn besiedelte Flächen u. a. in den höheren Mittelgebirgslagen weiter erschlossen. Wüstensachen (1141), Dietges (1165), Tann (1197) oder Weyhers (1327) werden in dieser Zeit erstmals urkundlich erwähnt. Am Ende dieser Phase lässt sich auch eine Zunahme waldgebundenen

Gewerbes beobachten. Dazu gehören Köhlereien sowie die Eisen- und Glasgewinnung.

Gleichzeitig erfolgt auch eine weitere territorialpolitische Strukturierung der Rhön. Seit dem Investiturstreit unter Heinrich IV. im 11. Jahrhundert verschwindet königliches Landeigentum. Zwischen dem 11. und 13. Jahrhundert ist das Land zersplittert. Auch dem Kloster Fulda gelingt es östlich und südlich der Rhön nicht, seinen umfangreichen Landbesitz in eine dauerhafte territoriale Herrschaft umzusetzen. Aus den vielfältigen Auseinandersetzungen um die Etablierung einer zentralen Territorialgewalt gehen die Henneberger Grafen, seit 1096 bezeugt, siegreich hervor. Sie bauen mit wechselhaftem Erfolg, im ständigen Kampf nach außen, bis in das 13. Jahrhundert einen kleinen südthüringisch-fränkischen Territorialstaat aus, der bis über den Rennsteig und in das Schiefergebirge reicht. Zu ihm gehören auch die thüringischen Anteile der Rhön. Für die archäologische Denkmalpflege sowie die Forschung sind die in dieser Zeit im Territorium neu gebauten Burgen, die für das Werragebiet und die Rhön besonders reizvollen Wehrkirchen und auch die Klöster herausfordernde Ausgrabungsobjekte.

Die Reichsabtei Fulda etabliert sich endgültig als selbstständiges, reichsunmittelbares Territorium, was auch zu einem weiteren Ausbau des Zentralortes Fulda führt. Unter Abt Marquard I. wird die Stadt 1162 mit einer Stadtmauer umgeben (Abb. 23). 1208 erhält Fulda die vollen Stadtrechte. Zur selben Zeit erstarken im Umland verschiedene Adelsgeschlechter, was durch Neugründungen oder Ausbau von Burgen, wie der Ebersburg oder der Ganerbenburg auf dem Morsberg bei Rasdorf, deutlich wird.

Diese insgesamt fast 500 Jahre andauernde expansive Siedlungsphase wird etwa ab Mitte des 14. Jahrhunderts jäh unterbrochen. Eine Klimaverschlechterung (Kleine Eiszeit) führt zu niedrigeren Temperaturen und erhöhten Niederschlägen. Damit sinken die landwirtschaftlichen Erträge insbesondere in den höheren Mittelgebirgslagen erheblich und es kommt zu ernsten Versorgungsschwierigkeiten der Bevölkerung. Die spätmittelalterliche Agrarkrise mit sinkenden Getreidepreisen begünstigte andererseits wirtschaftliche Neuorientierungen wie den Ausbau der Schafzucht in der Rhön. Indirekt wurde wohl durch diese frühe Wirtschaftskrise auch die Ausbreitung der verschiedenen Pestwellen, die Europa ab 1347 immer wieder heimsuchen, befördert.

*Abb. 23 **Teilweise rekonstruierte Stadtmauer an der Brauhausstraße in Fulda** (Foto F. Verse)*

Das alles führt zu einer erheblichen Bevölkerungsabnahme und damit einhergehend zur Aufgabe zahlreicher Siedlungsplätze. Auch in der Rhön hat diese spätmittelalterliche Wüstungsphase deutliche Spuren hinterlassen. Beispielsweise werden beim Verkauf des Gerichtes Auersberg im Jahre 1419 die zu diesem gehörenden Ortschaften (Wüsten-)Sachsen, Syfrids, Teyten, Patten, Wyckers, Fundlos und Revelberge als wüst genannt, während nur Hilders, Lahrbach und Simmershausen als Dörfer bezeichnet werden.

Viele der in dieser Phase wüst gefallenen Ortschaften wurden niemals wieder besiedelt. Einige dieser Siedlungen sind auf alten Karten verzeichnet, von vielen finden sich aber auch noch Spuren im Gelände. Alte Hofstellen sind noch an Verebnungsflächen, sogenannten Podien, zu erkennen, die sich bis heute auf Wald- oder Wiesenflächen erhalten haben. Auch charakteristische Ackerflächen, insbesondere die mittelalterlichen bis frühneuzeitlichen Wölbäcker und Streifenflure, die bis zu 1,5 km lang sein können, sind teilweise noch heute mitunter sehr auffällig an zahlreichen Rhönkuppen zu sehen.

Die Wüstungsphase führt auch zum wirtschaftlichen Niedergang der Region und entzieht dem Adel die wirtschaftliche Grundlage. Es kommt verstärkt zu räuberischem Unwesen, das noch durch das Raubrittertum einiger Adelsfamilien, die eigentlich für den Schutz der Bevölkerung verantwortlich sein sollten, verstärkt wird. Dadurch wird auch die Abwanderung der ländlichen Bevölkerung in die noch bestehenden städtischen Zentren weiter gefördert, was zu einer Forcierung der Entvölkerung ganzer Landstriche führt. In dieser Zeit wird die Stadtbefestigung Fuldas noch einmal verstärkt (Abb. 24). Außerdem umgibt sich die Stadt mit einem Ring von Warttürmen, die vor herannahenden Feinden warnen sollen.

Erst gegen Ende des 15. Jahrhunderts kann diese Entwicklung umgekehrt werden. Der frühneuzeitliche Landesausbau dauert bis zum Beginn des 17. Jahrhunderts, bevor er durch den Dreißigjährigen Krieg (1618–1648) wiederum in eine Wüstungsphase übergeht. Wieder werden zahlreiche Dörfer bzw. Hofstellen aufgegeben, da ihre Bewohner getötet werden oder, wohl wesentlich häufiger, sich in den relativen Schutz der größeren Städte und Ansiedlungen zurückziehen. Allerdings war auch deren Schutz höchst begrenzt, da selbst Fulda besetzt und geplündert wurde.

Relikte, die unmittelbar mit den militärischen Auseinandersetzungen während des Dreißigjährigen Krieges zusammenhängen, finden sich vor

*Abb. 24 **Sogenannter Fuldaer Hexenturm, der hier als Teil der Stadtbefestigung die Stadt vom Klosterbezirk trennt.** (Foto F. Verse)*

allem im Raum Gersfeld entlang der alten Straße in Richtung Bischofsheim. Das Herzstück der hier errichteten Befestigungen bildet die noch gut erhaltene sternförmige „Schwedenschanze". Darüber hinaus wurde die mittelalterliche Landwehr zu einer Befestigungslinie ausgebaut und ist noch heute über weite Strecken als gut sichtbares Wall-Graben-System zu erkennen.

Bei dem erneuten, von der Landesherrschaft erheblich geförderten Landesausbau wurden fast alle zuvor aufgegebenen Flächen wiederbesiedelt. Neben landwirtschaftlichen Betrieben wurden auch gewerbliche Produktionsstätten besonders gefördert. Noch heute können Glas- und Eisenhütten aus dieser Zeit archäologisch oder namenkundlich nachgewiesen werden. Außerdem kommt es zur Entwicklung neuer Produktionsmethoden, die zu einer erheblichen Ausweitung der Produktionsmenge führen. Bei der Eisengewinnung beispielsweise wird das Rennfeuerverfahren endgültig durch die Massenhütten bzw. die frühen Hochöfen verdrängt.

Mit dem wirtschaftlichen Wiedererstarken der Region konsolidieren sich auch Landesherrschaft und Adelsgeschlechter. In der Epoche des Hochbarock erfolgen auch in der Rhön umfangreiche, auf Repräsentation ausgerichtete Bauprojekte, die in ihrer teilweise verschwenderischen Pracht die Schrecken des Dreißigjährigen Krieges vergessen lassen sollen. Fulda als kulturelles Zentrum der nördlichen Rhön erhält in dieser Zeit sein heute noch prägendes Aussehen. Dom, Stadtschloss und die Sommerresidenz Schloss Fasanerie, um nur einige Gebäude zu nennen, erhalten ihre heutige Gestalt. Neben neu errichteten administrativen Bauten werden auch zahlreiche Privathäuser im barocken Stil errichtet oder dahingehend umgestaltet. Fulda wird in dieser Phase von einer mittelalterlichen Fachwerkstadt zur heute noch charakteristischen Barockstadt.

Abb. 25 *Blick über das obere Lüdertal. Links Großenlüder, im Hintergrund die Gipfel der Rhön, davor der Schulzenberg (Mitte) und der Haimberg (rechts)* (Foto F. Verse)

Rund ums Lüdertal – Grabhügel und mehr

Der Rundweg verläuft im Wesentlichen um das Lüdertal herum. Dabei führt er durch eine der siedlungsgünstigsten Regionen der Rhön, was auch an der hohen Dichte vorgeschichtlicher Siedlungsrelikte deutlich wird. Dies liegt vor allem an den fruchtbaren Böden, die einen vergleichsweise hohen Lößanteil aufweisen, und somit gute Bedingungen für eine landwirtschaftliche Nutzung bieten. Außerdem gibt es im Lüdertal einige salzhaltige Quellen, die spätestens seit dem 9. Jahrhundert zur Salzgewinnung genutzt wurden. Auch eine vorgeschichtliche Salzgewinnung ist möglich, allerdings bisher nicht belegt.

Salz

Salz war bereits in der Steinzeit ein wichtiger und begehrter Rohstoff. Seine besondere Wertschätzung erfuhr das Salz dabei weniger als Gewürz und schon gar nicht als Streumittel, was heute den größten Teil des Salzverbrauches ausmacht, sondern als Mittel zur Konservierung von Lebensmitteln, insbesondere von Fleisch und Fisch.
Da aufgrund mangelnder Futterwirtschaft nur eine begrenzte Anzahl Vieh über den Winter gebracht werden konnte, wurden im Herbst große Teile

der Herden geschlachtet. Damit stand zu dieser Zeit eine erhebliche Menge Fleisch zur Verfügung, die jedoch bis zum Frühjahr ausreichen musste. Pökeln stellte eine wichtige Form der Konservierung dar, womit der Besitz von Salz ein wichtiges Element der Ernährungssicherheit bedeutete.

Im Wesentlichen stehen zwei Wege zur Salzgewinnung offen. Zum einen kann Salz bergmännisch abgebaut werden und zum anderen kann es durch Verdunstung aus salzhaltigem Wasser gewonnen werden. In Sachsen-Anhalt geht die Salzgewinnung aus Solequellen bis in die Jungsteinzeit zurück, und in Hallstatt in Österreich kann Salzbergbau bereits für die Bronzezeit nachgewiesen werden. Dort wurden auch große Becken entdeckt, in denen gepökelt wurde. Es wurde also nicht nur Salz verhandelt, sondern auch bereits konserviertes Fleisch. In Bad Nauheim konnten umfangreiche Salzsiedeanlagen nachgewiesen werden, die für die späte Eisenzeit auf eine großmaßstäbige Salzgewinnung schließen lassen.

Auch im Umfeld der Rhön sind zahlreiche Salzlagerstätten und -quellen bekannt. Noch heute werden zwischen Fulda und Werra in großem Umfang Salze bergmännisch gewonnen. Eine Schlacht um Salzquellen zwischen Chatten und Hermunduren im Jahre 58, die bei Tacitus erwähnt wird, könnte an der Werra stattgefunden haben. Es ist also wahrscheinlich, dass bereits während der Eisenzeit, vielleicht sogar früher, in der Region Salz gewonnen wurde. Allerdings konnten bisher keine archäologischen Hinweise auf eine derart frühe Salzgewinnung erbracht werden. Somit stammen die frühesten Nachweise für eine Salzgewinnung im Umfeld der Rhön aus frühmittelalterlichen Urkunden. Für Bad Salzungen datiert sie in die Zeit vor 775 und für Großenlüder vor 850. Bei Großenlüder „Sodegarten" konnten Salzsiedeanlagen vom Spätmittelalter bis zur Barockzeit archäologisch untersucht werden.

Abb. 26 **Mächtige Halden des Salzbergbaus bei Philippsthal an der Werra** (Foto F. Verse)

Hemmen

7 **9** **10** **11**

roßenlüder

12

3 **13**

2 **14**

1 **2** **15**

Ober- **Unter-** **16**

Bimbach

Fulda

6

Die Route
Gesamtlänge: 21 km
Kleiner Rundweg
(Bimbach-Lütterz-Trätzhof): 10 km
Schwierigkeit: mittel
Startpunkt: GPS 50.57725° N,
9.580008° O
Einkehrmöglichkeiten: Landhotel
und Gasthof „Am Trätzhof", Trätz-
hofstraße 23, 35041 Fulda-Trätzhof

Unser Rundweg beginnt in
Unterbimbach, wo wir die
Lüder in westlicher Richtung
überqueren. Von dort führt
der Weg hangaufwärts am
Mühlberg vorbei zu einer
kleinen Hochfläche oberhalb
von Großenlüder. Rechts des
Weges liegt ein den Gra-
bungsergebnissen an dieser Stelle entsprechend rekonstruierter
Grabhügel der Mittelbronzezeit (Abb. 27) **(1)**. Er wird von einer

Abb. 27 *Rekonstruierter Grabhügel der Mittelbronzezeit mit Umfassungsmauer
und Stele am Mühlberg bei Großenlüder-Bimbach* (Foto F. Verse)

Abb. 28 Mittelbronzezeitlicher Grabhügel vom Mühlberg bei Großenlüder-Bimbach, schräg gegenüber der Hügelrekonstruktion (Foto F. Verse)

Trockenmauer eingefasst und von einer Stele bekrönt. Zwischen der Hügelrekonstruktion und der nördlich gelegenen Wegekreuzung liegen beiderseits des Weges mehrere Grabhügel, die trotz ihrer Größe oft nur schwer im Unterholz zu erkennen sind (Abb. 28). Sie gehören zu einem Gräberfeld, das einstmals aus mindestens 64 Grabhügeln bestand.

Einige der Grabhügel weisen noch Spuren archäologischer Ausgrabungen auf, die hier zwischen 1878 und 1937 von E. Pinder und J. Vonderau durchgeführt wurden. Dabei wurden zahlreiche Bestattungen der Bronze- und Eisenzeit freigelegt. Neben einem Zentralgrab konnten dabei auch etliche Nachbestattungen aufgedeckt werden (Abb. 29).

Die meisten Hügel besaßen Steineinfassungen, von denen einige als Trockenmauern ausgeführt waren, wie es

Abb. 29 Grabbeigaben aus einem Brandgrab in einem Grabhügel vom Mühlberg bei Großenlüder-Bimbach (Foto Z. Jez)

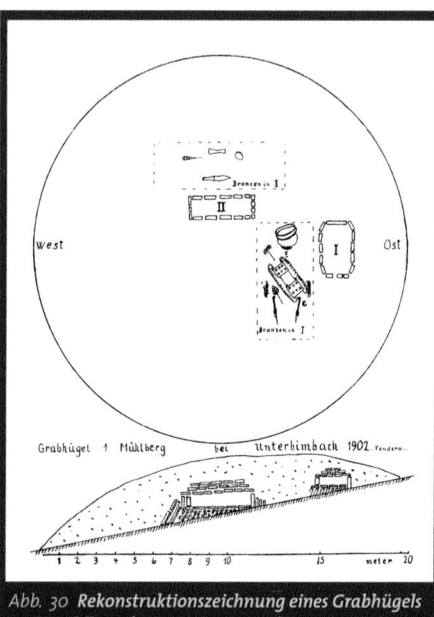

Abb. 30 Rekonstruktionszeichnung eines Grabhügels vom Mühlberg (aus Vonderau 1931).

auch bei der Grabhügelrekonstruktion zu sehen ist. Darüber hinaus konnten unter der Hügelschüttung noch weitere Steineinbauten festgestellt werden. Oft waren die Toten auf einem Steinpflaster niedergelegt worden oder wurden durch Steinpackungen geschützt. Exemplarisch sollen hier die Grabungsergebnisse eines Hügels vorgestellt werden, der von J. Vonderau 1902 untersucht wurde. Dieser Hügel beinhaltete zwei Körpergräber (Abb. 30). Das erste Grab lag ungefähr im Zentrum des Hügels, in einer von West nach Ost ausgerichteten Steinplattenkiste und war nach oben durch mehrere übereinander liegende Steinschichten abgedeckt worden. Dem Toten waren eine Gewandnadel, ein Armring, ein Beil und ein Dolch mitgegeben worden. Östlich dieser Bestattung fand man eine weitere, die ebenfalls ein Steinpflaster aufwies und mit Stein- und Erdschichten abgedeckt worden war. Hier wurden an Beigaben zwei große Schläfenringe, eine Brillen- und eine Radnadel, Spiralarmringe sowie ein Fingerring gefunden, der sich aufgrund seiner Lage im Grab an der linken Hand befunden haben muss. Außerdem belegen Bronzeblechreste und Spiralröllchen einen einstmals vorhandenen Brustschmuck. Obwohl von den Skeletten selbst nichts erhalten war, lassen diese geschlechtstypischen Beigaben darauf schließen, dass im ersten Grab ein Mann und im zweiten eine Frau bestattet worden ist.

Besonders bemerkenswert ist, dass bei den Ausgrabungen in der Hügelschüttung zweier Grabhügel in den Gemarkungen „Binz" und „Oberer Mühlberg" die Reste eines Schuhleistenkeils und einige Scherben aus dem Frühneolithikum, der Zeit der Bandkeramik, gefunden wurden (Abb. 31) (2). Dabei handelt es sich um die älteste neolithische Kulturgruppe Mitteleuropas, die vor allem

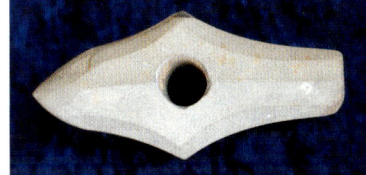

Abb. 31, links oben *Verlagerte bandkeramische Scherbe aus einem Hügel vom Mühlberg bei Großenlüder-Bimbach* (Foto F. Verse)
Abb. 32, links unten *Neolithische Hammeraxt mit nachgearbeiteter Schneide* (Foto F. Verse)
Abb. 33, rechts *Latènezeitlicher Reibstein, sog. Napoleonshut, von der Seite (oben) und von unten (unten)* (Foto F. Verse)

die fruchtbaren Lößgebiete besiedelte. Aus der Rhön sind nur sehr wenige Funde dieser Kulturgruppe bekannt. Die hier gefundenen Stücke sind sicherlich nur zufällig in die Hügelschüttung gelangt, bezeugen jedoch eine bandkeramische Siedlung in unmittelbarer Nähe des Hügelgräberfeldes.

Weitere Grabhügel befinden sich auch in den Wäldern weiter nördlich am Rande des Aufstiegs. An seinem Ende erreichen wir einen annähernd von Südost nach Nordwest verlaufenden Höhenweg. Dort, wo die beiden Wege aufeinandertreffen, ist eine neuzeitliche Lehmentnahmegrube zu sehen (3). Am Rande der Hochfläche, über dem Tal der Lüder, lagen in vorgeschichtlicher Zeit weitere Grab- und Siedlungsplätze, die vom Neolithikum bis in die Eisenzeit datieren. Diese sind archäologisch nicht näher untersucht wurden, sondern nur durch Oberflächenfunde bekannt geworden, die zufällig oder im Rahmen von Prospektionen entdeckt wurden. Zu diesen Funden gehören Pfeilspitzen, Klingen und Kratzer aus Feuerstein oder Kieselschiefer sowie eine Hammeraxt aus Felsgestein, die alle in das Neolithikum datieren (Abb. 32). Ein Reibstein, ein sogenannter Napoleonshut, stammt hingegen aus der späten Latènezeit (Abb. 33).

Diejenigen, die sich für den kurzen Rundweg entschieden haben, können nun in nordwestlicher Richtung nach Lütterz gehen und dort die Lüder in Richtung Trätzhof überqueren. Der Weg führt vorbei an einigen schönen Bildstöcken (Abb. 34) und dort, wo am Aufstieg zur Hochfläche bei Trätzhof der Wald beginnt, kann man rechts des Weges einige alte Hohlwege im Gelände entdecken (Abb. 35).

Der große Rundweg verläuft weiter über den Höhenrücken, von dem aus man eine gute Fernsicht in südlicher Richtung hat, so dass man weit in den Vogelsberg hineinschauen und fern im Südosten sogar die ersten Erhebungen der Rhön erkennen kann. Deutlich näher liegen drei Bergkuppen mit wichtigen prähistorischen Fund-

Abb. 34 Östlich oberhalb von Lütterz steht ein Bildstock zwischen einer Baumgruppe. (Foto F. Verse)

stellen. Im Südosten, in Richtung Fulda, sieht man, umgeben von Feldern und Wiesen, die bewaldete Kuppe des Haimbergs (4) und links davon den von einer Kapelle bekrönten Schulzenberg

Abb. 35 Zwei Hohlwege laufen unterhalb der Trätzhoferhochfläche zusammen. (Foto F. Verse)

Abb. 36 *Blick über das Lüdertal hinweg in Richtung Vogelsberg. Im Tal liegt Bimbach, dahinter erhebt sich der Finkenberg.* (Foto F. Verse)

(s. Abb. 25) **(5)**. Im Süden liegt der Finkenberg **(6)**, auf dem sich bis in die 1990er Jahre hinein ein amerikanischer Armeestützpunkt befand (Abb. 36).

Am Schulzenberg **(5)** wurden alt- und mittelpaläolithische Artefakte gefunden, die bis in die Zeit des Homo erectus zurückreichen. Bei den Geräten handelt es sich um Chopper, Chopping Tools und Abschläge aus Quarz und Basalt. Chopper und Chopping Tools wurden nur mit wenigen Schlägen gefertigt, die gerade ausreichten, um eine Arbeitskante herzustellen. Besonders auffällig ist ein Protofaustkeil, der aus einem Quarzgeröll hergestellt und auf eine Spitze zugearbeitet wurde (Abb. 37).

Auf dem Schulzenberg wurden einige Scherben der jungneolithischen Michelsberger Kultur gefunden. Von größerer Bedeutung ist jedoch ein kleines spätneolithisches Gräberfeld am Süd- bzw. Südosthang des Berges. Da die Anhöhe aus

Abb. 37 *Protofaustkeil aus Quarz vom Schulzenberg bei Fulda* (Foto Z. Jez)

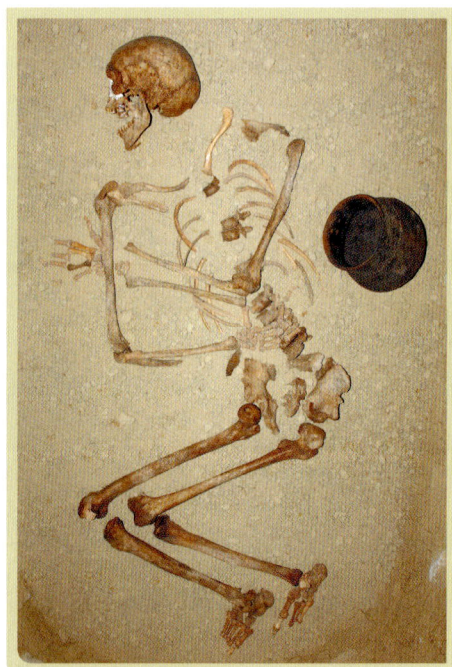

Abb. 38 links **Rekonstruktion einer endneolithischen Bestattung vom Schulzenberg bei Fulda-Maberzell im Vonderau Museum** *(Foto Z. Jez)*
Abb. 39 oben **Rekonstruierter Glockenbecher aus einem Grab vom Schulzenberg bei Fulda-Maberzell im Vonderau Museum** *(Foto Z. Jez)*

Muschelkalk besteht, haben sich die Skelette gut erhalten. Die Toten lagen unter Grabhügeln in flachen Gruben, die zuvor in den anstehenden Muschelkalk eingetieft worden waren. Sie waren in Hockerstellung mit angezogenen Beinen niedergelegt worden (Abb. 38). Als Beigaben wurden ihnen wenige Gefäße (vor allem Becher) und vereinzelt auch Steingeräte wie Feuersteinmesser, Felsgesteinbeile oder Reibplatten mitgegeben (Abb. 39). In einem Fall fand sich am Rand der Grabgrube auch der vollständige Schädel eines jungen Rindes.

Krankheiten und Heilmethoden in der Vorgeschichte

Da aus vorgeschichtlicher Zeit keine schriftlichen Quellen vorliegen, stammt unser heutiges Wissen vor allem aus den Forschungen der Archäologie, Anthropologie und Archäobotanik. Am besten lassen sich Krankheiten am Skelett nachweisen. Folgen von Verletzungen, Fehlbelastungen oder fortgeschrittenem Alter machen sich durch *Verschleißerscheinungen* am Knochen bemerkbar.

Schon in der Jungsteinzeit lassen sich kleine chirurgische Eingriffe in Form von *Schädeltrepanationen* (Schädelöffnungen) nachweisen. Auf diese Weise wurden Knochensplitter entfernt, sodass die Wunde besser ausheilen konnte. Außerdem wurde so verhindert, dass sich ein lebensgefährlicher Hirndruck aufbauen konnte.

Auch verheilte *Knochenbrüche* lassen sich häufiger nachweisen. Oftmals gut verheilte Brüche zeigen, dass Techniken wie das Schienen des Bruchs bereits bekannt waren. Ein Beispiel für den schlecht verheilten Bruch eines Oberschenkels liegt vom Schulzenberg bei Fulda-Maberzell vor. Das Individuum war den Rest seines Lebens stark eingeschränkt, wurde aber von der Gemeinschaft mit versorgt.

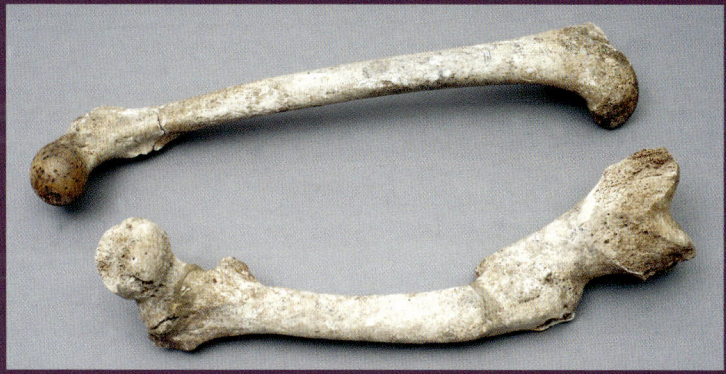

*Abb. 40 **Gesunder (oben) und schlecht verheilter (unten) Oberschenkelknochen einer spätneolithischen Bestattung vom Schulzenberg bei Fulda-Maberzell im Vonderau Museum** (Foto Z. Jez)*

Karies war auch in der Vorgeschichte schon weit verbreitet, aufgrund des geringen Zuckergehalts der Nahrung aber zumeist nicht so stark ausgeprägt wie heute. Am Kiefer nachweisbar ist auch *Parodontitis* und *Zahnstein*.

Zu Beginn der Jungsteinzeit wurden die Menschen sesshaft; sie bauten Häuser, betrieben Ackerbau und Viehzucht. Dies führte zu einer erhöhten Ansteckungsgefahr bei *Infektionskrankheiten*. Die unzureichende Ernährung zog Mangelerscheinungen nach sich, die sich heute noch an Skeletten nachweisen lassen wie beispielsweise *Anämie* und *Skorbut*.

Oft kann an vor- und frühgeschichtlichen Skelettfunden anhand von Knochenauflagerungen auch der Nachweis für *Tumorerkrankungen* erbracht werden. Viel häufiger sind aber in der Regel die Spuren von *Entzündungskrankheiten* zu finden, wie Knochenmarks- oder Hirnhautentzündungen.

Mit Sicherheit war in der Vorgeschichte eine Vielzahl von Pflanzen bekannt, die bei Erkrankungen Linderung verschaffen konnten. Deren Anwendung ist heute am Skelett nicht mehr nachweisbar. Die Forschung kann sich einzig und alleine auf historische Schriftquellen sowie naturwissenschaftliche Untersuchungen von archäologischen Fundplätzen und heutiges Wissen um Heilkräuter stützen. Es ist aber wahrscheinlich, dass in der Vorgeschichte weit mehr Heilpflanzen bekannt waren, als sie uns überliefert sind und dass dieses Wissen im Laufe der Jahrtausende verloren ging. *Scharbockskraut* beispielsweise wurde bereits bei eiszeitlichen Fundplätzen nachgewiesen und wegen seines hohen Vitamin-C-Gehalts noch bis ins 17. Jahrhundert hinein zur Prävention von Skorbut eingesetzt. Heute ist diese Heilpflanze so gut wie vergessen.

Bei archäobotanischen Untersuchungen am Trätzhof wurden ebenfalls Kräuter nachgewiesen, die zumindest zu Heilzwecken nutzbar gewesen wären, darunter *Beifuß* (appetitanregend, krampflösend, wehenfördernd und durchblutungsstärkend), *Labkraut* (harntreibend, aromatisierend, Linderung von Hautleiden) oder *Mädesüß* (schmerzstillend, entzündungshemmend, entgiftend und schweißtreibend).

Das Wissen der Menschen der Vorzeit war größer als wir heute vielleicht annehmen. Besonders für die Behandlung alltäglicher Krankheiten und Verletzungen stand ihnen bereits ein breiter Fundus an Heilmethoden zur Verfügung, auch wenn deren Anwendungen im Einzelnen heute nur noch unzureichend nachvollziehbar sind.

Die Gräber auf dem Finkenberg (6) liegen vor allem am Nordhang. Sie sind jünger als diejenigen des Schulzenberges und stammen aus der Bronze- und Eisenzeit. Darunter gibt es mittelbronzezeitliche Hügelgräber und spätbronzezeitliche Flachgräber. Die eisenzeitlichen Gräber wurden als Nachbestattungen in ältere bronzezeitliche Grabhügel eingebracht. Die mittelbronzezeitlichen Gräber besitzen zahlreiche bronzene Beigaben, darunter vor allem Schmuckstücke, aber auch Dolche und Bronzebeile (Abb. 41). Während der Urnenfelderzeit gehen die Metallbeigaben deutlich zurück. Die Toten werden verbrannt und der Leichenbrand wird zumeist in Urnen beigesetzt (Abb. 42). Einige dieser Urnen weisen gute Vergleiche in den süddeutschen Urnenfelderraum auf, so dass davon ausgegangen werden kann, dass sie von dort beeinflusst worden sind. Zu den wenigen spätbronzezeitlichen Bronzebeigaben der Gräber vom Finkenberg gehören eine Plattenkopfnadel sowie eine Lanzenspitze.

Auf dem Haimberg (4) stand einst ein 1,3 ha großer urnenfelderzeitlicher Ringwall, der inzwischen durch den Basaltabbau vollständig zerstört ist. Bei seinen Untersuchungen auf dem Bergplateau konnte J. Vonderau urnenfelderzeitliche Siedlungsspuren aufdecken, darunter Feuer- und Herdstellen sowie das Steinfundament eines Hauses. Von besonderer Bedeutung sind die zahlreichen Bronzefunde vom Haimberg (Abb. 43). Diese wurden immer wieder zufällig während der Steinbrucharbeiten entdeckt und gehörten wohl zu verschiedenen Hortfunden, die auf dem Bergplateau niedergelegt worden waren. Gefunden wurden außer Trachtbestandteilen (Plattenfibeln, Gewandnadeln, tordierter Halsring sowie Arm- und Beinringe) Sicheln, Pferdegeschirrteile, eine Lanzenspitze und die bronzene Gussform eines Lappenbeiles. Einige Objekte sind möglicherweise in unmittelbarer Umgebung des Haimbergs gefertigt worden. Andere weisen gute Parallelen im Rhein-Main-Gebiet auf oder haben Vergleichsstücke bis nach Norddeutschland und in den Alpenraum. Damit wird deutlich, dass die Rhön Teil eines weitgespannten Handels- und Kontaktnetzes war, das den europäischen Raum während der Bronzezeit durchzog.

*Abb. 41 **Auswahl von Bronzebeigaben aus bronzezeitlichen Gräbern am Finkenberg im Museum Großenlüder** (Foto F. Verse)*

*Abb. 42 **Grabbeigaben aus Grab 1 in Grabhügel 1 vom Finkenberg im Vonderau Museum** (Foto F. Verse)*

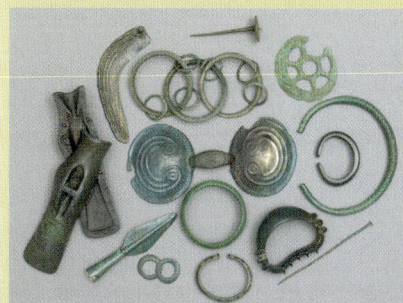

*Abb. 43 **Bronzen aus Depotfunden von der ehemaligen spätbronzezeitlichen Befestigung auf dem Haimberg** (Foto Z. Jez)*

Abb. 44 **Ruine des Wartturms am Zabershof** *(Foto F. Verse)*

Noch einmal nehmen wir einen kleinen Anstieg bis hinauf zum Zabershof. Neben der Zufahrt zum Hof stehen die Reste eines Wartturms aus dem 14. Jahrhundert **(7)**. Insgesamt haben ursprünglich neun solcher Warttürme die Stadt Fulda umgeben, um rechtzeitig herannahende Feinde zu erkennen und über eine Signalkette nach Fulda melden zu können. Folgt man von hier aus den Höhenwegen weiter nach Westen, so kommt man bei Bad Salzschlirf zum Sängersberg **(8)**, einer eisenzeitlichen Höhenbefestigung, die am Rande eines Höhenweges liegt, der, aus der Wetterau kommend, am Glauberg bei Büdingen vorbei durch den Vogelsberg und weiter zur Rhön führt (⇒ Burgen in der Rhön, S. 192).

Wir wollen uns jedoch nach Osten richten, wo uns der Weg an der Teufelskaute vorbeiführt (Abb. 45) **(9)**. Die Entstehung dieses tiefen Kraters konnte bisher nicht abschließend geklärt werden. Viele halten ihn für einen Meteoritenkrater, andere für den Rest eines Abbaugebietes. In seiner Umgebung gibt es weitere, allerdings deutlich kleinere Krater.

Warttürme rund um Fulda

Im 14. Jahrhundert wurden als zusätzliche Sicherungsmaßnahme Warttürme auf den Anhöhen rund um Fulda errichtet. Von den neun bekannten Türmen sind noch sechs in Künzell-Dicker Turm, Lüdermünd, Kämmerzell, Eichenzell, Großenlüder und auf dem Rauschenberg erhalten. Die Warttürme bei Rothemann, Haimberg und Lehnerz wurden hingegen abgebrochen. Die Warttürme ermöglichten einen weiten Blick ins Umland, so dass herannahende Feinde frühzeitig gesichtet werden konnten. Von den Türmen aus bestand außerdem Sichtkontakt zu benachbarten Türmen oder direkt nach Fulda, so dass eine Verständigung über Signale möglich war. Der Zugang zu den Türmen befand sich ursprünglich einige Meter oberhalb des Erdbodens und war nur über eine Leiter zu erreichen. Dadurch waren die Türme leichter zu verteidigen, so dass der Besatzung im Ernstfall ausreichend Zeit blieb andere Verteidiger zu warnen.

Abb. 45 **Die Teufelskaute** (Foto F. Verse)

Abb. 46 **Wartturm oberhalb von Lüdermünd** *(Foto F. Verse)*

Wir steigen nun in nördlicher Richtung nach Hemmen ins Fuldatal hinab. An dieser Stelle besteht aber auch die Möglichkeit, den Rundweg abzukürzen und in entgegengesetzter Richtung über den Schmerhof nach Lütterz zu gelangen.

Bei Hemmen überqueren wir zunächst die Fulda und folgen dann ein kurzes Stück dem Radweg Fulda aufwärts bis zum Friedenskreuz (10) (⇒ Steinkreuze in der Rhön, S. 180). Von dort führt der Weg ein Stück den Hang hinauf bis auf eine östlich der Fulda gelegene Geländeterrasse, auf der über Lüdermünd ein weiterer, fast vollständig erhaltener Wartturm steht (11), der ebenfalls im 14. Jahrhundert errichtet wurde (Abb. 46). Sein Standort ist so gewählt worden, dass von dort aus das Lüdertal genauso wie das Fuldatal überblickt werden kann. Noch heute ist der Zugang zum Turm hoch über dem Erdboden gut zu erkennen. Ursprünglich war er nur über eine Leiter erreichbar, die bei Gefahr eingezogen werden konnte und so eine leichtere Verteidigung des Turms ermöglichte.

Bei Lüdermünd überquert der Weg Fulda und Lüder und führt, den Schiebberg an seiner westlichen Flanke umlaufend, bis hinauf auf die kleine Hochebene bei Trätzhof. Nach Ansicht J. Vonderaus verlief über diesen Höhenrücken die Antsanvia, ein alter Höhenweg, der vom Rhein-Main-Gebiet bis Erfurt führte. Der Schiebberg bildet den nördlichen Endpunkt dieser Fläche und erhebt sich hoch über dem Zusammenfluss von Fulda und Lüder (Abb. 47) (12). Auf seiner Kuppe befinden sich die spärlichen Überreste einer Abschnittsbefestigung (⇒ Burgen in der Rhön, S. 193). Der Verlauf dieser Befestigung ist heute nur noch als mehr oder weniger deutlich ausgeprägte Geländestufe erkennbar, da viele Steine der Befestigung für den Hausbau im nahe gelegenen Ort Trätzhof entnommen wurden (Abb. 48).

J. Vonderau hat zur Untersuchung der Abschnittsbefestigung drei kleine Wallschnitte vorgenommen, um ihren Aufbau zu erkunden. Auf Basis dieser Ausgrabungen rekonstruierte er eine

0,5 m breite Frontmauer, die von einer etwa 1,5 m hohen Erdanschüttung hinterlagert wurde. Bei seinen Untersuchungen fand er einige Scherben, die zu einer Datierung der Anlage in die Latènezeit führten, ohne dass nähere zeitliche Angaben möglich waren.

In den Wäldern rund um Trätzhof liegen zahlreiche Grabhügel, die teils einzeln, teils in Gruppen angeordnet sind. Bereits im 19. Jahrhundert wurden hier durch J. Schneider und E. Pinder vereinzelt Hügel ausgegraben, wobei die Grabungsergebnisse leider zumeist unzureichend dokumentiert wurden. In den Jahren 2009 und 2011 fanden auf einer Ackerflä-

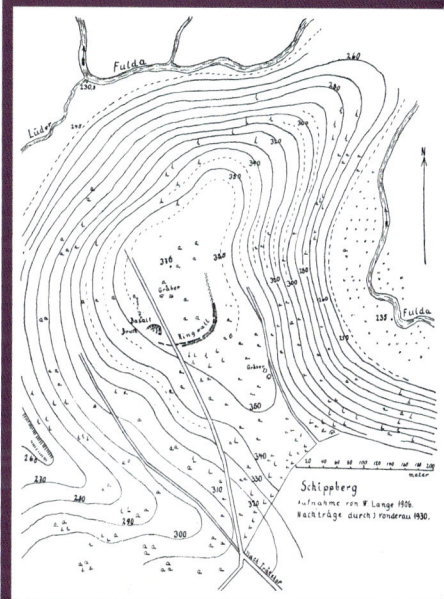

Abb. 47 **Plan der Abschnittsbefestigung auf dem Schiebberg (Vonderau 1931)**

Abb. 48 **Abschnittsbefestigung am Schiebberg nordöstlich von Trätzhof** *(Foto F. Verse)*

Abb. 49 *Steinsetzungen eines mittelbronzezeitlichen Grabhügels des Gräberfeldes nordwestlich von Trätzhof* (Foto F. Verse)

che nordwestlich von Trätzhof erneut Ausgrabungen statt, bei denen Gräber der Mittel- und Spätbronzezeit sowie der Frühlatènezeit nachgewiesen werden konnten **(13)**.

Der mit 13,5 m Durchmesser größte Grabhügel stammte aus der Mittelbronzezeit und wurde von einer Trockenmauer eingefasst (Abb. 49). Im Süden und Westen schlossen sich drei sichelförmige Mauern an den Haupthügel an, die wahrscheinlich spätere Anschüttungen an diesen begrenzten. Im Zentrum des Grabhügels lag die Hauptbestattung.

Der Tote, offenbar ein Mann, dem außer einer Gewandnadel ein Beil und ein Dolch mitgegeben worden waren, war wohl in einen Baumsarg gelegt worden, der von einer Steinpackung geschützt wurde (Abb. 50). Bei den Ausgrabungen konnte festgestellt werden, dass der Hügel aus einer Abfolge verschiedener Bodenschichten bestand und somit wohl in mehreren Etappen errichtet worden ist. Am Westrand des Haupthügels, halb in die Umfassungsmauer eingearbeitet, befand sich ein Steinpflaster, das im Zentrum des Westannexes liegt. Wahrscheinlich war dort ein weiterer Leichnam bestattet worden, dessen Geschlecht sich leider aufgrund fehlender Beigaben nicht bestimmen ließ. Da sich in der an dem Bronzebeil anhaftenden Erde Pollen erhalten hatten, konnte ein Eindruck vom Pflanzenwuchs in der Mittelbronzezeit gewonnen werden.

Buchen bildeten zu dieser Zeit noch nicht die vorherrschende Baumart. Stattdessen waren Eichen, Erlen und Weiden am Trätzhof häufig vertreten. Eine hohe Zahl an Gräser- und Getreidepollen weist auf eine offene, zumindest teilweise landwirt-

schaftlich genutzte Fläche hin, die von Wäldern
umgeben war, an deren Rändern sich Hasel-
nusssträucher ausgebreitet hatten.
Weiden und einige feuchtigkeits-
liebende Gräser deuten auf eine
Nähe zum Wasser hin, was
einen alten Quellbereich
vermuten lässt, der
durch die heutige
Flächendrainage
allerdings ver-
schwunden ist.

Zu den wei-
teren Gräbern
an dieser
Stelle gehört
ein urnenfel-
derzeitliches

Abb. 50 **Rekonstruktion der mittelbronzezeitlichen Männerbestattung
anhand der archäologischen Befunde** *(Zeichnung C. Halm)*

Brandgrab, bestehend aus einer doppelkonischen Urne, einem
Beigefäß sowie einem bronzenen Armring. Außerdem wurde ein
frühlatènezeitliches Körpergrab ausgegraben. Hier lag der Tote auf
einer von Nord nach Süd ausgerichteten Steinpackung, zu seinen
Füßen lagen drei Gefäße und ein eisernes Hiebmesser (Abb. 51).
Letzteres wird als Tranchiermesser gedeutet, da es in vergleich-
baren Gräbern vor allem im Mittelrhein- und Rhein-Main-Gebiet
zumeist in Verbindung mit einer Fleischbeigabe gefunden wurde.
Als einziges Schmuckstück wurde dem Toten eine Eisenfibel mit
Fußzier mitgegeben, zu der gute Parallelen in Franken existieren.

Für baugeschichtlich
Interessierte lohnt sich
ein kleiner Abstecher
in den Ortsteil Trätzhof.
Dieser entstand 1936, als
die Bevölkerung des Or-
tes Dalherda in der Rhön
einem Truppenübungs-
platz weichen musste
und dorthin umgesiedelt
wurde. Der Ort kann in
seiner, heute jedoch nur
noch teilweise erkenn-

Abb. 51 **Funde eines Grabes aus der Frühlatènezeit vom
Gräberfeldes nordwestlich von Trätzhof** *(Foto F. Verse)*

*Abb. 52 **Auch so kann das Wetter in der Rhön sein. Blick vom Trätzhof in Richtung Wasserkuppe.** (Foto F. Verse)*

baren, Anlage als Musterbeispiel für eine ländliche Siedlung der 1930er Jahre gelten, geprägt von den ideologischen Vorstellungen des Dritten Reiches.

Nach den Wäldern des Schiebbergs läuft der Weg nun ein Stück durch offenes Gelände. Dabei gewinnt er noch an Höhe und erreicht die eigentliche Hochfläche, von der aus sich ein weiter Panoramablick auf die Rhön mit der Wasserkuppe eröffnet (Abb. 52). Der Weg führt nun recht dicht an einem großen Grabhügel vorbei zu einer kleinen Wiese **(14)**. Dahinter tritt der Weg wieder in den Wald ein und verwandelt sich für ein kurzes Stück in einen nur schwach erkennbaren Pfad, dem wir hangaufwärts folgen, wo er auf einen besser ausgebauten Waldweg stößt. Schon nach kurzer Zeit führt dieser Waldweg mitten über mehrere alte Grabhügel (Abb. 53) **(15)**.

*Abb. 53 **Der alte Forstweg führt am Trätzhof über mehrere Grabhügel, die hier am Rande einer kleinen Geländekante stehen.** (Foto F. Verse)*

Schließlich verläuft der Weg allmählich hangabwärts und führt dabei in den Flurstücken „Binz" und „Kies" an weiteren Grabhügeln vorbei, die vom Weg aus jedoch zumeist nicht erkennbar sind. Hier hat bereits J. Vonderau einige Ausgrabungen durchgeführt und dabei vor allem mittelbronze- (Abb. 54) und hallstattzeitliche (Abb. 55) Bestattungen freilegen können.

Abb. 54 *Brillennadel aus einer mittelbronzezeitlichen Bestattung bei Maberzell-Trätzhof „Kies"* (Foto Z. Jez)

Auf dem letzten Stück verlässt der Weg nun den Wald und führt hinab nach Unterbimbach, wo wir wieder an den Ausgangspunkt zurückgelangen. Lassen wir auf dem Rückweg den Blick nach Süden schweifen, so erkennen wir jenseits der Bundesstraße, östlich von Oberbimbach, eine kleine bewaldete Erhebung. Dort befindet sich auf dem Heidenküppel eine eisenzeitliche Befestigungsanlage, die aufgrund von Grabungsergebnissen J. Vonderaus in die Latènezeit datiert werden kann (16). Heute ist die Anlage jedoch durch Lehmabbau und die Anlage eines Wasserbehälters weitgehend zerstört. Einstmals wurde von dort ein Verkehrsweg kontrolliert, der von hier weiter über den Trätzhofer Höhenrücken und vorbei am Schiebberg führte (⇒ Burgen in der Rhön, S. 193).

Abb. 55 *Beigaben eines hallstattzeitlichen Körpergrabes vom „Lingegrund" bei Großenlüder-Unterbimbach* (Foto Z. Jez)

Abb. 56 Blick vom Rauschenberg bei Petersberg über das Haunetal in Richtung Osten. In der Mitte die Milseburg, rechts die Wasserkuppe. (Foto F. Verse)

Das Haunetal – für jeden etwas

Die Haune entspringt am Fuße des Berges Giebelrain bei Künzell-Dietershausen und mündet nach 66,5 km bei Bad Hersfeld in die Fulda. Das Haunetal verläuft dabei etwa parallel zum Fuldatal. Es erschließt ähnlich wie dieses die westliche Rhön in Nord-Süd-Richtung. Darüber hinaus bieten das Tal, seine Beckenlagen und begleitenden Terrassen günstige Bedingungen für Siedlungstätigkeit und Landwirtschaft.

Östlich von Dietershausen, nur wenige Kilometer vom Quellgebiet entfernt, liegt die Wüstung Frickenhausen **(1)**. Angeblich handelt es sich bei ihr um eine Schenkung Karls des Großen an das Kloster Fulda. Die erste sichere Erwähnung stammt jedoch erst aus der Zeit um 1000. Das Dorf oder Hofgut hat mindestens bis ins 15. Jahrhundert hinein bestanden.

Im weiteren Verlauf fließt die Haune an Dietershausen und Dirlos vorbei. Dietershausen wurde bereits im 9. Jahrhundert gegründet. Die Wehrkirche mit ihren spätgotischen Fresken lohnt in jedem Fall einen Abstecher (Abb. 57) **(2)**. Von Dirlos aus kann man die Kirche auf dem Florenberg sehen (Abb. 58) **(3)**. Unter Abt Huogi

Die Route
· · · · · · · · · · · · · · · · · ·
Länge: Die Strecke durch
das Tal beträgt 55 km;
dazu kommen noch die
Abstecher zu den ausge-
wählten Zielpunkten.
Schwierigkeit: leicht
**Startpunkt (Frockenhau-
sen):** GPS 50,505172° N,
9.80775° O
Einkehrmöglichkeiten:
Gasthof „Goldener Engel",
Raiffeisenstr. 9, 36088
Hünefeld-Mackenzell

wurde dort um das Jahr 900 eine erste Kirche errichtet, die noch
im 10. Jahrhundert von einer Wehrmauer umgeben wurde, die
wohl als Schutz gegen die Ungarneinfälle errichtet wurde und
noch immer steht.

Der Turm der heu-
tigen Kirche wur-
de bereits in der
Romanik errichtet,
das Kirchenschiff
jedoch erst zu Be-
ginn des 16. Jahr-
hunderts.

Abb. 57 **Wehrkirche von Dietershausen mit Teilen der Befestigungsmauer** *(Foto F. Verse)*

Folgt man der
Haune weiter nach
Norden, so erhebt
sich im Westen ein
schmaler Höhen-
rücken, der das
Haune- vom Fulda-
tal trennt. Auf die-
sem steht im Kün-

Abb. 58 **Blick auf den Florenberg** *(Foto F. Verse)*

Abb. **59** *Der „Dicke Turm" bei Künzell (Foto F. Verse)*

zeller Ortsteil „Dicker Turm" direkt neben der L 3377 ein Wartturm aus dem 14. Jahrhundert (Abb. 59) **(4)**. Von der Turmspitze aus kann man einerseits in das Haune- andererseits in das Fuldatal blicken. Auch der benachbarte Florenberg ist von dort aus gut zu sehen (s. S. 71).

Auf demselben Höhenrücken liegt weiter im Norden das urnenfelderzeitliche Gräberfeld beim Lanneshof **(5)**. Dort wurden insgesamt 47 Gräber entdeckt, bei denen es sich überwiegend um Brandgräber handelt, denen nur sechs sichere Körpergräber gegenüberstehen (Abb. 60). Dennoch zeigt es, dass die ältere Sitte der Körperbestattung zumindest partiell auch in der Urnenfelderzeit weiter betrieben wurde. Einigen Toten wurden Beigaben mitgegeben, zu denen Gefäße und einzelne Bronzegegenstände, wie Gewandnadeln, Arm- und Beinringe oder Lanzenspitzen zählen. Die markanten von Ost nach West ausgerichteten Steineinfassungen der Gräber sowie verschiedene Fundstücke, wie z.B. Schulterwulstamphoren, weisen enge Parallelen zur thüringischen Unstrut-Gruppe auf. Möglicherweise sind die am Lanneshof Bestatteten bzw. ihre Vorfahren sogar aus diesem Gebiet eingewandert.

Vom Lanneshof aus gelangt man nach Horwieden, von wo aus man nach Überquerung des Sommersbaches Stöckels erreicht. Auf dem gesamten Weg dorthin sieht man im Westen, über Petersberg aufragend, die Liobakirche (eigentliche St. Peter) liegen (Abb. 61) **(6)**. Dort ist die Heilige Lioba bestattet. Erste Bautätigkeiten gehen auf das 9. Jahrhundert zurück. Von diesem Bauwerk ist noch die Krypta erhalten, deren Wandmalereien zu den ältesten Deutschlands gehören. Der heutige Kirchenbau

Abb. 6o **Rekonstruiertes Flachgrab des Gräberfelds bei Petersberg „Lanneshof" im Vonderau Museum** *(Foto Z. Jez)*

stammt aus dem frühen 10. Jahrhundert, wurde jedoch im Laufe der Zeit immer mal wieder umgestaltet. Von der Liobakirche aus hat man einen wunderbaren Blick ins Fuldatal (Abb. 62) sowie über das Haunetal hinweg zur Rhön.

Abb. 61 **Blick auf die Liobakirche oberhalb von Petersberg** *(Foto F. Verse)*

Abb. 62 **Blick von der Liobakirche in Richtung Westen über das Fuldatal. Am Horizont die Höhen des Vogelsbergs** *(Foto F. Verse)*

Bei Stöckels wurden sechs Gräber der Frühlatènezeit entdeckt, die teilweise reich mit Bronzeschmuck ausgestattet waren (**7**). Dazu gehören Halsringe, sogenannte Torques, Armringe oder Gewandnadeln. Bemerkenswert ist ein keltischer Halsring, auf dem die älteste, stark stilisierte Gesichtsdarstellung der Rhön eingraviert wurde (Abb. 63; 64).

Bei Margretenhaun erhebt sich der Margretenberg am Ostufer der Haune (**8**). Auf diesem Berg lag einstmals eine eisenzeitliche Siedlung, die wahrscheinlich durch eine Befestigung gesichert war. Von den Befestigungsanlagen haben sich im Gelände aber nur noch schwache Terrassenstrukturen erhalten. Bei Ausgrabungen konnte J. Vonderau einige Siedlungsgruben mit Resten von Tongefäßen freilegen, die die Anlage in die Hallstattzeit datieren (⇒ Burgen in der Rhön, S. 195).

Bei Mittelberg mündet der Traisbach in die Bieber, die kurz danach ihrerseits in die Haune mündet. Nicht weit von dieser Stelle entfernt liegt der Ort Traisbach. Dort wurde eine der bedeutendsten Bestattungen der Bronzezeit in der Rhön gefunden (**9**). In dem reich ausgestatteten Frauengrab lagen u.a. ein bronzener Hals-

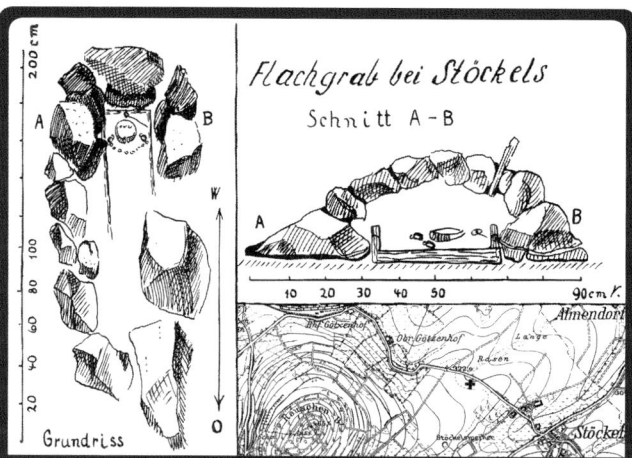

Abb. 63 **Umzeichnung des frühlatènezeitlichen Grabes 1 bei Petersberg-Stöckels** *(aus Vonderau 1931)*

Abb. 64 **Halsring mit Gesichtsdarstellung aus dem frühlatènezeitlichen Gräberfeldes bei Petersberg-Stöckels** *(Foto Z. Jez)*

*Abb. 65 **Beigaben eines Frauengrabes bei Traisbach** (Foto Z. Jez)*

kragen, eine Halskette, Radnadeln und Armringe (Abb. 65). Der Fundplatz datiert in die jüngere Hügelgräberbronzezeit und ist namensgebend für die Zeitstufe Traisbach der Fulda-Werra-Gruppe. Weiter nördlich bei Steinau liegt am Rande der Hauneaue eine der wenigen Niederungsburgen der Region (10), die einst von einem Wassergraben geschützt war (Abb. 66). Eine erste Erwähnung der Anlage stammt aus dem Jahr 1260, doch wird ihr Ursprung weiter zurückreichen. Da die Ritter Giso und Herrmann von Steinau an der Ermordung des Abts Bertho II. von Leibolz im Jahre 1271 beteiligt waren, wurden Teile der Burg nach der Niederschlagung des Aufstandes 1287 geschleift. Nachdem ein Brand 1842 die letzten noch genutzten Gebäude vernichtet hatte, wurde das Steinmaterial für Baumaßnahmen im Ort verwendet. Dabei wurde fast die gesamte aufgehende Bausubstanz der Burg abgebrochen, bis auf eine Wand, die in eine Scheune eingebaut worden war. Seit 2003 werden Teile der ehemaligen Burganlage freigelegt und teilweise rekonstruiert, so dass der Besucher wieder einen besseren Eindruck von der einstigen Befestigung gewinnen kann (⇒ Burgen in der Rhön, S. 204).

Abb. 66 **Mauerreste der Niederungsburg bei Petersberg-Steinau** *(Foto F. Verse)*

Die Ermordung Abt Berthos II. von Leibolz

Bertho II. musste sich als Abt mit zunehmenden Unabhängigkeitsbestrebungen des fuldischen Adels auseinandersetzen. Außerdem griff durch den wirtschaftlichen Niedergang einzelner Adelsfamilien das Raubritterunwesen im Stiftsgebiet um sich. Gestärkt durch ein Bündnis mit Landgraf Heinrich von Thüringen ging Bertho II. zunächst erfolgreich gegen die feindlichen Kräfte vor.

Er ließ Breitenbach, Geisa und Lauterbach befestigen, um seine Herrschaft auch an den Rändern seines Machtgebietes zu sichern. Gleichzeitig ging er offensiv gegen seine Gegner vor und

Abb 67 **Nordturm der Ebersburg**
(Foto F. Verse)

zerstörte oder eroberte insgesamt 15 ihrer Burgen. Im Zuge dieser Auseinandersetzungen ließ Bertho II. Herrmann von Ebersburg hinrichten. Die Hinrichtung und auch Vermögensrückforderungen des Klosters führten zu einer großen Erbitterung weiter Teile des fuldischen Adels.

Am 18.3.1271 wurde Bertho II. unter Beteiligung Ritter Gisos von Steinau während der heiligen Messe in der Jakobskapelle in der alten Abtsburg ermordet. Angeblich sollen an dieser Tat 26 Ritter beteiligt gewesen sein, die bei der Ermordung des Abtes alle einmal zustießen. Der Nachfolger Berthos II. Abt Bertho III. ließ die Mörder aufspüren und in der Kirche zu Kirchhasel niedermachen. Die überlebenden Brüder Albrecht und Heinrich von Ebersburg wurden 1274 auf Befehl Kaiser Rudolfs von Habsburg in Frankfurt öffentlich gerädert.

Folgen wir der Haune weiter bis Hünfeld. Südlich der Stadt liegt der Ortsteil Mackenzell. Dort lag nahe der Einmündung des Molzbaches in die Nüst einst eine unbefestigte Siedlung der Hallstattzeit, die aus sechs bis sieben Hofstellen bestand (11). Zwei Häuser wurden auf Grundlage des Grabungsbefundes wieder rekonstruiert (nähere Angaben zur Siedlung s. Streifzug „Zwischen Hünfeld und Rasdorf", S. 101).

Die Region um Hünfeld wird 781 erstmals als *campus unofelt* urkundlich erwähnt. Damals übereignete Karl der Große dieses Gebiet an das Kloster Fulda, das dort zu Beginn des 9. Jahrhunderts eine *cella* gründete. Hünfeld lag verkehrsgeographisch günstig, da sich dort eine Furt befand, über der die Antsanvia die Haune überqueren konnte.

Im 12. Jahrhundert wurde eine Propstei gegründet, 1244 erhielt Hünfeld die Markt- und 1310 die Stadtrechte.

Frühe Verkehrswege

Schon in der Steinzeit sind Menschen und mit ihnen Produkte und Ideen über weite Strecken gereist. In der Alt- und Mittelsteinzeit führten die Menschen eine nomadische Lebensweise, bei der sie auf der Suche nach Nahrungsmitteln weite Strecken zurücklegen mussten. Aber auch in der Bandkeramik, der ältesten neolithischen Kultur, während der die Menschen bereits sesshaft waren, wurden Steingeräte aus dem Donauraum bis zu fruchtbaren Lößgebieten Mitteldeutschlands verhandelt. Ein weitreichender Austausch einzelner Rohstoffe oder Fertigprodukte, oftmals über tausende von Kilometern, kann in vielen Epochen, besonders in der Bronzezeit, nachgewiesen werden. Die Hintergründe dieses Austausches sind nicht immer sicher zu klären. Es könnte sich oftmals gleichermaßen um Handelsprodukte, Geschenke oder Beutestücke handeln.

Lange Zeit war ebenfalls unsicher, ob auch Menschen über so große Strecken wanderten, oder ob die Produkte über einen Etappenhandel vertrieben wurden. Zwar lieferten vereinzelte Bestattungen mit fremder Tracht Indizien für eine nicht unerhebliche Mobilität einzelner Personen, der letztendliche Beweis fehlte jedoch. Durch neuere naturwissenschaftliche Untersuchungsmethoden konnte in letzter Zeit aber eine hohe individuelle Mobilität nachgewiesen werden. So stammt der sogenannte „Amesbury Archer", der bei Stonehenge in England begraben wurde, aus dem Alpenraum.

Die Fortbewegung erfolgte über Land und Wasser. Für Reisen entlang der Wasserwege wurden zunächst Einbäume verwendet. Der älteste Einbaum in Mitteleuropa stammt aus dem 5. Jahrtausend v. Chr. und wurde in Holland gefunden. Man kann aber davon ausgehen, dass Einbäume zu dieser Zeit in Mitteleuropa bereits allgemein verbreitet waren.

Die Landwege muss man sich als Pfade vorstellen, die nur in begrenztem Maße, wenn überhaupt, gepflegt wurden. Nur in wenigen Fällen wurde in die Umwelt eingegriffen, um ein Fortkommen zu erleichtern. Die ältesten Bohlenwege in den Mooren Norddeutschlands gehen auf das Neolithikum zurück. Bei Kirchhain-Niederwald konnte eine Holzbrücke aus der Eisenzeit nachgewiesen werden.

Aufgrund der geringen Eingriffe in die Umwelt waren die Menschen bei der Wahl ihrer Reiserouten auf die von der Natur vorgegebenen Verhältnisse angewiesen. Die verkehrsgeographische Erschließung der Landschaft unterschied sich daher völlig von der heutigen. Unsere Hauptverkehrsadern führen zumeist durch die Täler. Diese waren in früheren Zeiten aber aufgrund stark mäandrierender Flüsse, Altarme oder Kiesablagerungen nur schwer passierbar. Außerdem hätten einmündende Zuläufe ein Fortkommen zusätzlich behindert. Daher wurden zumeist natürliche Höhenwege genutzt. Flüsse wurden, wenn möglich, an seichten Stellen, sogenannten Furten, überquert.

Oft wurden im Umfeld vorgeschichtlicher Wege Befestigungen oder Gräberfelder angelegt, so dass es heute noch möglich ist, viele dieser alten Verkehrsrouten wenigstens in Ansätzen zu rekonstruieren. Bedeutende Verkehrswege in der Rhön sind der Ortesweg und die Antsanvia, die für das Mittelalter belegt sind, in ihrer Trassenführung aber wohl schon in der Vorgeschichte begangen wurden. Die Antsanvia führt von Mainz zunächst nach Frankfurt und Büdingen, überquert dann den Vogelsberg, um dann an Fulda vorbei über Hünfeld und Vacha bis Eisenach und weiter nach Leipzig zu verlaufen. Bei Kleinheiligkreuz nördlich des Himmelsberges zwischen Giesel und Kleinlüder treffen sich Antsanvia und Ortesweg. Letzterer kommt über die nördliche Wetterau, führt durch den Vogelsberg und weiter über Fulda, vorbei an der Milseburg, ins Grabfeld.

Abb. 68 **Katholische und evangelische Kirche in der Ortsmitte von Burghaun** (Foto F. Verse)

Nördlich von Hünfeld durchfließt die Haune nacheinander die Ortschaften Burghaun und Rothenkirchen. Burghaun wurde 1262 erstmals urkundlich erwähnt, ist aber wohl schon deutlich älter. Der Ort war Sitz der Ritter von Haune. Von der alten Burg sind jedoch nur noch wenige Mauerreste erhalten, im Gegensatz zu Schloss und Herrenhaus aus dem 17. Jahrhundert, die heute Sitz der Gemeindeverwaltung sind (⇒ Burgen in der Rhön, S. 200). Eine Besonderheit Burghauns sind die beiden Barockkirchen in der Ortsmitte (Abb. 68). Es handelt sich um eine katholische und eine evangelische Kirche, die symbolisch für die wechselvolle Geschichte der Region während Reformation und Gegenreformation stehen. Sehenswert ist auch der jüdische Friedhof, auf dem 705 Grabsteine von 1690 bis 1941 stehen.

Am nördlichen Rande Burghauns, oberhalb des Neubaugebietes „Am Dell", konnte östlich der Haune, am Rande eines kleinen Geländerückens ein bronzezeitlicher Grabhügel ausgegraben werden (Abb. 69) **(12)**. Der Hügel war in mehreren Phasen errichtet worden. Im Zentrum befand sich ein Männergrab inmitten einer Steinsetzung. Dem Toten waren ein Schwert und eine Gewandnadel aus Bronze mitgegeben worden (Abb. 70).

Später waren noch zwei Frauengräber an den Kernhügel angefügt worden, für die der Hügel vergrößert und mit einer Trockenmauer eingefasst wurde. Beide Gräber waren bereits durch Pflugarbeiten gestört, trotzdem konnten mehrere bronzene Schmuckstücke wie eine Armspirale, Brillen- und Radnadeln geborgen werden.

Abb. 69 *Übersicht über die Steinsetzungen eines Grabhügels bei Burghaun „Am Dell"* (Foto F. Verse)

Abb. 70 *Das Bronzeschwert im Zentralgrab des Grabhügels bei Burghaun „Am Dell" in Fundlage* (Foto F. Verse)

Hauneabwärts liegt Rothenkirchen, heute ein Ortsteil von Burghaun. Dank des Engagements von H. Leister, einem Privatmann, der jahrzehntelang die Äcker in Rothenkirchen und Umgebung absuchte, konnten in dieser Region zahlreiche Fundstellen von der Altsteinzeit bis zum Mittelalter entdeckt werden, womit sie zu den am besten erforschten Gegenden Osthessens zählt. Zu den von H. Leister entdeckten Fundstücken gehören steinzeitliche Geräte aus Quarzit, Feuerstein und Kieselschiefer sowie Scherben aus der Bronze- und Eisenzeit. Besonders bemerkenswert ist das Fragment eines keltischen Glasarmringes, dessen genauer Fundort jedoch unbekannt ist (Abb. 71).

Abb. 71 *Fragment eines keltischen Glasarmringes aus der Sammlung Leister* (Foto F. Verse)

Am Steimelsberg in der Flur „Himmelheck" wurde ein spätpaläo-
lithischer Fundplatz in mehreren Kampagnen ausgegraben **(13)**.
Dabei wurden insgesamt 13 000 Artefakte geborgen, darunter
Rückenmesser und -spitzen, Kratzer und Stichel (Abb. 72).

Abb. 72 **Mittelsteinzeitliches Fundensemble von Rothenkirchen aus der Sammlung Leister** *(Foto F. Verse)*

Einen Besuch lohnt auch die sogenannte Totenkirche (Markuskapelle) gegenüber von Rothenkirchen auf der Ostseite des Haune-
tals **(14)**. Sie ist von Rothenkirchen aus über eine schöne Brücke
aus der Barockzeit erreichbar. Es handelt sich um eine romanische
Kirche, die erstmals im 12. Jahrhundert erwähnt wird. Sie weist
mehrere Bauphasen auf und besitzt vielleicht noch einen karolin-
gischen Kern. Sie wurde möglicherweise ursprünglich als Eigen-
oder Grabkirche der Herren von Haune gegründet und könnte
einst zu einer inzwischen aufgegebenen Ortschaft gehört haben
(Abb. 73). In den Treppenstufen der Kirche wurden alte Grabsteine

Abb. 73 **Die Totenkirche (Markuskapelle) bei Rothenkirchen** *(Foto F. Verse)*

mit schlichten Kreuzdarstellungen aus dem 12. und 13. Jahrhundert gefunden, die heute an der Mauer der neuen Totenhalle ausgestellt sind (Abb. 74). Ursprünglich bedeckten sie Gräber, die sich wahrscheinlich im Innenraum der Totenkirche befanden. Auf den Grabplatten sind Kreuze dargestellt, die sich in griechische Kreuze mit gleich langen Armen und lateinische Kreuze unterteilen lassen. Auch wenn die Grabplatten aufgrund fehlender Inschriften heute keinen bestimmten Personen mehr zuweisbar sind, steht doch fest, dass sie einst die Gräber einflussreicher Persönlichkeiten bedeckt haben. Sie werfen somit ein Schlaglicht auf die außergewöhnliche Bedeutung, die die Totenkirche im hohen Mittelalter besessen hat.

Folgt man dem unterhalb der Totenkirche verlaufenden Radweg ein paar hundert Meter in Richtung der Gemeinde Haunetal, so erreicht man eine modern gefasste Salzquelle (Abb. 75) **(15)**. Die Quelle wird 1501 erstmals erwähnt, doch dürfte ihre Nutzung wesentlich älter sein, da bei der Neufassung von Heinrich Leister ein hölzernes Steigrohr

Abb. 74 **Grabstein aus dem 12./13. Jahrhundert mit Kreuzdarstellung** *(Foto F. Verse)*

Abb. 75 *Blick auf die neu gefasste Salzquelle am östlichen Hauneufer bei Rothenkirchen* (Foto F. Verse)

gefunden wurde, das dendrochronologisch in das Jahr 1297 datiert werden konnte. Ein 1605 erwähnter Versuch, die Quelle zur Salzgewinnung zu nutzen, wurde bald eingestellt. Dennoch ist sie ein Hinweis auf die Bedeutung der Salzgewinnung für die Region, die bis heute anhält.

Hinter Rothenkirchen liegt die Gemeinde Haunetal, deren älteste Ortsteile Odensachsen und Rhina erstmals 1003 erwähnt wurden. Im Süden der Gemeinde befinden sich die Ruinen von drei mittelalterlichen Burgen. Am eindrucksvollsten sind die Überreste der Burg Hauneck auf dem Gipfel des Stoppelberges östlich über dem Haunetal (16). Eine erste Burganlage wurde bereits im 14. Jahrhundert errichtet, die heute sichtbaren Mauern stammen jedoch alle aus dem 15. Jahrhundert (Abb. 76).

Abb. 76 **Den Zugang zur Ruine Hauneck sicherte einst eine Doppeltoranlage, hinter der sich der Bergfried gut sichtbar erhebt** (Foto F. Verse)

Abb. 77 **Behauene Steine bei einem Steinbruch unterhalb der Ruine Hauneck** *(Foto F. Verse)*

Die Umfassungsmauer ist noch fast vollständig erhalten. Der Zugang zur Anlage erfolgt durch ein gotisches Doppeltor. Im Inneren der Burg sind noch erhebliche Reste des Palas sowie des Bergfrieds erhalten. Letzterer erwächst aus dem anstehenden Basaltgestein. Von der Spitze des Bergfrieds eröffnet sich ein wunderbarer Rundumblick zur Kuppenrhön, Seulingswald und Knüll (⇒ Burgen in der Rhön, S. 202).

Die Steine, aus denen die Burg errichtet wurde, stammen aus einem Steinbruch unterhalb der Burg **(17)**. Dort liegen noch immer die sogenannten langen Steine, bei denen es sich um große behauene Steinblöcke handelt, auf denen Wappendarstellungen und Jahreszahlen eingemeißelt wurden. Die älteste geht auf das Jahr 1569 zurück (Abb. 77).

Einen ganz anderen Charakter hat die Sinzigburg **(18)**. Bei ihr handelt es sich um eine Niederungsburg, die spätestens im 13. Jahrhundert erbaut und mindestens bis zum Ende des 15. Jahrhunderts bewohnt wurde. Die Burg ist nicht leicht zu erreichen, da sie unterhalb eines Hanges zwischen Bundesstraße und Eisenbahnstrecke liegt. Sie besteht aus einem dreifachen Graben und einer 10 x 13 m großen Kernanlage (Abb. 78). Mörtelreste und einzelne Bruchsteine belegen einstmals vorhandenes Mauerwerk, dass jedoch fast vollständig ausgebrochen wurde. Eine dammartige Auffüllung zwischen den Gräben stammt wohl aus jüngerer Zeit. Ursprünglich wird das Kernwerk wohl nur über Zugbrücken erreichbar gewesen sein.

Abb. 78 Überreste der Sinzigburg südlich der Gemeinde Haunetal, unterhalb der B 27 (Foto F. Verse)

Von der Burg aus lässt sich das Haunetal und die dort entlang führenden Verkehrswege gut kontrollieren. Es wird vermutet, dass die Burg Stammsitz derer von Trümbach gewesen sein könnte (⇒ Burgen in der Rhön, S. 203).

Etwas jünger ist die Burg Altwehrda (19), die wohl am Ende des 13. Jahrhunderts errichtet wurde (Abb. 79). Auch bei ihr handelt es sich um eine Niederungsburg, die heute inmitten von Feldern in einem kleinen Wäldchen liegt. Auf dem Burghügel sind noch Mau-

*Abb. 79 **Ruine der Burg Altwehrda bei der Gemeinde Haunetal** (Foto F. Verse)*

erreste erhalten, die in einer Ecke noch Teile eines turmartigen Gebäudes vermuten lassen. Wie schon über die Sinzigburg sind auch über Altwehrda nur wenige urkundliche Belege bekannt. Auch sie wird gelegentlich als möglicher Sitz der Trümbacher genannt (⇒ Burgen in der Rhön, S. 203).

In diesem Raum grenzten im Mittelalter und der frühen Neuzeit die Gebiete der Abteien Fulda und Hersfeld aneinander. Aufgrund der unterschiedlichen Entwicklungen beider Territorien, unter anderem auch während der Reformation und Gegenreformation, verlaufen hier noch immer wichtige Verwaltungs- und Religionsgrenzen.

Das Haunetal endet bei Bad Hersfeld, wo die Haune in die Fulda mündet. Auf dem Stadtgebiet wurden Fundstellen aus dem Neolithikum sowie der Bronze- und Eisenzeit entdeckt. Im Mittelalter wird die politische und kulturelle Entwicklung lange Zeit durch die 769 von Lullus gegründete Benediktinerabtei bestimmt. Unter Karl dem Großen war sie wie Fulda ein wichtiger fränkischer Stützpunkt für die Auseinandersetzungen mit Sachsen und Thüringern. Besonders sehenswert sind beispielsweise die Überreste der Benediktinerabtei, wobei die Stiftsruine Schauplatz der alljährlich stattfindenden Bad Hersfelder Festspiele ist (Abb. 80). Auch die Reste der mittelalterlichen Stadtbefestigung, die gotische Stadtpfarrkirche oder das im Stil der Weserrenaissance umgestaltete Rathaus lohnen in jedem Fall einen Besuch.

Abb. 80 **Ruine der Benediktinerabtei bei Bad Hersfeld** *(Foto F. Verse)*

Abb. 81 *Blick vom Taubenberg zum Hessischen Kegelspiel* (Foto F. Verse)

Zwischen Hünfeld und Rasdorf
– vom reichen Mädchen zum Kegelspiel

Dieser Rundweg besteht eigentlich aus zwei getrennten Wegen. Der südliche Teil kann am besten von Großenbach oder Mackenzell aus begonnen werden, während für den nördlichen Teil der Wanderparkplatz am Stallberg den besten Ausgangspunkt bietet. Der Weg führt an Siedlungs- und Bestattungsplätzen von der Altsteinzeit über die Bronze- und Eisenzeit bis zum Mittelalter und der frühen Neuzeit vorbei. Geographisch reicht er vom Haunetal bis zu den Bergen des hessischen Kegelspiels.

Die nachfolgende Wegbeschreibung beginnt in Großenbach. Zunächst führt der Weg am Westrand des Rößbergs bis hinauf auf einen kleinen Geländerücken der sich hier zwischen Molzbach- und Haseltal erhebt. Dort folgen wir ein Stück dem Jakobsweg, der sich, aus Richtung Rasdorf/Haselstein kommend, den natürlichen Höhenweg zunutze macht. Auf dem Jakobsweg gelangen wir zum Taubenberg, wo 1931 eine der spektakulärsten archäologischen Ausgrabungen Osthessens stattfand **(1)**. In dem hier untersuchten Grabhügel wurden insgesamt 24 Bestattungen geborgen. Die meisten stammen aus der mittleren Bronzezeit, doch mindes-

Die Route
· ·

Gesamtlänge: 35 km
Rundweg 1: Großenbach-Maber-
zell-Stallberg
Länge: 25 km
Schwierigkeit: mittel
Startpunkt: GPS 50.683042° N,
9.798797° O

Rundweg 2: Stallberg-Rasdorf
Länge: 11 km
Schwierigkeit: leicht
Startpunkt: GPS 50.715611° N,
9.853117° O
Einkehrmöglichkeiten:
Landgasthof „Zum Adler",
Am Anger 1, 36169 Rasdorf

tens je eine datiert auch in die
Hallstatt- bzw. Frühlatènezeit
(Abb. 82).

Die reichste Bestattung war
diejenige des „Mädchens von
Molzbach", die im Südosten
des Hügels lag (Abb. 83). Bei
dem „Mädchen von Molz-
bach" handelt es sich eigentlich um eine junge Frau von
etwa 17 bis 20 Jahren. Zur
Tracht der Toten gehörten
auffallend viele bronzene Schmuckstücke, darunter ein Halsring,
Armspiralen an beiden Unterarmen, eine Fingerspirale an der
linken Hand, je ein Ring am rechten Oberarm und linken Unter-
schenkel, zwei Radnadeln im Schulterbereich sowie Ohr- bzw.
Lockenringe. Ihr Gewand wurde von einem bronzenen Gürtelblech
zusammengehalten und war wohl zusätzlich mit Reihen aufge-
nähter bronzener Tutuli verziert, die im Schulter- und Becken-
bereich gefunden wurden. Teile dieser Tracht sind in Osthessen
fremd. Es ist möglich, dass das „Mädchen von Molzbach" aus dem
fränkischen Obermaingebiet stammt und vielleicht durch Heirat
nach Osthessen gelangte.

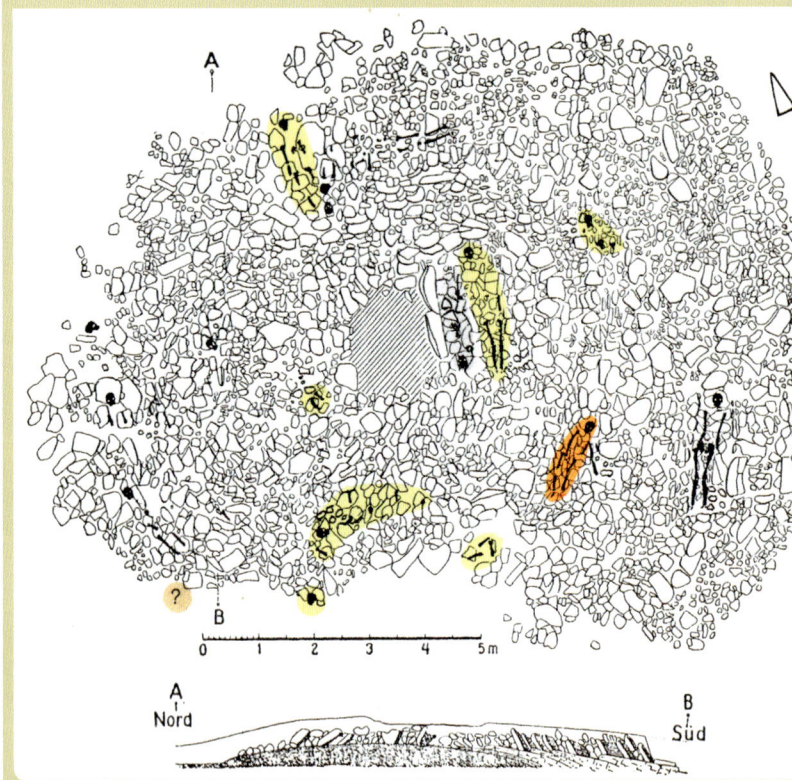

Abb. 82 Umzeichnung des Grabhügels von Molzbach „Taubenberg". Die Bestattung des „reichen Mädchens" ist orange unterlegt. (aus G. Weber 1992; nach O. Uenze 1960)

Patrilokalität

Wie bei dem „Reichen Mädchen" von Molzbach konnten auch auf anderen Gräberfeldern immer mal wieder Bestattungen mit ortsfremden Beigaben beobachtet werden. Da es sich zumeist um weibliche Verstorbene handelte, entwickelte sich die Theorie von der „Fremden Frau". Demnach gelangten diese Frauen beispielsweise durch Heirat an die Wohnorte ihrer Männer, kleideten sich aber weiterhin in der Tradition ihres Herkunftsgebietes.

Diese Theorie konnte kürzlich durch naturwissenschaftliche Untersuchungen weiter untermauert werden. Dabei wurde eine molekulargenetische Verwandtschaftsanalyse an 40 Individuen aus der Lichtensteinhöhle bei Osterode im Harz vorgenommen. Die Toten gehörten einst zu einer bronzezeitlichen Siedlungsgemeinschaft.

Bei der Analyse stellte sich heraus, dass die Männer starke genetische Übereinstimmungen aufwiesen, also miteinander verwandt waren, während das Genmaterial der Frauen deutliche Unterschiede aufwies. Daraus ergibt sich, dass die Männer vor Ort verblieben waren, während ihre Frauen zumindest teilweise zugezogen sind, was als „Patri- bzw. Virilokalität" bezeichnet wird.

Dass aber auch Männer über weite Strecken reisten, zeigt der 2002 bei Amesbury, Großbritannien, entdeckte sogenannte „Amesbury Archer". Auch diese Bestattung fiel durch ihre ungewöhnlichen Grabbeigaben auf. Eine Analyse des Zahnschmelzes konnte die Herkunft des Toten aus dem Alpenraum bestätigen. Die wenigen Beispiele zeigen, dass bereits in der Vorgeschichte eine nicht unerhebliche Mobilität herrschte und einzelne Menschen schon damals weite Strecken zurücklegten.

Vom Taubenberg führt der Weg hinab ins Nüsttal. Nahe der Einmündung des Molzbaches in die Nüst bei Mackenzell lag einst eine unbefestigte Siedlung der Hallstattzeit (2). Diese bestand aus sechs bis sieben Hofstellen, die jedoch nicht alle zeitgleich sein müssen. Zu einem Gehöft gehören ein Wohnhaus sowie weitere Nebengebäude, darunter Vorratsspeicher. Ein Hof war herausgehoben, da er von einem Palisadenzaun mit drei Durchgängen eingefasst worden war (Abb. 84). Außer den Hofstellen wurden noch zwei Brunnen sowie vier Keramikbrennöfen entdeckt. Letztere standen in einer Reihe und wurden wohl

Abb. 83 **Rekonstruktion der Tracht des „Mädchens von Molzbach" im Konrad-Zuse-Museum Hünfeld** *(Foto Chr. Aschenbrenner)*

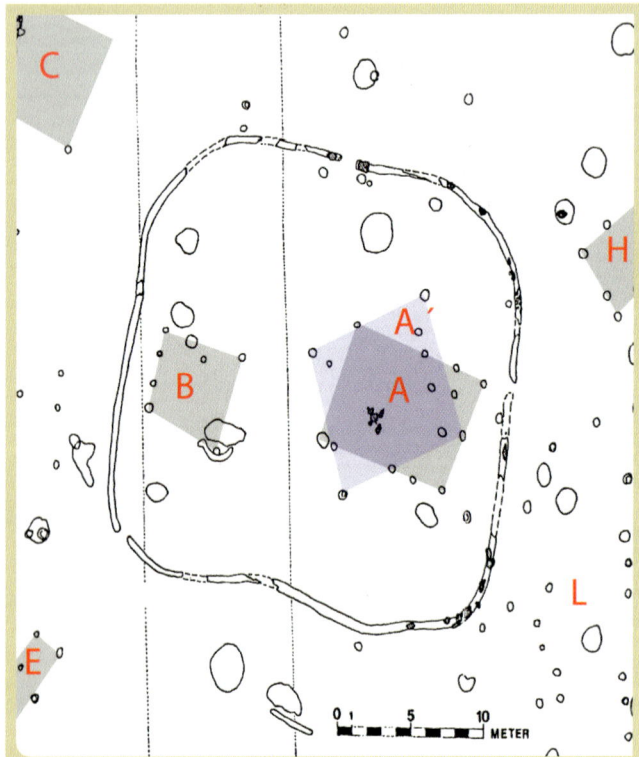

Abb. 84 *Von einem Zaun umgebendes Gehöft. Ausschnitt aus dem Befundplan der eisenzeitlichen Siedlung bei Mackenzell* (mit freundlicher Genehmigung von A. Janas)

nacheinander genutzt. Ihr Brennraum war mit einer Lochtenne ausgestattet und mit einer Kuppel überdeckt.

Naturwissenschaftliche Untersuchungen führten zum Nachweis verschiedener Getreidesorten, Ölpflanzen und Hülsenfrüchte. Außerdem konnten Knochen von Rindern, Schweinen, Pferden (?) sowie von Rotwild und Fischen nachgewiesen werden.

Die Grabungsergebnisse bildeten die Grundlage für die Rekonstruktion zweier hallstattzeitlicher Häuser, die einen guten Eindruck der keltischen Bauweise vermitteln (Abb. 85). Aufgrund der Pfostenspuren konnte die Größe der Gebäude sicher ermittelt werden. Die aufgehenden Strukturen sind hingegen nicht

Abb. 85 *Zwei in Hünfeld-Mackenzell auf Grundlage des archäologischen Befundes rekonstruierte Häuser* (Foto F. Verse)

eindeutig bestimmbar, so dass die beiden Häuser verschiedene Alternativen wiedergeben. Ein Haus wurde in Pfostenbauweise hergestellt, seine Wände bestehen bei ihm aus lehmverputztem Flechtwerk und sein Dach ist mit Reet gedeckt. Das andere Haus wurde in Blockbauweise errichtet und sein Dach mit Holzsparren gedeckt. Mehrmals im Jahr finden hier Veranstaltungen statt, darunter Vorträge sowie der alljährliche Keltentag.

Neben den Siedlungsresten der Hallstattzeit wurden auch kaiserzeitliche Siedlungsspuren an dieser Stelle entdeckt. Zu diesen gehört eine Siedlungsgrube mit Keramik elbgermanischer Art (Abb. 86). Hinweise auf ger-

Abb. 86 *Lappenschale von der vorgeschichtlichen Siedlung bei Mackenzell*

Abb. 87 *Blick in das Molzbachtal mit dem Fundplatz „Sandstrauch" am linken Bildrand* (Foto F. Ver...)

Abb. 88 **Foto von den Ausgrabungen bei Molzbach „Sandstrauch" mit einer Grabgrube, aus der die Urne bereits entnommen wurde.** *(Foto H. Hahn)*

manische Siedlungen in Hessen finden sich schon im 2. Jahrhundert v. Chr. Etwa um die Mitte des 1. Jahrhunderts v. Chr. kommt es zum Zusammenbruch der keltischen Kultur, die von germanischen Gruppen abgelöst wird. Die keltische Bevölkerung geht dabei wohl größtenteils in diesen auf.

Von Mackenzell aus verläuft der Weg durch das Molzbachtal hinauf zur Ortschaft Molzbach (Abb. 87). Östlich, hoch über dem Tal, wurde beim Sandabbau am „Sandstrauch" ein Gräberfeld angeschnitten (3). Dort wurden etwa 90 Brandgräber der Hallstattzeit in sieben Grabhügeln und zahlreichen Flachgräbern ausgegraben (Abb. 88). Die Leichenbrände waren zumeist in Urnen niedergelegt und mit Steinen umstellt worden (Abb. 89). Besonders bemerkenswert sind vier Steigbügelarmringe aus einer Bestattung in Hügel A, die deutliche Parallelen in Thüringen und Nordhessen besitzen, sowie Grabgefäße mit roter Bemalung, die u.a. in Süddeutschland vorkommen. In dieselbe Richtung weist auch eine Fußzierfibel. Außerdem konnten ein jungsteinzeitliches Steinbeil sowie Reste einer frühlatènezeitlichen Siedlung entdeckt werden.

Der Weg führt nun durch Molzbach hindurch. Am Ortsausgang wurde 1950 ein weiteres eisenzeitliches Urnengrab entdeckt (4). Bald hinter Molzbach läuft der Weg am Landkrankenhauswald vorbei, bei dem es sich um einen ausgedehn-

Abb. 89 **Urne aus dem Gräberfeld bei Molzbach im Konrad Zuse-Museum Hünfeld** (Foto F. Verse)

ten Buchenwald handelt, der im späten Mittelalter in kirchlichen Besitz geriet (5). Nach der Säkularisation 1803 fiel das Waldgebiet an Friedrich Wilhelm von Oranien, der es in eine Stiftung zur Errichtung und Unterhaltung des neugegründeten Landkrankenhauses in Fulda einbrachte.

In dem Waldgebiet haben sich noch zahlreiche Relikte der mittelalterlichen und frühneuzeitlichen Nutzung erhalten. Ackerraine und lange parallele Reihen aus Lesesteinen sind noch heute gut im Wald zu erkennen (Abb. 90). Zumindest einige dieser Stein-

Abb. 90 **Lesesteinreihen im Landkrankenhauswald bei Molzbach** (Foto F. Verse)

Abb. 91 *Blick über den paläolithischen Fundplatz in Richtung Großenbach. Im Hintergrund der Ort roßenbach.* (Foto F. Verse)

reihen wurden im 19. Jahrhundert angelegt, um einen besseren Aufwuchs des Buchenwaldes zu ermöglichen. Dabei wurden die Steine aufgesammelt und zu langen Reihen zusammengelegt, um auf den dann steinfreien Flächen den Aufwuchs junger Buchen zu erleichtern. Dies ist auch ein anschauliches Beispiel für die umfangreichen Arbeiten, die bis fast in die Gegenwart hinein immer wieder zu massiven Veränderungen in den Waldgebieten führten, heute aber oftmals bereits wieder vergessen sind.

Der Weg führt weiter an einer kleinen Kapelle vorbei in Richtung Großenbach. Östlich des Ortes überquert er einen kleinen Geländerücken oberhalb des Haseltales (Abb. 91). Dort wurden vor allem Chopper und einige Chopping tools gefunden, die aus Quarzitgeröllen hergestellt wurden (6). Bei beiden Geräteformen handelt es sich um einfache Schlagwerkzeuge, wobei die Chopper eine einseitig behauene Schneide haben, während die Schneide der Chopping tools beidseitig bearbeitet wurde. Die einfach hergestellten Schlagwerkzeuge und das gleichzeitige Fehlen komplexerer Geräte deuten darauf hin, dass der Fundplatz bis in die Zeit des Homo erectus vor über 300.000 Jahren zurückreicht (Abb. 92). Damit ist er in seiner Zeitstellung mit einem Fundplatz bei Fulda-Maberzell vergleichbar und gehört mit diesem zu den ältesten Fundorten Deutschlands.

Nun steigt der Weg hinab ins Haseltal. Kurz hinter Neuwirtshaus mündet der Fichtenborn, dem wir nun weiter folgen, in die Hasel. Nach einigen 100 Metern können wir am Ende des Tales den Morsberg sehen, der einst eine mittelalterliche Befestigungsanlage trug (**15** s. u.). In der Nähe der Quelle des Fichtenborns sind noch die Überreste der Wüstung Feuchtenborn in dem schmalen Waldstreifen zwischen Wiese und Landstraße zu erkennen (**7**). Podien und Ackerfluren erheben sich beiderseits des Weges, wo 1910 noch die Reste mehrere Gehöfte freigelegt werden konnten. Die Siedlung wurde 1310 erstmals erwähnt und wohl Mitte des 16. Jahrhunderts aufgegeben.

Abb. 92 **Chopper und Chopping tools vom altpaläolithischen Fundplatzes bei Großenbach im Konrad Zuse Museum Hünfeld (Sammlung Aschenbrenner)** *(Foto Z. Jez)*

Von der Wüstung Feuchtenborn verläuft der Weg weiter in Richtung Stallberg. Dabei führt er an einem Meilerplatz (**8**) und einigen Grabhügeln der Bronzezeit (**9**) vorbei. Der Stallberg liegt in der Kernzone des Biosphärenreservats Rhön und bietet einen ausgeschilderten natur- und kulturhistorischen Wanderweg. Der Weg führt oberhalb des Wanderparkplatzes am Stallberg vorbei, der sich auch gut als Startplatz für den nördlichen Teilabschnitt des Wanderweges eignet. Neben dem Parkplatz befindet sich eine Hütte, hinter der sich zwei weitere große Grabhügel und ein Hohlweg im Gelände erkennen lassen (Abb. 93) (**10**). Die Grabhügel zeigen noch Spuren der Ausgrabungen von E. Pinder. Bei einem Hügel konnte ein Steinkranz als Einfassung nachgewiesen werden. Die Hügel enthielten Bestattungen der Mittelbronzezeit. Aus ihnen stammen ein Randleistenbeil vom Typ Unterbimbach sowie eine ebenfalls aus Bronze gefertigte Dolchklinge. Außerdem kann eine Radnadel dieser Gruppe zugewiesen werden.

Die Kuppe des Stallbergs wird von einem mächtigen Wall aus Basaltsteinen umschlossen (Abb. 94; 95) (**11**). Es handelt sich dabei um die Reste einer eisenzeitlichen Befestigungsmauer. Einige offen liegende Wallschnitte künden noch immer von den Ausgrabungen J. Vonderaus (Abb. 96). Dabei konnte er eine Mauer aus Basaltsteinen nachweisen, die unter dem Versturzmaterial noch bis zu 1,70 m hoch ist. Auch wenn sich keine Spuren mehr

Abb. 93 **Bronzezeitliche Grabhügel und Hohlweg hinter der Schutzhütte am Wanderparkplatz unterhalb des Stallbergs** (Foto F. Verse)

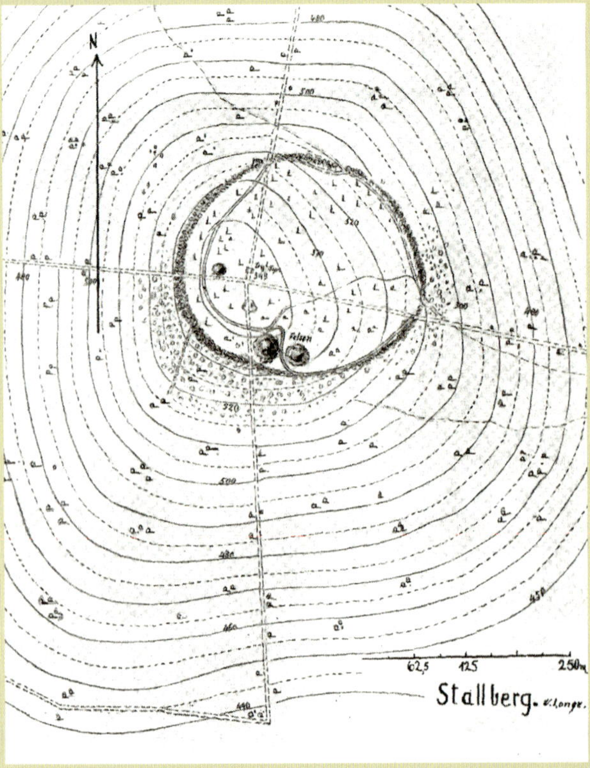

Abb. 94 **Grundrissplan der Befestigungsanlage auf dem Stallberg** (aus Vonderau 1931)

Abb. 95 **Abschnitt des Steinwalls auf dem Stallberg** *(Foto F. Verse)*

Abb. 96 **Freigelegte Front des Steinwalls während der Ausgrabungen durch J. Vonderau** *(aus Vonderau 1931)*

erhalten haben, kann davon ausgegangen werden, dass die Mauer ursprünglich durch eine Holzkonstruktion gestützt wurde. Der ursprüngliche Zugang zur Anlage muss im Norden gelegen haben. Verfolgt man den Wallverlauf an dieser Stelle, so zeigt sich, dass die Wallenden beiderseits des Weges nicht direkt aufeinander zulaufen, was auf ein einstmals vorhandenes Tangentialtor hindeutet. Innerhalb des Walles wurden mehrere Reibsteine sowie wenige vorgeschichtliche Scherben gefunden. Die Reste eines urnenfelderzeitlichen Bronzemessers belegen aber auch eine voreisenzeitliche Nutzung des Stallbergs (Abb. 97, ⇒ Burgen in der Rhön, S. 194).

Abb. 97 **Reste eines urnenfelderzeitlichen Bronzemessers vom Stallberg** *(Foto Z. Jez)*

Auf der Nordwestseite steigen wir den Stallberg wieder hinab. Auch hier liegt am Fuße des Berges ein kleines Hügelgräberfeld **(12)**. Etwa 200 m östlich von Stendorf wurde ein Grabhügel untersucht, in dessen Mitte eine Steinsetzung aus Basaltsteinen lag, die leider fundleer war. Allerdings fanden sich in der Hügelschüttung die Randscherben einer Schale sowie eines größeren Gefäßes mit Fingertupfenleiste, die beide in die Hallstattzeit datieren.

Der Weg führt nun durch Stendorf hindurch in Richtung Kirchhasel. Westlich von Stendorf, oberhalb des Talgrundes, wurden beim Pflügen drei kleine Zylinderhalsgefäße entdeckt, die einen Begräbnisplatz der Urnenfelderzeit an dieser Stelle belegen **(13)**. Nördlich bzw. nordwestlich des Weges ist nun auch der Wieselsberg gut zu erkennen, der durch die Abbruchkante des Basaltsteinbruchs leicht zu identifizieren ist **(14)**. Wie die meisten Berge des Hessischen Kegelspiels war auch der Wieselsberg in der Vorzeit, in diesem Fall während der Hallstattzeit, besiedelt.

Der Weg führt weiter durch Kirchhasel in Richtung Großenbach. Bei Kirchhasel und dem beiderseits der Bundesstraße gelegenen Ort Neuwirtshaus fand 1866 das von Theodor Fontane beschriebene „Gefecht am Quecksmoor" zwischen preußischen und bayerischen Truppen statt, die auf der Seite Österreichs kämpften. Das

Grabmal des bei dem Gefecht gefallenen Oberleutnants Franz von Grafenstein befindet sich neben Uniformteilen und Kanonenkugeln im Konrad Zuse-Museum in Hünfeld.

Hinter Kirchhasel überquert der Weg nun die Bundesstraße und die Hasel und wir gelangen zurück an unseren Ausgangpunkt in Großenbach. Die Bundesstraße verläuft heute von Hünfeld, an Stallberg und Morsberg vorbei, bis Rasdorf und weiter nach Thüringen. Die bronze- und eisenzeitlichen Gräber sowie die vor- und frühgeschichtlichen Befestigungsanlagen an ihrem Rand zeigen, dass dieser Weg jedoch bereits in weit früheren Zeiten genutzt wurde.

Vom Stallberg ausgehend lohnt sich auch ein Abstecher nach Rasdorf. Der Weg führt unterhalb des Morsbergs vorbei (**15**). Auf diesem erhob sich einst eine Ganerbenburg, die wohl vom 12. bis Mitte 15. Jahrhundert genutzt wurde. Heute sind dort nur noch geringe Reste zu erkennen, da die Steine zur Errichtung der umliegenden Dörfer und Wege verwendet wurden. Der Zugang zur Burg befand sich auf der Westseite. Sie wurde einst von einem Graben umgeben, der in den Hang einschnitt (⇒ Burgen in der Rhön, S. 206). Der Gipfel des Morsbergs wird nach Norden durch eine Basalterhebung abgeschlossen, die früher vielleicht einen Turm getragen hat (Abb. 98). Am Hang des Morsbergs kann man zahlreiche längliche Ackerflure erkennen, die von der intensiven Bewirtschaftung des Gebietes während des Mittelalters herrühren (Abb. 99).

Tritt man hinter dem Morsberg aus dem Wald heraus, öffnet sich der Blick über offenes Acker- und Wiesengelände bis

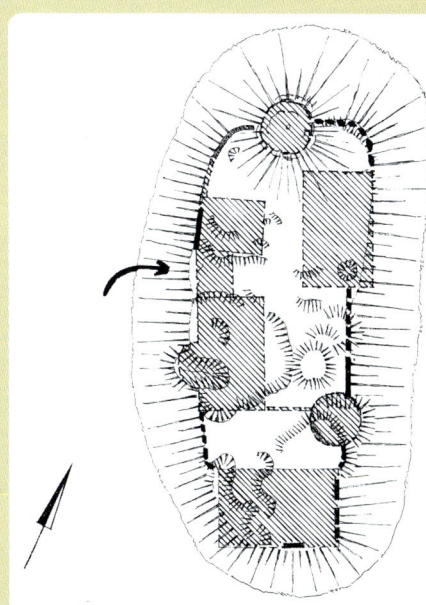

Abb. 98 **Grundrissplan der Befestigung auf dem Morsberg mit Darstellung der möglichen Bebauung nach H. Hahn** *(Zeichnung H. Hahn)*

*Abb. 99 **Ackerraine unterhalb der Morsburg** (Foto F. Verse)*

nach Rasdorf. Nordwestlich des Ortes liegt der von einer Kapelle gekrönte Gehilfersberg (Abb. 100) **(16)**, auf dem vor kurzem ein Friedwald ausgewiesen wurde. Neben diesem, ebenfalls in nordwestlicher Richtung, erhebt sich der Kleinberg **(17)**. Auf diesem befand sich eine eisenzeitliche Befestigung, von der jedoch nur noch wenige, teilweise schwer zu erkennende Reste erhalten sind. Einige Tonscherben und ein Reibstein stammen aus dieser Zeit (⇒ Burgen in der Rhön, S. 193). Auch im Mittelalter wurde der Kleinberg aufgesucht, wie einige Keramikfunde belegen. Wie schon der Stallberg zeigt auch der Kleinberg, dass die Berge des Kegelspiels einst als natürliche Schutzlagen gerne zur Besiedlung aufgesucht wurden.

In Rasdorf wurde bereits um 800 ein Benediktinerkloster gegründet. Die im 13. Jahrhundert unter Verwendung älterer Bauteile neu errichtete Klosterkirche wird heute als katholische Pfarrkirche genutzt. Bemerkenswert ist auch der gut erhaltene, um 1500 errichtete Wehrfriedhof am Nordrand des Ortes **(18)** (⇒ Wehrhafte Kirchen in der Rhön, S. 190). Dabei handelt es sich um einen befestigten Friedhof, der im Notfall von der Bevölkerung als Fluchtort genutzt werden konnte. Von der Umfassungsmauer und den vier Wehrtürmen an ihren Ecken sind noch große Teile erhalten (Abb. 101). Die einstmals im Zentrum des Friedhofs befindliche Michaelskirche ist jedoch nicht mehr vorhanden.

Abb. 100 **Blick aus Richtung Süden auf Rasdorf mit dem Gehilfersberg. Im Hintergrund links sieht man den Stallberg.** (Foto F. Verse)

Von Rasdorf aus führt der Weg nun zurück am Fuße des Dachbergs vorbei, auf dem einige eisenzeitliche Siedlungsreste nachgewiesen werden konnten (19). Dabei verläuft er entlang des „Main-Werra-Weges", der Teil des Jakobsweges ist. Westlich des Dachbergs kommt der Weg an der Wüstung Bingarten vorbei (20), die erstmals 1334 erwähnt und wohl im 16. Jahrhundert aufgegeben wurde. Danach führt der Weg südlich am Hübelsberg entlang, bevor er in nördlicher Richtung zurück zum Stallberg läuft, wo wir wieder den Ausgangspunkt dieser Schleife erreichen.

Einmal in der Gegend ist ein Abstecher nach Haselstein zu empfehlen (21). Dort können die Reste einer Burg besichtigt werden, deren Anfänge bis in das 11. Jahrhundert zurückreichen (Abb. 102). Neben der mächtigen Schildmauer sind dort noch Reste von Wohngebäuden und Gewölben sowie der Toranlage erhalten. Von einem Rundturm, der einst den hoch aufragenden Felsen inmitten des Burggeländes bekrönte, sind hingegen kaum noch Spuren vorhanden. Große Teile des einstmals verbauten Steinmaterials wurden für Gebäude im Ort Haselstein sowie für die Errichtung des unterhalb der Burg gelegenen Schlosses verwendet, dass 1546 erbaut wurde und heute von der Caritas genutzt wird (⇒ Burgen in der Rhön, S. 205).

Abb. 101 **Mittelalterlicher Wehrfriedhof von Rasdorf** (Foto F. Verse)

Abb. 102 **Hoch über dem Ort Haselstein erheben sich die Reste der ehemaligen Burg, von der hier die mächtige Schildmauer zu sehen ist.** (Foto F. Verse)

Die Milseburg – der geheimnisvolle Berg der Kelten

D ie Milseburg bei Hofbieber-Danzwiesen ist ein Phonolith-berg, der mit 835 m markant aus der umgebenden Gebirgslandschaft herausragt. Während des Tertiärs stieg glutflüssige Magma auf, lagerte sich in den Buntsandstein ein und erstarrte wieder. In den folgenden Jahrmillionen wurde das weichere Gestein des Buntsandsteins allmählich abgetragen und die zuvor eingeschlossenen Vulkangesteineinlagerungen wieder freigelegt. Es handelt sich also weder bei der Milseburg, noch bei den anderen Basaltkuppen der Rhön um ehemals aktive Vulkane.

Der Name Milseburg leitet sich aus der Sage um den Riesen Mils ab. Dieser wollte nicht, dass sich die Menschen taufen lie-ßen. Daher zog der Heilige Gangolf mit einer Schar Ritter aus, um den Riesen zu besiegen. An der Milseburg angelangt dürs-tete es die Ritter, doch wurde ihnen der Trunk aus der einzigen Quelle verweigert. Gangolf, der ein letztes Mal aus dieser Quelle Wasser schöpfen konnte, brachte dieses zu seinen Getreuen und schüttete es vor ihnen auf dem Boden aus. Zur Überraschung aller entsprang an dieser Stelle eine Quelle, der sogenannte Gan-golfsborn. Erfrischt zogen Gangolf und seine Ritter nun gegen den

Riesen Mils, der sich, die Ausweglosigkeit seiner Lage erkennend, selbst umbrachte. Der Teufel, mit dem er verbündet gewesen war, bedeckte seinen Leichnam mit Steinen, der heutigen Milseburg.

Die Milseburg trägt die bedeutendste Befestigungsanlage der Rhön. Sie wird in der Literatur oft als „Oppidum" bezeichnet, obwohl sie außerhalb des eigentlichen keltischen Kerngebietes liegt. Insgesamt wurde eine Fläche von 32 ha durch Mauern geschützt, wobei neuere Forschungen auf weitere Mauern im Westen der Anlage hinweisen. Fünf Quellen innerhalb der Befestigungsanlage sichern die Versorgung der Einwohner mit Trinkwasser. Einige dieser Quellen wurden erst durch zusätzliche Mauern, sogenannte Annexe, in die Befestigung eingebunden. In jedem Fall handelt es sich um einen bedeutenden Zentralort der Eisenzeit, der sicherlich auch eine überregionale Bedeutung besessen hat. Dies wird auch dadurch deutlich, dass die Anlage an einem wichtigen von Ost nach West verlaufenden Verkehrsweg liegt, der sicherlich bereits in vorgeschichtlicher Zeit genutzt wurde.

Erste Siedlungsspuren auf der Milseburg stammen aus der Urnenfelderzeit (Abb. 104). Eine erneute Besiedlung während der Eisenzeit

Abb. 104 Blick über die Wiese mit den urnenfelderzeitlichen Wohnpodien auf den rekonstruierten Mauerabschnitt mit der Wasserkuppe im Hintergrund (Foto F. Verse)

beginnt in der Späthallstatt-/Frühlatènezeit. Der Siedlungshöhepunkt und wahrscheinlich auch der Bau der Befestigung fällt jedoch wohl erst in die Spätlatènezeit (⇒ Burgen in der Rhön, S. 192).

Die Milseburg war mehrmals Ziel archäologischer Untersuchungen. Zwischen 1899 und 1906 fanden an verschiedenen Stellen der Milseburg Ausgrabungen unter der Leitung von J. Boehlau statt, an denen der Fuldaer Heimatforscher J. Vonderau maßgeblich beteiligt war. In den Jahren 2003 und 2004 wurden auf Initiative des damaligen Fuldaer Kreisarchäologen M. Müller Ausgrabungen im Bereich des Ostwalles östlich des Gänsborns durchgeführt. Neben den Ausgrabungen fanden auch immer wieder Prospektionen auf der Milseburg statt, bei denen u.a. 2010 das Fragment eines keltischen Glasarmringes gefunden wurde, welches bisher auf der Milseburg einzigartig ist (Abb. 105). Obwohl seit nunmehr über 100 Jahren archäologische Forschungen auf der Milseburg durchgeführt werden ist bisher nur ein sehr kleiner Teil der Anlage wirklich erkundet worden. Die Milseburg birgt also noch viele Geheimnisse.

Abb. 105 *Fragment eines blauen Glasarmringes mit gelber Fadenauflage* (Foto Z. Jez)

Bereits 1967 wurde auf der Milseburg ein archäologischer Lehrpfad angelegt, der zu den ersten im deutschsprachigen Raum gehört. Die neuen Ergebnisse der Ausgrabung 2003/2004 wurden zum Anlass genommen, durch die Ausgräber U. Söder und M. Zeiler eine neue Ausschilderung vornehmen zu lassen (Abb. 106). Die knapp vier Kilometer lange Strecke führt an insgesamt 15 Stationen vorbei. Dabei wird sowohl die vorgeschichtliche Besiedlung der Milseburg anschaulich erläutert als auch ein Einblick in die keltische Lebens- und Wirtschaftsweise allgemein vermittelt. Naturfreunde finden entlang der Strecke darüber hinaus auch Tafeln zur Geologie sowie zur Flora und Fauna des Berges, der auch zum Biosphärenreservat Rhön gehört.

Der Wanderweg beginnt am Parkplatz im Norden der Milseburg, noch unterhalb des heutigen Orts Danzwiesen. Hier stehen mehrere Tafeln, die einen kurzen Überblick zur vorgeschichtlichen Besiedlung der Milseburg sowie zum Wanderweg selbst geben. Außerdem erfährt man hier auch einiges über das Biosphärenreservat Rhön.

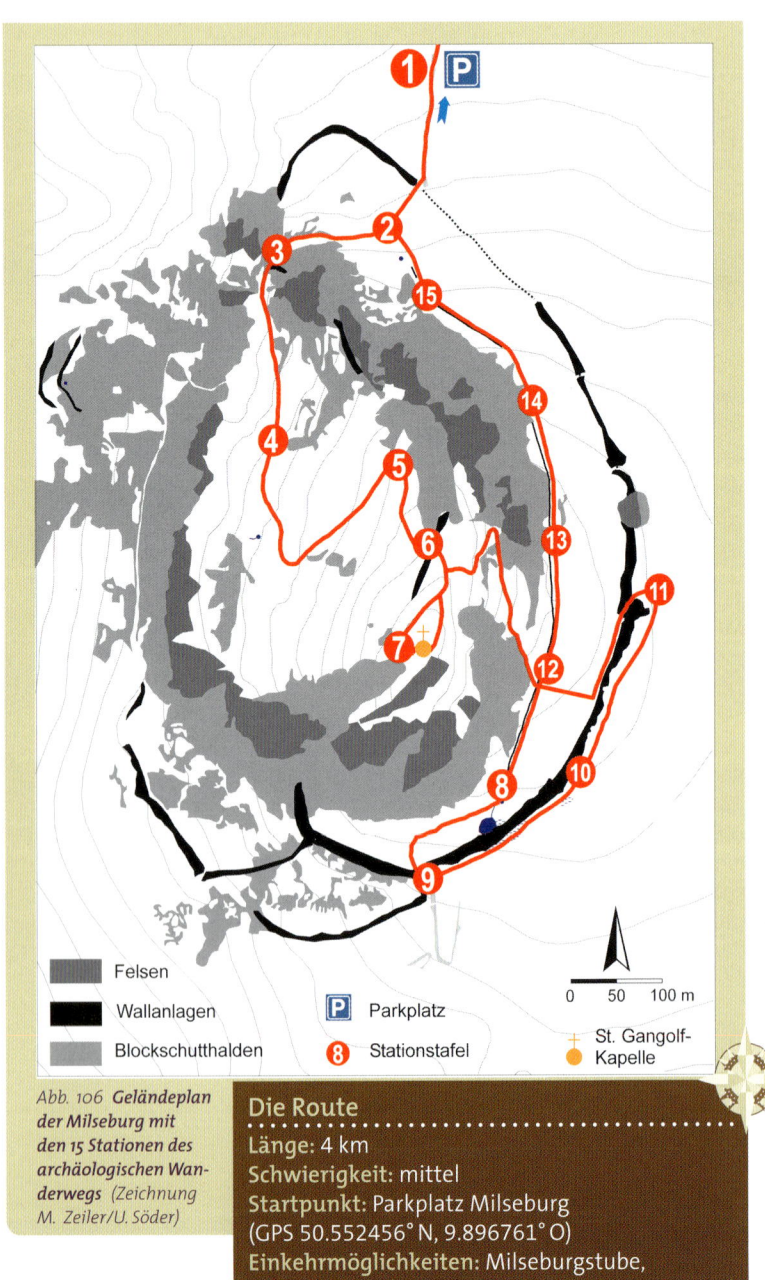

Abb. 106 **Geländeplan der Milseburg mit den 15 Stationen des archäologischen Wanderwegs** *(Zeichnung M. Zeiler/U. Söder)*

Legende:
- Felsen
- Wallanlagen
- Blockschutthalden
- P Parkplatz
- 8 Stationstafel
- St. Gangolf-Kapelle

0 50 100 m

Die Route

Länge: 4 km
Schwierigkeit: mittel
Startpunkt: Parkplatz Milseburg
(GPS 50.552456° N, 9.896761° O)
Einkehrmöglichkeiten: Milseburgstube,
Gangolfweg 1, 36145 Hofbieber – Danzwiesen /
Milseburghütte, Unterhalb des Milseburggipfels

Abb. 107 **Tordurchgang am Kälberhutstein** *(Foto F. Verse)*

Von diesem Punkt aus erfolgt der Aufstieg über den „Kälberhutstein" in Richtung Plateau. Am „Kälberhutstein" befindet sich der
einzige Zugang zum Gipfelplateau, der schon in der Vorzeit für
Wagen geeignet war (Abb. 107). Er war ursprünglich durch eine
Toranlage gesichert, von der jedoch keine Spuren mehr erkennbar
sind. Wie sie jedoch ausgesehen haben könnte, veranschaulicht
an dieser Stelle eine Schautafel.

Beim weiteren Aufstieg zum Gipfel kann man bei genauem Hin-
sehen beiderseits des Weges immer wieder künstlich angelegte
Terrassen erkennen. Diese wurden gebaut, um im Hangbereich
ebene Flächen zu schaffen, auf denen Wohn- und Wirtschaftsge-
bäude errichtet wurden. Ausführlichere Erklärungen zum Terras-
senbau sowie zur eisenzeitlichen Gesellschaft allgemein verkürzen hier den Aufstieg.

Kurz vor Erreichen des Gipfelplateaus durchquert der Weg einen
kleinen Wall (Abb. 108). Dabei handelt es sich um den Rest einer

Abb. 108 *Tordurchgang zum Hochplateau der Milseburg* (Foto F. Verse)

Mauer, die das Gipfelplateau von der übrigen Burg abtrennte. Damit wird die Bedeutung dieses Teils der Anlage in besonderer Weise deutlich. Leider sind vom Gipfelplateau praktisch keine vorgeschichtlichen Funde bekannt, was an den umfangreichen mittelalterlichen und neuzeitlichen Umarbeitungen in diesem Bereich liegen kann.

Abb. 109 *Kapelle unterhalb des Milseburggipfels* (Foto F. Verse)

Die Milseburg ist bis in die Gegenwart ein wichtiger Wallfahrtspunkt der Region geblieben. Spätestens seit dem ausgehenden 15. Jahrhundert steht knapp unterhalb des Gipfels eine dem heiligen Gangolf geweihte Kapelle, die mehrfach umgebaut und erneuert wurde. Die heute dort befindliche Kapelle stammt aus dem Jahre 1820 (Abb. 109). Im Jahre 1756 wurde die damalige Kapelle noch durch eine Kreuzigungsgruppe auf dem Gipfel

Abb. 110 **Blick von der Milseburg in Richtung Fuldatal** (Foto F. Verse)

des Berges ergänzt. Außerdem befindet sich knapp unterhalb der Kapelle die Ausflugsgaststätte Milseburghütte, die ebenfalls zur Umgestaltung des Plateaubereichs beigetragen hat.

Vom Gipfel hat man einen wunderbaren Ausblick bis weit ins Fuldatal und nach Thüringen hinein (Abb. 110; 111). Der Abstieg erfolgt über einen etwas steileren Weg, den sogenannten Pilgerpfad, in Richtung Südosten zum Ostwall hinab. Der Ostwall präsentiert sich heute als gewaltiger Steinwall, der sich um die gesamte Ostflanke der Milseburg herumzieht (Abb. 112). Im Norden weist er eine Unterbrechung auf, da dort im 19. Jahrhundert Steine für die Bahnschotterung entnommen wurden.

Zunächst führt der Weg aber am Gänsborn vorbei. Dabei handelt es sich um eine von insgesamt fünf Quellen, die an der Milseburg entspringen (Abb. 113). Unterhalb der Quelle ist eine Mulde deutlich im Gelände zu erkennen, in der in früheren Zeiten das Quellwasser gesammelt wurde, um es leichter schöpfen zu können. Ob sie bereits in keltischer Zeit bestand, ist jedoch nicht mehr sicher festzustellen.

Hinter dem Gänsborn führt der Weg an einer Stelle vorbei, an der der Südannex an den Ostwall anschließt. Die Befestigung der Milseburg besitzt mehrere Annexe. Dabei handelt es sich um

Abb. 111 **Blick von der Milseburg in Richtung thüringische Rhön** (Foto F. Verse)

Abb. 112 **Teilstück des Ostwalls mit der Wasserkuppe im Hintergrund** (Foto F. Verse)

Abb. 113 **Heutige Quelle des Gänsborns** *(Foto F. Verse)*

Erweiterungen der Hauptbefestigungslinie, die aus strategischen Gründen angelegt wurden. So schützen zwei Annexe Quellen, um so auch in Notzeiten eine ausreichende Wasserversorgung sicherzustellen.

Der Weg verläuft nun am Rande des Ostwalls entlang. Bald gelangt er zu der Stelle, an der die archäologischen Ausgrabungen 2003 und 2004 im Bereich des Ostwalls stattgefunden haben (Abb. 114). Der Wall war zur keltischen Zeit eine hohe Steinmauer, die durch ein hölzernes Kastenwerk stabilisiert wurde. Das genaue Aussehen der Mauer konnte bei den Grabungen nicht ermittelt werden, doch gibt die hier aufgestellte Schautafel einige Rekonstruktionsmöglichkeiten wieder. Um jedoch einen Eindruck von der Mächtigkeit der einstigen Mauer zu gewinnen, wurde an dieser Stelle eine schematische Volumenrekonstruktion aufgebaut (Abb. 115).

Schreitet man dort durch die Mauer hindurch, so kann man im Wiesengelände dahinter einige längliche Terrassierungen erkennen. Diese wurden bereits in der Urnenfelderzeit angelegt und stellen die ältesten Siedlungsrelikte auf der Milseburg dar.

Folgt man dem Weg weiter entlang des Ostwalles, so gelangt man zum Osttor. Heute führt an dieser Stelle ein schmaler Weg durch den Wall hindurch (Abb. 116). Ausgrabungen durch J. Von-

*Abb. 114 **Fundstücke der Ausgrabungen 2003 und 2004, darunter Gefäßreste, Spinnwirtel und Glasschmuck** (Foto Z. Jez)*

derau an dieser Stelle konnten jedoch zeigen, dass der Zugang ursprünglich breiter war und lediglich durch abrutschendes Wallmaterial auf die heutige Größe verkleinert wurde. Betrachtet man den Wallverlauf an dieser Stelle genau, so erkennt man, dass die Enden nicht genau aufeinander zulaufen. Wir haben es hier also mit einem sogenannten Tangentialtor zu tun, von dem eine Rekonstruktion auf der hier aufgestellten Schautafel zu sehen ist.

*Abb. 115 **Schematische Rekonstruktion der Befestigungsmauer an der Grabungsstelle 2003/2004** (Foto F. Verse)*

Abb. 116 **Reste des ehemaligen Osttores im herbstlichen Nebel** *(Foto F. Verse)*

Nicht weit von dieser Stelle entfernt wurde mit dem Geisstein eine natürliche Felsformation in die Befestigung einbezogen, was zu den großen Seltenheiten der keltischen Befestigungstechnik gehört (Abb. 117).

Vom Osttor aus führt der Wanderweg ein Stück zurück und folgt dabei nun der Innenseite des Ostwalls. Nach einem kurzen Anstieg zwischen zwei Wiesen erreichen wir den Waldrand, wo er dann weiter am Fuß der Milseburg entlang läuft. Dabei geben mehrere Schautafeln Auskunft zur Wirtschaftsweise der Kelten. Es gibt eigene Schautafeln zur Eisengewinnung sowie zu Ackerbau und Viehzucht. Schließlich gelangt der Weg zum „Dörfchen", wo das Alltagsleben der Kelten thematisiert wird. In der Nähe dieser Stelle entsprang bereits zur keltischen Zeit eine Quelle. Podien, die bis unmittelbar unter den Steilhang angelegt wurden, trugen einstmals Wohnbauten. Hier fand J. Vonderau bei seinen Ausgrabungen zahlreiche Scherben sowie einige Metallgegenstände, was auf einen dauerhaft besiedelten Wohnbereich an dieser Stelle hinweist.

Insgesamt wurden auf der Milseburg an verschiedenen Stellen mehrere Zentner Keramik sowie zahlreiche Metallobjekte gefunden, darunter eine Kesselaufhängung, eine Pflugschar, Beile, Mes-

Abb. 117 Teil des Ostwalles mit dem Geisstein im Hintergrund (Foto F. Verse)

ser und Schmiedegeräte, die einen Eindruck von den unterschiedlichsten Aktivitäten der eisenzeitlichen Bewohner der Anlage vermitteln (Abb. 118; 119). Mahlsteine aus Basalt (Abb. 120) und Spinnwirtel (s. Abb. 114) weisen auf weitere handwerkliche Tätigkeiten hin. Außerdem wurden Waffen und Schmuckstücke entdeckt, u.a. Glasperlen und das Fragment eines Glasarmringes (s. Abb. 105, 114, 119).

Es ist nicht bekannt, wie viele Menschen einst auf der Milseburg lebten, man geht jedoch allgemein von einer Bevölkerung von mindestens etwa 1000 Einwohnern aus. Aus dem Umfeld der Milseburg sind bisher praktisch keine keltischen Siedlungs- und Gräberplätze bekannt. Es ist jedoch zu vermuten, dass es dort ursprünglich Dörfer oder Einzelgehöfte gegeben hat, die mit ihrer landwirtschaftlichen Produktion zur Versorgung der Bewohner der Milseburg beigetragen haben. Begräbnisplätze sind aus der Mittel- und Spätlatènezeit insgesamt selten. Dies liegt wohl an der keltischen Begräbnispraxis dieser Zeit, die keine oder nur geringe Spuren hinterlassen hat.

Kurz hinter dem „Dörfchen" schließt sich der Rundweg und führt wieder zum Parkplatz zurück. Von dort aus kann man noch einen kleinen Abstecher zum Liedenküppel unternehmen (Abb. 121). Der Weg führt oberhalb des Delsenhofes entlang, bevor er etwa oberhalb des Doppelannex im Nordwesten der Milseburg ein Stück

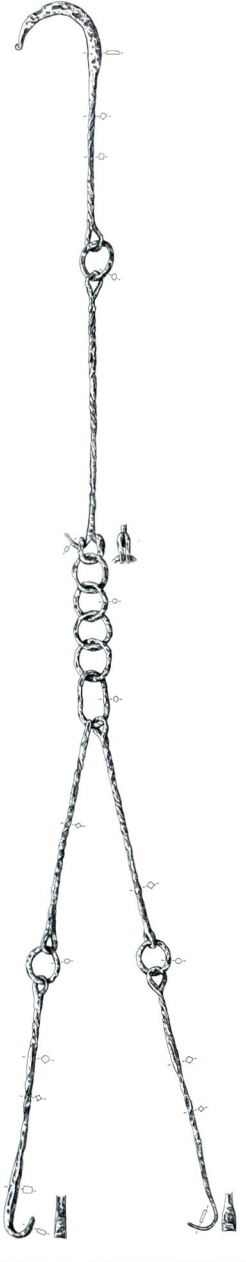

Abb. 118 links **Eiserne Kesselaufhängung** *(Zeichnung C. Halm)*

Abb. 119 oben **Eiserne Waffen und Geräte** *(Foto Z. Jez)*

Abb. 120 unten **Mahlsteine** *(Foto Z. Jez)*

Richtung Westen hangabwärts verläuft. Die Wälle liegen südlich des Weges, während der Liedenküppel direkt nördlich davon liegt.

Auf dem Liedenküppel stand eine mittelalterliche Befestigung, die wohl am Ende des 11. Jahrhunderts errichtet wurde, aber bereits im 13. Jahrhundert wieder aufgegeben worden ist. Heute sind nur noch wenige Mauerreste der Anlage zu erkennen. Es ist wahrscheinlich, dass etliche Steine zur Errichtung des nahe gelegenen Delsenhofs abtransportiert wurden (⇒ Burgen in der Rhön, S. 204).

Abb. 121 **Liedenküppel mit den Resten der mittelalterlichen Befestigung** (Foto F. Verse)

Die Milseburg ist die wichtigste vorgeschichtliche Befestigungsanlage der Rhön. Bis heute übt der markant aufragende Berg eine ungebrochene Faszination auf die Menschen der Region aus, was sich auch in der großen Zahl der jährlichen Besucher widerspiegelt. Dabei verbinden sich auf der Milseburg so unterschiedliche Elemente wie Natur- und Kulturraum sowie profane und religiöse Nutzung in harmonischer Weise miteinander.

Das Ulstertal – von Hessen nach Thüringen

Die Ulster entspringt an der Nordwestflanke des Heidelsteins in der Hohen Rhön bei Gersfeld und mündet nach 57,2 km bei Phillipstal in die Werra. Das Ulstertal bildete schon in der Vorgeschichte einen wichtigen Verkehrsweg im Inneren der Rhön, der das Gebirge nach Norden öffnet. Gersfeld wird erstmals 944 als fuldisches Lehen der Herren von Schneeberg erwähnt. 1435 kam es in Besitz der Herren von Ebersberg, die insgesamt drei Schlösser im Stadtgebiet errichteten, von denen das untere 1740 im barocken Stil umgebaut wurde (⇒ Burgen in der Rhön, S. 202).

Von Gersfeld aus lohnen Abstecher zur Ebersburg (1) sowie zur mittelalterlichen Wüstung bei Rommers (2). Die Ebersburg liegt zwischen Gersfeld und Weyhers. Auch als Ruine stellt sie noch immer ein eindrucksvolles Zeugnis mittelalterlicher Befestigungstechnik dar (Abb. 123). Die Umfassungsmauer wird an der besonders gefährdeten Südseite durch den Bergfried überragt, der einen quadratischen Unter- und runden Oberbau besitzt. Er wurde ebenso wie der runde Beobachtungsturm an der Nordseite im ausgehenden 14. Jahrhundert errichtet.

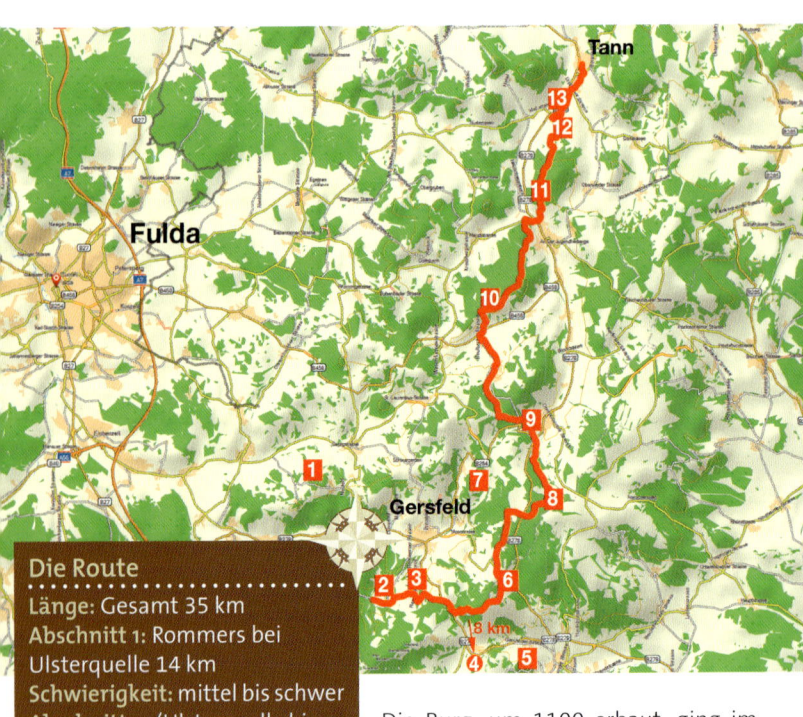

Die Route

Länge: Gesamt 35 km
Abschnitt 1: Rommers bei
Ulsterquelle 14 km
Schwierigkeit: mittel bis schwer
Abschnitt 2: (Ulsterquelle bis
Tann 21 km
Schwierigkeit: leicht
Startpunkt: Parkplatz Schweden-
schanze (GPS 50.422294° N,
9.936056° O)
Einkehrmöglichkeit:
Berggasthof Zur Ebersburg,
Neuwart 60, 36163 Poppen-
hausen-Wasserkuppe /
Landhaus Kehl, Eisenacher
Str. 15, 36142 Tann-Lahrbach /
Landhaus Heide, Ebersteiner
Weg 1, 36115 Hilders

Die Burg, um 1100 erbaut, ging im 13. Jahrhundert in den Besitz der Ebersberger über. Da sie später als Ausgangspunkt für Überfälle im Umland benutzt wurde, wurde sie 1270 durch fuldische Truppen unter Abt Bertho II. zerstört (⇒ S. 85). Erst 1395/96 wurde sie, erneut im Besitz der Ebersberger, wieder hergestellt und erweitert. Nach 1516 begann der Verfall der Burg, da die Ebersberger ihren Stammsitz nach Gersfeld verlegten (⇒ Burgen in der Rhön, S. 200).

Südlich von Gersfeld wurden Teile der Wüstung Altenhirza bei Rommers im Tal des Giechenbaches freigelegt (**2**). Sehenswert sind die Überreste einer kleinen Kirche aus dem 12./13. Jahrhundert, deren Mauern bis ca. 1 m Höhe wieder aufgemauert sind (Abb. 124).

Abb. 123 **Aus dem Wald erheben sich die noch immer eindrucksvollen Reste der Ebersburg.**
(Foto F. Verse)

Die Kirche ist nach Osten ausgerichtet, 11 m lang und 8,20 m breit, mit eingezogener Halbrundapsis. Neben der Kirche sind Teile der Friedhofsmauer sowie ein Sühnekreuz zu sehen (Abb. 125) (⇒ Steinkreuze in der Rhön, S. 181). Die Ansiedlung wurde im Laufe des 15. Jahrhunderts aufgegeben. Erst 1558 entstand in unmittelbarer Nähe der heute noch besiedelte Ort Rommers.

Von Rommers aus gelangt man über Rengersfeld und Rodenbach zur Bundesstraße 279, der wir in Richtung Oberweißenbrunn bis zur Landesgrenze folgen. Hier kann der Parkplatz „Schwedenschanze" als Ausgangspunkt für die Erkundung frühneuzeitlicher Befestigungsanlagen und Landwehren genutzt werden, die noch gut im Gelände zu sehen sind. Am markantesten ist die sogenannte Schwedenschanze **(3)**, eine sternförmige Befestigungsanlage, von der aus die Straße zwischen Gersfeld und Bischofsheim kontrolliert werden konnte (Abb. 126). Sie wurde während des Dreißigjährigen Krieges errichtet, doch ist unklar, ob sie wirklich von schwedischen Truppen erbaut wurde. Da die Schanze in einem militärischen Sperrgebiet liegt, ist sie nicht öffentlich zugänglich.

Von der Schwedenschanze führt der Weg die hessisch-bayerische Landesgrenze entlang Richtung Schwedenwall, der nach etwa 4 km erreicht wird. Die Landesgrenze verläuft hier etwa parallel zu einem Höhenzug, der gleichzeitig die Wasserscheide zwischen Fulda/Ulster und fränkischer Saale bildet. Der Weg wird

*Abb. 124 **Auf einer Wiese am Giechenbach bei Rommers sind die Reste der Wüstung Altenhirza mit dem Kirchgrundriss zu finden.** (Foto F. Verse)*

*Abb. 125 **Sühnekreuz bei der Ortswüstung Altenhirza** (Foto F. Verse)*

von alten Grenzsteinen gesäumt, die teilweise 1872 aufgestellt wurden, als hier die Königreiche Preußen (KP) und Bayern (KB) aneinander grenzten (Abb. 127). Auf halber Strecke eröffnet sich ein wunderbarer Ausblick bis weit ins Grabfeld hinein. Besonders markant erhebt sich der nur etwa 8 km entfernte Kreuzberg (4) aus dem Gelände, der „heilige Berg der Franken" (Abb. 128). Der Legende nach soll hier im Jahre 686 der Heilige Kilian gepredigt und an Stelle einer heidnischen Kultstätte ein Kreuz errichtet haben. Tatsächlich könnte der alte Name „Aschberg" auf eine solche Kultstätte hinweisen. Aus dem frühen Mittelalter stammt ein schwach ausgeprägter Ringwall, der weniger zur Verteidigung, sondern eher zur Abgrenzung eines heiligen Bezirks gedient haben kann. Auch

Abb. 126 **Luftaufnahme der sternförmigen „Schwedenschanze" an der hessisch-bayerischen Grenze bei Gersfeld** (Foto W. Kiel)

heute ist der Kreuzberg noch immer ein beliebter Wallfahrtsort. Er wird von drei Kreuzen bekrönt und ist außerdem Standort eines Franziskanerklosters.

Darüber hinaus fällt der Blick auf die Ruine der Osterburg (**5**). Ihre Anfänge liegen im Dunkeln. Um 1200 wurde ein Reinhold von Osterburg erwähnt. Aber bereits um 1270 wurde die Burg bei Grenzstreitigkeiten durch Fuldaer Truppen zerstört. Noch immer sind Reste der Befestigung einschließlich von Teilen des Bergfrieds erhalten und vermitteln einen guten Eindruck von einer romanischen Burganlage.

Abb. 127 **Grenzstein aus dem Jahre 1872, als hier die Grenze zwischen den Königreichen Preußen und Bayern verlief.** (Foto F. Verse)

Abb. 128 **Blick auf den Kreuzberg. Auf dem niedrigen Berg am linken Bildrand liegt die Ruine der Osterburg.** *(Foto F. Verse)*

Folgt man dem Höhenweg weiter in Richtung Ulsterquelle östlich des Roten Moores, erreicht man nordöstlich der „Hohen Hölle" die eindrucksvollen Wälle einer Landwehr, den sogenannten Schwedenwall, an die zur zusätzlichen Verstärkung eine winkelförmige Schanze angesetzt ist (Abb. 129) **(6)**.

Von hier biegt der Weg kurze Zeit später nach Norden in Richtung Rotes Moor ab. Er führt durch ausgedehnte Waldgebiete, die heute völlig unbewohnt sind. Dies war jedoch im Mittelalter und der beginnenden Neuzeit anders. Noch heute kann man die Reste von Erzgruben, Kohlenmeilern, Glashütten und Töpfereien in den Wäldern entdecken. Auf dem östlich der Fulda gelegenen Schneeberg sind noch wenige Reste der Schneeburg zu erkennen. Dabei handelt es sich um eine ringförmige Befestigungsanlage, die einstmals ein Hauptgebäude sowie einen quadratischen Bergfried umschloss. Eine genaue Datierung der Burg ist nicht möglich, sie wird aber wahrscheinlich vom 12. bis 14. Jahrhundert bestanden haben **(7)**.

Auch mehrere alte Ortswüstungen sind heute längst wieder von Wald bedeckt (Abb. 130). Am bekanntesten ist die Wüstung „Rotenmohr" („Mohrdorf") südöstlich des Roten Moores **(8)**. „Mohrdorf" wurde im 16. Jahrhundert gegründet, aber bereits etwa 100 Jahre später im Zuge des 30-jährigen Krieges, wohl im September 1634, durch kroatische Reiterverbände geplündert und danach aufgegeben. Von den einstmals 36 Hofstellen sind noch immer einige im Gelände zu erkennen.

Von Mohrdorf ist es nicht mehr weit zur Ulsterquelle, die oberhalb von Wüstensachsen entspringt. Hier beginnt auch der Ulstertalwander- und -radweg. Der Ort Wüstensachsen wird erstmals 1141 erwähnt. Am Ostrand des Ortes lag einst eine Wasserburg, von der heute jedoch nur noch die Reste des Burghügels sowie der Ringgraben, der einst mit der Ulster verbunden war, schwach im Wiesengrund erkennbar sind **(9)**. Ihr genaues Alter ist unbekannt, allerdings wird erwähnt, dass Anfang des 16. Jahrhunderts das Burghaus durch Balthasar von Steinau erneuert wurde (⇒ Burgen in der Rhön, S. 201).

Abb. 129 **Blick vom „Schwedenwall" auf die beim Grenzstein winkelförmig nach rechts abknickende Schanze** *(Foto F. Verse)*

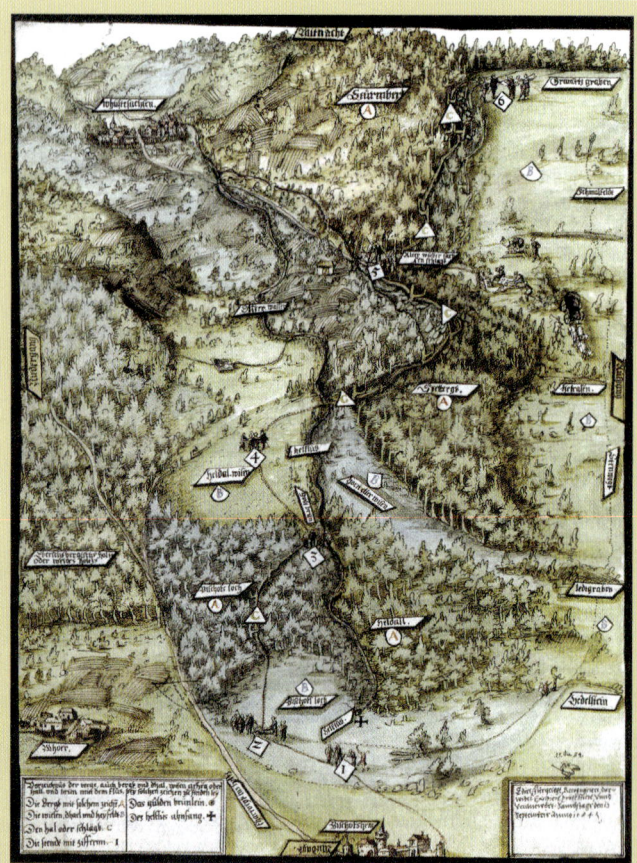

Abb. 130 **Karte des Würzburger Hofmalers Cay von 1584. Die Karte zeigt die Rhön zwischen Bischofsheim und Wüstensachen. Einige der verzeichneten Ortschaften sind heute verschwunden, darunter auch der Ort Mohrdorf (oberhalb der linken Kartenlegende gelegen).** BayHStAA München, Pls 10778.

Bei Findlos angelangt kann man einen kurzen Abstecher zur Ruine Eberstein machen **(10)**. Diese steht auf dem annähernd 670 m hohen Gipfel des Tannenfels, nordöstlich des Ortes Brand. Die Burg wurde im 12. Jahrhundert errichtet und war Stammsitz der Familie von Eberstein. Da sich die Ebersteiner zwischenzeitlich als Raubritter betätigten, wurde nach ihrer Niederwerfung 1282 der

Abriss der Burganlage verfügt. Da auch in späteren Zeiten immer wieder Steine der Burg für andere Bauten verwendet wurden, sind heute nur noch Reste der Umfassungsmauer, des Bergfrieds sowie wenige Mauerzüge der einstigen Innenbebauung zu erkennen (Abb. 131). Außerdem sind noch Überreste der Grabenanlagen zu finden, die einstmals die Burganlage umgeben haben (⇒ Burgen in der Rhön, S. 203).

Weiter führt der Weg nach Hilders. Östlich des Ortes, am Fuße des Galgenberges, wurden Steingeräte des Meso- und Neolithikums entdeckt, darunter Klingen und Pfeilspitzen aus Feuerstein. Besonders sehenswert ist jedoch die noch gut erhaltene Ruine der Burg Auersberg **(11)** nördlich von Hilders, östlich über dem Ulstertal. Die hohe Umfassungsmauer ist noch fast vollständig erhalten (Abb. 132). Die Burg besaß wohl keinen Bergfried und die wahrscheinlich aus Fachwerk bestehende Innenbebauung ist vollständig vergangen. Sie wurde zu Beginn des 12. Jahrhunderts errichtet, hatte aber vielleicht einen Vorläuferbau. Im Zuge der Bauernkriege wurde sie 1525 schwer beschädigt und nie wieder vollständig wiederhergestellt (⇒ Burgen in der Rhön, S. 203).

Abb. 131 **Mitten im Wald, teilweise unter den Wurzeln mächtiger Bäume begraben, liegen die Reste der Ruine Eberstein.** *(Foto F. Verse)*

Abb. 132 **Blick auf die Umfassungsmauer mit Aussichtsturm der Ruine Auersberg.** (Foto F. Verse)

Abb. 133 *Fundmaterial des frühmesolithischen Fundplatzes bei Lahrbach*
(Foto Z. Jez)

Herstellung von Steinäxten

Schleifen und Durchbohren von Steinäxten wird in Mitteleuropa ab dem Neolithikum beobachtet und fällt also mit der Sesshaftwerdung des Menschen zusammen. Die Herstellung einer Axt erfordert erhebliche Zeit, die für andere Aktivitäten, z.B. den Nahrungserwerb, ausfällt. Aus diesem Grund war es notwendig, die aufgewendete Zeit optimal zu nutzen und wenn möglich durch den Einsatz von Hilfsmitteln zu verkürzen. Zwei unfertige Äxte aus dem Landkreis Fulda gewähren einen guten Einblick in die Herstellungsweise.

Bei der Herstellung von Steinäxten gibt es zwei besonders problematische Momente. Zunächst könnte das Ausgangsmaterial Schwachstellen haben, die zunächst nicht zu sehen sind, später aber die Stabilität verringern. Außerdem kann die Axt durch die mechanische Belastung während des Bohrvorgangs brechen. Es spricht für die vorausschauende Planung der Steinzeitmenschen, dass diese beiden Arbeitsschritte vor dem zeitaufwändigsten, dem Schleifen, ausgeführt werden. Bei beiden Äxten kann man erkennen, dass sie zunächst nur grob in Form gebracht wurden, bevor die Bohrung begann. So war es möglich, die Qualität des Gesteins zu überprüfen, ohne dass der aufwändige Schleifprozess bereits begonnen werden musste.

Danach beginnt die Durchlochung. Das linke Stück zeigt eine Technik, bei der das Axtloch zunächst gepickt wird, um so schon einmal einen großen Teil des Steinmaterials zu entfernen, bevor abschließend die Wände geglättet werden. Das rechte Stück zeigt eine begonnene Durchbohrung mit einem Hohlkörper, z.B. einem Ho-

*Abb. 134 **Zwei unfertige Steinäxte aus Bad Salzschlirf (links) und Fulda (rechts)** (Foto Z. Jez)*

lunderzweig. Da Holz weicher ist als Stein, erfolgt die Durchbohrung mit Hilfe von Reibung, wobei der Zweig durch eine Bogenkonstruktion in eine schnelle Drehung versetzt wird. Dabei sitzt er nicht direkt auf dem Stein auf, sondern ist von diesem durch eine Quarzsandlage getrennt, um so für eine effektivere Reibung zu sorgen.

Erst wenn diese beiden Arbeitsschritte erfolgreich durchgeführt wurden, beginnt der Schleifvorgang, der zur Fertigstellung der Axt führt. Der erhebliche Arbeitsaufwand macht deutlich, dass Äxte ein wertvolles Arbeitsgerät darstellten, das sorgfältig behandelt wurde. Einige besonders aufwändig hergestellte Äxte haben vielleicht auch mehr als Prestigeobjekte oder Waffen denn als Arbeitsgeräte gedient.

Nördlich der Burg Auersberg befindet sich Lahrbach. Südlich des Ortes, in einem kleinen Seitental der Haune, dem Lahrbachtal, liegt an einer Quellmulde ein frühmesolithischer Fundplatz (12). Auf einer Fläche von 60 x 20 m wurden über 470 Artefakte aufgelesen (Abb. 133), darunter zahlreiche Mikrolithen, wie Dreiecksspitzen, Kratzer, Klingen und Rückenmesserchen. Bei dem größten Teil der Artefakte handelt es sich jedoch um Abschläge bzw. Absplisse, die als Abfallprodukte der Geräteherstellung im Gelände zurückblieben. Das Fundmaterial weist die Stelle als Schlagplatz aus, an dem unterschiedliche Geräteformen hergestellt wurden. Zumeist wurden dabei die kleinen Steingeräte mit Birkenpech an Holz befestigt, so dass schon im Mesolithikum verhältnismäßig komplexe Geräte hergestellt werden konnten. Der größte Teil der Artefakte stammt aus Steinmaterial, das in einem Umkreis von maximal 15 km um die Fundstelle herum ansteht. Lediglich das Feuersteinmaterial wurde aus größerer Entfernung herbeigeschafft. Einige lokale Feuersteinvorkommen stehen in Nordhessen bei Schwalmstadt-Ziegenhain und Fritzlar-Züschen an, andere befinden sich nördlich der Mittelgebirgsschwelle, wohin sie im Zuge der Vereisung während der Eiszeiten aus dem nordisch-baltischen Raum gelangten.

Der Weg führt nun östlich am Fuß des Habelberges vorbei, hinauf nach Tann. Der Habelberg (13) überragt das Ulstertal und bietet einen weiten Fernblick. Besonders auffallend sind die Felsklippen oberhalb des Ortes Habel (Abb. 135). Auf seinem Plateau wird eine eisenzeitliche Befestigungsanlage vermutet, von der aber nur wenige Reste oberhalb der Felsklippen im Bereich der einstigen Toranlage erhalten sind (⇒ Burgen in der Rhön, S. 195). Es erscheint unwahrscheinlich, dass das gesamte Plateau von einer Mauer umgeben war, stattdessen war wohl nur der Eingangsbereich entsprechend geschützt. Neben einigen Keramikscherben aus der Eisenzeit wurde ein keltisches Schwert einschließlich eiserner Schwertscheide auf dem Berg gefunden, das die Anbindung der Befestigung an den keltischen Kulturraum belegt (Abb. 136).

Abb. 135 *Die einstige Befestigung am alten Zugang zum Habelberg wird im Sommer von der Natur bedeckt und ist nur noch als Geländekante zu erkennen.* (Foto F. Verse)

Abb. 136 *Das Schwert aus der Keltenzeit wurde zusammen mit den Resten der eisernen Schwertscheide auf dem Habelberg gefunden.* (Foto Z. Jez)

In Tann angekommen, steht man inmitten eines malerischen Fachwerkstädtchens, das 1197 erstmals urkundlich als Stadt bezeichnet wird. Die Stadt war Stammsitz der Freiherren von der Tann, die noch heute in der Stadt eine Burg besitzen. Sehenswert sind auch ein kleines Freilichtmuseum mit insgesamt drei Bauerngehöften aus der Rhön einschließlich Haupt- und Nebengebäuden sowie ein Naturkundemuseum mit dem Modell einer altsteinzeitlichen Siedlungsstelle (Abb. 137).

Abb. 137 *Lebensbild eines eiszeitlichen Siedlungsplatzes im Naturkundemuseum Tann* (Foto Stadt Tann)

Die Kelten in der Rhön

W ährend der Latènezeit (450 bis 50 v. Chr.) zeigen verschiedene Zeugnisse der keltischen Kultur in der Rhön, dass neben den befestigten Höhen vor allem die Flusstäler besiedelt waren und weitreichende Kontakte zwischen Süd und Nord bestanden. Die hier in verschiedenen Zusammenhängen bereits besprochenen Fundplätze dieser Zeit, insbesondere jene mit charakteristischen Latèneerzeugnissen, sollen touristisch erschlossen und in einem thematischen Bildungspaket, das an Sachgruppen orientiert auch über die Zeit hinaus reicht, miteinander verknüpft werden. Fundstellen und Museen sowie ihnen verbundene kulturelle Einrichtungen und die Gastronomie sollen in Verbindung mit dem Naturraum für die Rhön werben und den Gästen den hohen kulturellen Wert der Landschaft vermitteln helfen.

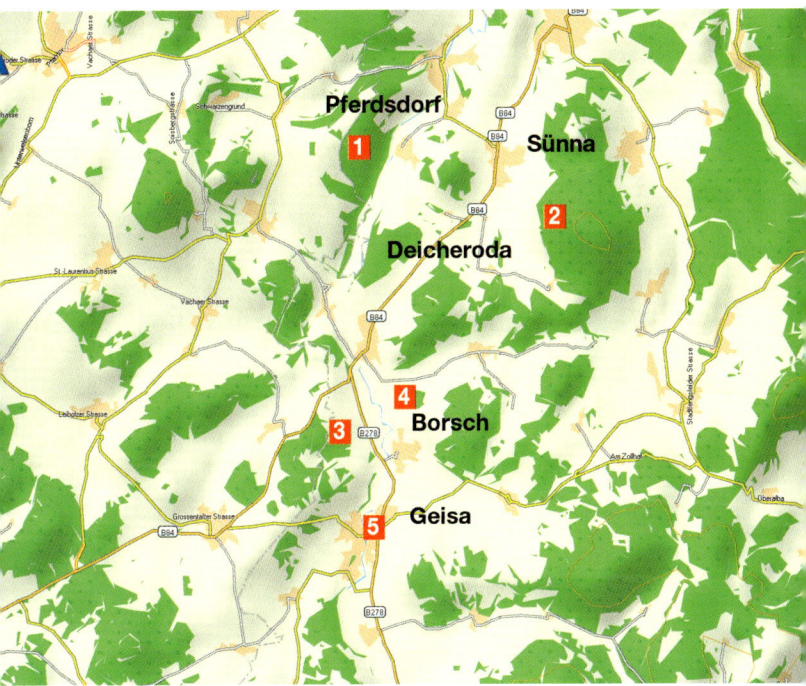

Der Rhönforum e.V. hat dieses Projekt auf den Weg gebracht und zeichnet für die Weiterentwicklung der „Rhöner Keltenroute" verantwortlich. Besonders besucherstarke Punkte der Route werden ausgebaut. Es ist eine Verbindung mit dem Keltenerlebnisweg, der seinen nordwestlichsten Punkt mit der Wallanlage auf dem Dolmar bei Meiningen (Übernachtungsmöglichkeit/Gastronomie im Charlottenhaus) erreicht, vorgesehen.

Ein zentraler Punkt des Projekts ist der Komplex archäologisches Denkmal Öchsen – Kelten-Hotel „Goldene Aue" – Kelten-Dorf bei Sünna an der B 84. Als nahe dabei liegende Plätze sind das bronzezeitliche Grabhügelfeld bei Pferdsdorf und die bedeutendste Latènefundstelle der Rhön in der Ulsteraue bei Borsch vom Hotel aus gut zu erreichen. Weitere Grabhügel liegen am Fuß des Dietrichsberges.

1 Pferdsdorf

Länge: 6 km
Schwierigkeit: mittel
GPS: 50.79384° N, 9.94430° O

Von Sünna gelangt man über die Ortsverbindungsstraße, nördlich am Ulsterberg (487 m) vorbei, Richtung Räsa nach Pferdsdorf. An der Ulster verläuft der Radweg, von dem aus bergan, aber gut ausgeschildert, die Grabhügel „Überm Haberts" zu erreichen sind. Im Wald östlich des Weges verstreut befinden sich noch sechs Grabanlagen, die zu einer ehemals größeren Nekropole gehören, die sich bis in die benachbarte hessische Ortsflur von Mansbach erstreckt. Ein von der Gemeinde angelegter und gepflegter Wanderweg führt von der Grenzstraße direkt ins Gräberfeld. Zwei Hügel sind, dicht beieinander liegend, gut ausgeschildert und mit einer Sitzgruppe versehen. Einer der Hügel war von Raubgräbern beschädigt worden und wurde deshalb zwischen 2009 und 2011 vollständig untersucht. Er ist noch offen und bietet heute einen Blick in seine Innenarchitektur. Über die Informationstafeln wird der Besucher über die Ergebnisse der Ausgrabungen von 1961 informiert. Damals wurden zwei Hügel geöffnet, die dem Ausbau der Grenze zum Opfer fallen sollten. Neben einem Silexgerät und Bronzeschmuck fanden die Ausgräber aus Weimar in der

Abb. 138 **Pferdsdorf, Grabhügel II während der Ausgrabung 1960** *(Foto Thüring. Landesamt für Denkmalpflege und Archäologie (TLDA)).*

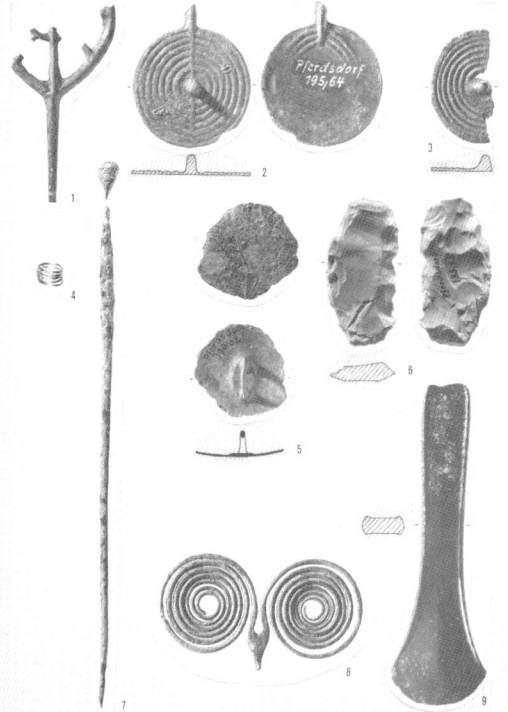

Abb. 140 **Goldring, Hügel I** *(Foto TLDA).*

Abb. 139 **Pferdsdorf, Funde aus den Grabhügeln I und II** *(Foto TLDA).*

143

zentralen Kammer des Hügels I einen goldenen Spiralring. Das fast unscheinbar kleine Schmuckstück gehört zusammen mit der Golddrahtspirale von Unterbimbach zu den ältesten Goldfunden der Rhön und datiert in das 15./14. Jahrhundert v. Chr.

Von Sünna führt die B 84 über Mosa nach Buttlar in das Ulstertal wo sie auf die B 278 trifft. Auch mit dem Fahrrad gibt es von Sünna nach Deicheroda eine Route abseits der Straße zum Ulsterradweg.

Abb. 141 Buttlar, Grabhügel auf dem „Lindig" (Foto TLDA).

2 Deicheroda

Länge: 3 km
Schwierigkeit: leicht
GPS: 50.77818° N, 10.01538° O

Etwa 2, 2 km südöstlich von Sünna in der Flur des Ortsteils Deicheroda liegen mehrere Grabhügel am Fuß des Dietrichsberges. Sie sind über einen Landwirtschaftsweg, der nach Norden aus Deicheroda heraus führt, nach 0,8 km zu erreichen. Mindestens ein Grabhügel mit 1,50 m Höhe und einem ovalen Grundriss von 11 x 8 m ist gut zu erkennen. Es fällt im Vergleich mit anderen Hügeln auf, dass große, wenig handliche Steinformate verwendet wurden. Ein weiterer ähnlicher Basaltsteinhügel und zwei kleine, sehr flache Hügel mit Durchmessern von etwa 6 m liegen in der unmittelbaren Umgebung ebenfalls waldgeschützt am westlichen Unterhang des Dietrichsberges.

Ebenfalls am Westhang des Dietrichsberges, etwa 500 m nordwestlich dieser Hügel, nahe der Ortsverbindungsstraße zwischen Sünna und Deicheroda, wurde im Jahr 2000 ein auf freiem Feld liegender, verschliffener, bereits stark gestörter Grabhügel ausgegraben. Er enthielt eine massive Basaltsteinpackung, die auf einen Hügeldurchmesser von 11 bis 12 m schließen ließ. Es wurden keine intakten Gräber gefunden. Technisch auffällige, weil sehr brüchige und grob gemagerte Keramik datiert in die Bronzezeit. Das Fragment einer Radnadel gehörte zu einem zerstörten mittelbronzezeitlichen Grab. Nach den Keramikfunden muss auch mit hallstattzeitlichen Nachbestattungen in dem Hügel gerechnet werden.

Aus der Ortsflur weist der Altfund eines halben Bronzehalsringes im plastischen Stil der Frühlatènezeit (Torques) auf Körperbestattungen des 4. Jahrhunderts v. Chr. hin. Sie sind auch als Nachbestattungen in den älteren Grabhügeln zu erwarten.

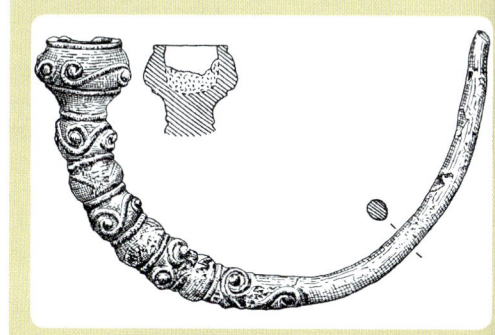

Abb. 142 **Deicheroda, Bronzehalsring der Frühlatènezeit.**

3 Borsch

Länge: 6 km
Schwierigkeit: mittel
GPS: 50.733317° N, 9.963064° O

Zwei Hügel liegen 2 km westlich des Ortes am Hainberg in ca. 360 m Höhe ü. NN in der Flur „Lonze"/„Am Klingraine" am Rand des Ulstertales. Die Hügel sind durch Bewaldung geschützt, aber dennoch als auffällige Geländeerhebung gut zu finden. Sie besitzen einen Durchmesser von 7 bis 9 m und eine Höhe von etwa 1,20 m. Es sind keine älteren Eingriffe oder äußere Beschädigungen sichtbar.

Ein weiterer Grabhügel unbekannter Zeitstellung liegt an der westlichen Gemarkungsgrenze von Borsch oberhalb des „Point Alpha" beim „Fischerhof" in ca. 390 m ü. NN auf dem Plateau des Rasdorfer Berges gut sichtbar am Weg. Der bestens erhaltene Hügel von etwa 0,8 m Höhe ist im Grundriss annähernd rund und besitzt einen Durchmesser von 6 bis 7 m. Ein zweiter Hügel befindet sich ca. 80 m nordöstlich im Wald. Die letzte Vermessung erfolgte 1961 durch ehrenamtliche Bodendenkmalpfleger.

4 Die Gräber in der Borscher Aue

Länge: 3 km
Schwierigkeit: leicht

In einem Waldstück etwa 1,5 km nördlich des Ortes liegen 2 einzelne Grabhügel in nach West geneigter Hanglage zur Ulster, ohne erkennbaren Bezug zueinander ca. 500 m voneinander entfernt. Hügel I wurde von „Schatzsuchern" bereits 1869 unsachgemäß geöffnet und damit zum größten Teil zerstört. Der Eingriff erfolgte durch die Anlage eines Schachtes vom höchsten Punkt des Hügels in das Zentrum seines Inneren. Die Kesselung des Hügels ist noch heute gut erkennbar. Durchaus logisch gedacht, vermuteten die Grabräuber die Bestattung in der Mitte des Hügels. Es ging ihnen um die zu erwartenden Beigaben.

Der Hügel kann aus den Resten im Gelände nur unsicher rekonstruiert werden. Wie auch der zweite Hügel in der Borscher Aue war er eher unscheinbar. Sein Durchmesser mag etwa bei 7 m gelegen haben. Die Höhe betrug ehemals nicht mehr als 1,2 m.

Der Hügel II ist ebenfalls alt gekesselt worden und so im Auewald nur schwer zu finden. Beide Grabhügel sind 1963 von ehrenamtlichen Bodendenkmalpflegern im Gelände neu aufgemessen worden.

Die meisten Grabhügel in der Umgebung sind größer und herausgehobener positioniert als die beiden Gräber in der Aue. Diese Beobachtung verdient Aufmerksamkeit, wenn wir einen Blick auf das überlieferte Fundmaterial aus Hügel I werfen.

Nachträglich gelangte Fundmaterial aus Grabhügel I in die Hände von Prof. Klopfleisch und damit in die Sammlung der FSU Jena.

Neben einem Keramikge-
fäß, Nadelholzpech, Teilen
eines eisernen Hiebmes-
sers und einem Bronze-
blech mit der Abbildung
eines Paarhufers waren es
die Reste einer bronzenen
Schnabelkanne, die dem
Grab aus der Borscher
Aue einen festen Platz in
der europäischen Latène-
forschung zu den frühen
Kelten sicherten. Die Raub-
gräber beschädigten die
ursprünglich vollständig
als Beigabe in das Grab gelangte Kanne. Es sind nur
Teile der Ausgusstülle und
der tiergestaltige Henkel
original erhalten. H. Storch
(Jena) rekonstruierte die

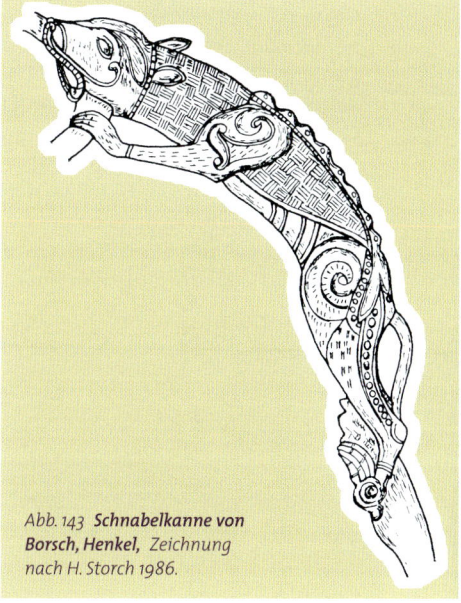

Abb. 143 **Schnabelkanne von
Borsch, Henkel,** Zeichnung
nach H. Storch 1986.

Kanne. Mit dem Gefäß haben wir das bisher einzige frühkelti-
sche toreutische Erzeugnis Thüringens vor uns. Die Gesamthöhe
beträgt 38 cm, der größte Durchmesser im Schulterbereich 23 cm
und das Fassungsvermögen liegt bei ca. 5 Litern.

Gefäße dieser Art sind Erzeugnisse keltischen Handwerks. Sie
folgen etruskischen Vorbildern. Die Borscher Kanne steht in der
Diskussion um die Entstehung der frühkeltischen Kunst in einer
Reihe mit vergleichbaren Funden aus fürstlichen Gräbern vom
Kleinaspergle (Ludwigsburg), Dürrnberg (Hallein/Österreich), Bas-
se Yutz (Dep. Moselle/Frankreich) und dem neuesten Fund vom
Glauberg in der Wetterau.

Mit der Kanne von Borsch, deren Fertigung einem einheimi-
schen Handwerker zugeschrieben wird, ist auch im Vergleich mit
anderen kunsthandwerklichen Erzeugnissen, beispielsweise den
bronzenen Vogelkopffibeln vom Kleinen Gleichberg bei Römhild,
das Datum für den Beginn der Latènezeit in Thüringen etwa um
450 n. Chr. festzusetzen. Die Schnabelkanne von Borsch stellt
einen der international bedeutenden archäologischen Funde Thüringens zur europäischen Frühgeschichte dar.

Geisa (5) wird mit seinem neuen Heimatmuseum in die Route einbezogen. Das muss auch deshalb geschehen, weil in der Umgebung nicht nur der Borscher Hügel, sondern noch eine Anzahl weiterer Grabhügel liegen, die möglicherweise eisenzeitlich sind und weil nahe der hessisch-thüringischen Landesgrenze bereits früher latènezeitliche Körpergräber mit Schmuckausstattungen geborgen wurden. Das Museum, mit dessen Eröffnung bis 2014 zu rechnen ist, wird sich neben der Darstellung ortsgeschichtlicher Themen auch der Besiedlung des Ulstertales in ur- und frühgeschichtlicher Zeit widmen ($\Rightarrow$ Burgen in der Rhön, S. 193).

Abb. 144 **Blick über Völkershausen zum Öchsen** (Foto TLDA).

Eine archäologische Wanderung
auf den Öchsen/Keltenpfad

Diese Wanderung kann ein Tagesausflug sein, sie kann aber auch als Abstecher und „Extratour" vom Ulstertalradweg aus durchgeführt werden.

Der Öchsen gehört zu Völkershausen und wird von dort über die ehemalige Steinbruchzufahrt erreicht. Besser ist es, den gut ausgeschilderten Weg von Sünna Richtung Kelten-Hotel zu benutzen. Die Verbindung des geschützten Bodendenkmals, in diesem Fall der prominentesten befestigten Höhensiedlung der thüringischen Rhön, mit dem zum Hotel gehörenden Kelten-Dorf ist eine besondere Empfehlung wert.

Der Öchsenberg (636 m) liegt 3 km südlich von Vacha. Vom Kelten-Hotel erschließt ein ausgeschilderter Wanderweg über die Paulinenquelle die erhaltenen Reste der Wallanlage und die durch den Steinbruch aufgeschlossene geologische Situation. Der Basaltabbau zwischen 1964 und 1990 hat unübersehbare Narben im Berg hinterlassen.

Die Route

Länge: ca. 17 km, der Kelten-Pfad ist auch vom Parkplatz am Kelten-Hotel aus in zwei kleineren Teilabschnitten von 6 bzw. 11 km zu erwandern.
Wegmarkierung: Rotes K
Schwierigkeit: mittelschwer
Höhenunterschied: 250 m
Startpunkt: Kelten-Hotel (GPS: 50.792969° N, 10.024633° O)
Einkehrmöglichkeit: Kelten-Hotel, Goldene Aue, 36404 Sunna und gleich nebenan das Kelten-Dorf. Das Kelten-Hotel ist täglich – ohne Ruhetag – geöffnet.

Da die Befestigung zu großen Teilen dem Steinbruchbetrieb zum Opfer fiel und auch durch neuzeitlichen Wegebau und Steinegewinnung verändert und älteres gestört wurde, muss streckenweise ergänzend rekonstruiert werden. Sicher ist, dass ein ovaler Ringwall existierte, der an der Nordwestseite offen ist. Dazu gibt es einzelne Wallabschnitte, die, wenn sie alt sind, keinen Ring mehr ergeben, sondern Teilflächen schützen. Der Zugang durch ein äußeres Tor befand sich auf der Südostseite. Auffällig ist die Konstruktion zum Ausbau und zur Sicherung der Quelle. Die bis heute gut zu erkennenden flachen Abschnittswälle folgen dem veränderten Quellaustritt von Süden bergauf (⇒ Burgen in der Rhön, S. 196). Der Wanderweg verläuft parallel.

Untersuchungen der Wälle haben gezeigt, dass die Befestigung ein aus den Basaltblöcken mit Geschick gepacktes, zu ebener Erde

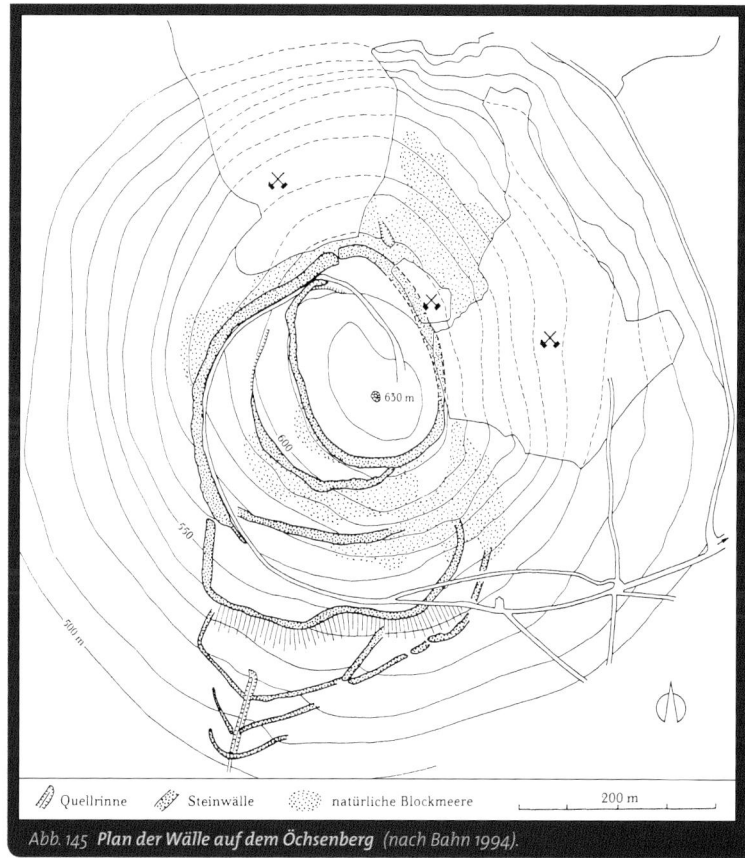

Quellrinne   Steinwälle   natürliche Blockmeere   200 m

Abb. 145 **Plan der Wälle auf dem Öchsenberg** *(nach Bahn 1994).*

gegründetes Trockenmauerwerk ohne Holzeinbauten war. Es gab mit dem industriellen Abbau auch mehrere kleinere Ausgrabungen. Alle verfügbaren Fragmente: älteres und neues Fundmaterial, vorhandene Literatur sowie historische Pläne und Karten wurden 1998 in einer Jenaer Magisterarbeit zusammengefasst vorgelegt.

Das Fundmaterial stammt nicht aus geschlossenen Kulturschichten, sondern hat sich hangabwärts umgelagert innen am Wallfuß angesammelt. Die ohnehin bescheidene Fundmenge nimmt nach unten noch ab. Nach der Keramik gibt es eine älteste Besiedlung oder Begehung des Berges am Ende der Jungsteinzeit. Die erste Befestigung wird in der Urnenfelderzeit erwartet. Auch aus der anschließenden Hallstattzeit gibt es Keramik, einen bronzenen Wendelring und Spinnwirtel. Nach den Funden – Drehscheibenkeramik, Lanzenspitze, Schwert, Rasiermesser u.a. – gab es eine starke Besiedlung während der Mittellatènezeit im späten 3. und 2. Jahrhundert v. Chr. Der Öchsen gilt als eine Befestigung mit der Aufgabe, das zur Werra bei Vacha führende Wegesystem zu schützen. Der Öchsenberg wurde verschiedentlich auch mit dem von Ptolemäus überlieferten Ort „Kanduon" identifiziert.

Der Öchsenberg, der nördlichste Gipfel der Rhön, beeindruckt durch seinen Panoramablick. Von ihm aus schaut man weit in das Werratal bis zum Kamm des Thüringer Waldes, zu den Gipfeln der Hohen Rhön oder zur Silhouette des Hessischen Kegelspiels. Der Öchsenberg ist trotz der vom industriellen Basaltabbau verursachten starken Beeinträchtigungen der Landschaft auf dem Weg einer natürlichen Renaturierung und mittlerweile ein beliebtes und auch landschaftsgeschütztes Wandergebiet.

Wenige Gehminuten bergab im Tal der Goldenen Aue sind das Kelten-Hotel und gleich nebenan das Kelten-Dorf zu finden. Beides liegt mitten im Wald.

Seit 2004 wird am Kelten-Dorf in Sünna gebaut. Das Gemeinschaftsprojekt von Förderverein, Gemeinde und Kelten-Hotel soll nicht nur zeigen, wie unsere Vorfahren gelebt haben könnten, sondern es soll zum Mitmachen beim Schmieden, Töpfern und Bogenschießen einladen. Es ist auch möglich, im urgeschichtlichen Ambiente des Kelten-Dorfes Übernachtungen und Feiern zu organisieren. In den Sommermonaten finden regelmäßig Führungen statt und Anfang August wird jedes Jahr ein großes Keltenlager abgehalten, wozu Besucher herzlich willkommen sind.

Im Jahr 2007 ist der Keltenpfad als zertifizierter Wanderweg eröffnet worden. Er verbindet alle Sehenswürdigkeiten, keltische Hinterlassenschaften und Aussichtspunkte auf insgesamt 17 km miteinander. Auf 24 Informationstafeln erfährt man viel Wissenswertes über Geschichte, Natur und Besonderheiten der einzelnen Wanderstationen. Der Keltenpfad ist auch vom Parkplatz am Kelten-Hotel aus in zwei kleineren Teilabschnitten von 6 bzw. 11 km zu erwandern.

Archäologisches Feldatal

V on der Mündung der Felda bei Dorndorf in die Werra bis Reichenhausen am Oberlauf im Süden erschließen die Bundesstraße 285 mit zahlreichen Ortsdurchfahrten und parallel dazu die ehemaligen Feldabahnstrecke das weite Flusstal in Richtung Süden. Aus den Ortslagen heraus sind viele der archäologischen Denkmäler über regionale Wanderwege, objektbezogen ausgeschildert, zu Fuß gut und per Rad meist schwieriger zu erreichen. Es geht aus dem Feldatal heraus und somit zumeist bergan! Ein entwickelter Orientierungssinn, ein guter Blick im Gelände und Kartenmaterial TK 25 und 10 sind unbedingt hilfreich. Wie eingangs erläutert sind die Radwanderkarte der Rhön, der Wanderführer 12 (Wartburgkreis Süd) mit GPS Koordinaten (WGS 84) und Kartenausschnitten, die auf die Einzeldenkmale fokussieren, nützliche Begleiter einer fachlich orientierten Wanderung oder Gruppenexkursion. Eine thematische Karte „Rhön für Entdecker" (2005) bietet länderübergreifend zahlreiche Tipps zu Gastronomie und kulturhistorisch interessanten, touristischen Zielen.

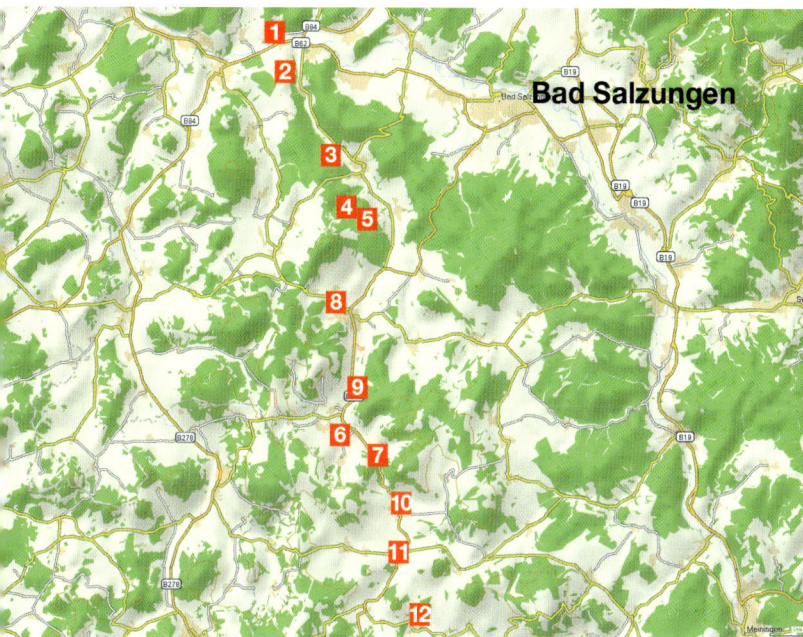

1 Dorndorf mit Ortsteil Kirstingshof

Der Platz hat als Ort der Einmündung der Felda in die Werra in ur- und frühgeschichtlicher und mittelalterlicher Zeit mindestens eine verkehrstechnische Bedeutung gehabt. Karl der Große schenkte 786 dem Kloster Hersfeld die Mark Dorndorf. Hersfeldische Ministerialen sind seit 1133 belegt. Die Saalkirche von 1728 hat einen romanischen Westturm und einen wehrhaft ummauerten Kirchhof. Nördlich der Werra in Kirstingshof wurden 1942 hallstattzeitliche Siedlungsreste mit viel Grobkeramik ausgegraben. Beim Ort steht auch die Henkerseiche (Gerichtsbaum), ein Naturdenkmal mit 7 m Stammumfang und 22 m Höhe.

2 Dietlas

GPS Schloss Feldeck: 50.816917° N, 10.080672° O

Das Schloss Feldeck wurde auf dem Standort einer mittelalterlichen Wasserburg erbaut. Von dieser ist heute nur noch eine

Abb. 146 **Schloss Feldeck in Dietlas** (Foto TLDA).

schwache Senke im Gelände als Überbleibsel des Wassergrabens erhalten. Das Schloss befindet sich heute in Privatbesitz. Ein viereckiger Turm, der sich in der Südwestecke des Innenhofes erhebt, wird als Wohnturm der spätmittelalterlichen Burg interpretiert. Diese wird erst im 14. Jahrhundert im Besitz der Herren von Frankensteins erwähnt. Bereits 1330 kam die Anlage in den Besitz der Henneberger und danach zu den Ernestinern. Von 1626 bis 1945 gehörte sie den Herren von Buttlar.

3 Stadtlengsfeld

Länge: 6–8 km
Schwierigkeit: mittel

Die 1235 als fuldaisches Lehen in den Händen der Herren von Frankenstein erwähnte Burg war ein Wasserschloss, das 1523 mit dem gesamten Lehen in den Besitz Ludwig von Boineburgs gelangte. Der Südostteil der Anlage brannte im 30-jährigen Krieg ab, Reste des Palas sind noch vorhanden. Im Norden der unregelmäßigen Anlage befindet sich das „Alte Schloss" mit Massivbau und einem Rundturm. Die Gräben wurden bis zum 19. Jahrhundert im Zusammenhang mit Umgestaltungsarbeiten zugeschüttet.

An der Hauptstraße markieren sorgfältig restaurierte Teile der Stadtmauer nur einen Rest der ehemals vorhandenen Befestigung und zugleich die Einfahrt in den historischen Ortskern.

Eine Grabhügelgruppe befindet sich 4 km nordwestlich vom Ort. Es gibt keine Funde. Die Gräber sind in die Mittelbronze- bzw. Hallstattzeit zu datieren. Die drei Hügel sind im Laubmischwald schwer zu finden und liegen abseits der befahrbaren Wege 1,2 km südöstlich von Dietlas am westlichen Rand des Feldatales. Ein ovaler Hügel ist mit einem Durchmesser von ca. 8x10 m und einer Höhe von 2 m gut erhalten. Zwei weitere Hügel sind beschädigt und mit 3 m Durchmesser sehr klein. Die jüngste Geländeerfassung der Hügel wurde 1978 vorgenommen. Eine Datierung erfolgt nach den allgemeinen Verbreitungsregeln von Hügelgräbern, die besagt, dass in der Landschaft besonders während der Mittelbronzezeit, zwischen dem 15. und 12. Jahrhundert v. Chr., und der Hallstatt- bis Frühlatènezeit, 7. bis 4. Jahrhundert v. Chr., Grabhügel errichtet wurden. Größe und Grundriss sprechen eher für eine mittelbronzezeitliche Einordnung der Hügel.

Abb. 147 **Mittelbronzezeitlicher Grabhügel bei Stadtlengsfeld, Gruppe 1** *(Foto TLDA).*

Eine zweite Grabhügelgruppe, die 5 Hügel umfasst, liegt 2,5 km südwestlich von Stadtlengsfeld im Laubmischwald etwa 0,6 km südlich des Bornkopfes. Ein weiterer einzelner gekesselter Hügel befindet sich in der südlich angrenzenden Flur „An der Kuhhalle" unmittelbar am Weg zum Bayershof. Die Hügelgruppe ist am besten über den Wanderweg von der Bushaltestelle Hohenwart aus zu erreichen. Zum Teil von Unterholz überwachsen sind die Gräber nicht leicht zu finden. Man muss den Weg verlassen und suchen. Ein noch frei liegender und einsehbarer, gut erhaltener Hügel ist etwa 1,9 m hoch und misst 13 m im Durchmesser. Zum Bau der Hügel sind handliche Buntsandsteine verwendet worden.

Alle Hügel sind durch alte Nachforschungen beschädigt und zum Teil abgetragen. Die letzte Geländeaufnahme und Vermessung erfolgte durch ehrenamtliche Bodendenkmalpfleger 1964 und 1978. Eine Datierung der Hügel in die Mittelbronzezeit wurde nach aus der Ortsflur bekannten Altfunden vorgenommen und ist nicht sicher.

4 Weilar

Länge: 8–10 km
Schwierigkeit: schwer
Einkehrmöglichkeit: Bayershof, 36457 Weilar
Startpunkt: GPS: 50.758322° N, 10.150156° O

Von Weilar beginnt der ausgeschilderte Weg auf den Baier am Parkplatz beim Sportplatz. Ein empfehlenswertes, weil gastronomisches, Wanderziel und zugleich Orientierungspunkt ist der Bayershof. Das großflächige Areal des Unterhangs des Berges trägt mehrere Grabhügelgruppen. Die genaue Zahl der Hügel ist wahrscheinlich nicht mehr zu ermitteln. Sie sind zumeist sehr flach und ihre Steinpackungen sind vor allem in der vegetationsarmen Zeit noch gut zu erkennen. Eine Grabhügelgruppe liegt nördlich vom Bayershof in der Flur „Dorniges Gehege". Drei der neun Hügel liegen dicht am Weg und sind gut zu finden. Der Durchmesser schwankt zwischen sechs und neun Metern. Südlich des Bayershofes befindet sich direkt an der Wegegabelung ein einzelner gut erhaltener Hügel mit einem Durchmesser von ca. 12 m.

Aus der Weilarer Flur wurden bereits 1836 mittelbronzezeitliche Funde gemeldet, die aus einem Hügel beim von Boineburgschen Gut stammten. Sicher ist eine Lokalisation der Altfunde heute nicht mehr möglich. Aber es liegt nahe, die meisten der Hügel am Baier im mittelbronzezeitlichen Zusammenhang zu sehen. Auch für den Berg selbst, der eine doppelte Ringwallanlage trägt, drängt sich eine Datierung in die Bronzezeit auf. Es gibt aber keine Funde aus dieser Zeit. Die wenige Keramik aus der Wallanlage mit Toren nach Süden wird in die Hallstattzeit gestellt (⇒ Burgen in der Rhön, S. 196).

Am Baier zeigt sich ein Forschungsproblem der mittelbronzezeitlichen Besiedlung der Rhön sehr deutlich: zu den durch bronzene Grabbeigaben gut datierten Grabhügeln um die Berge fehlt das gleichzeitige Fundmaterial aus den Siedlungen innerhalb der Wallanlagen, die als Wohnplätze zu den ausgedehnten Nekropolen und Einzelgräbern in Frage kämen.

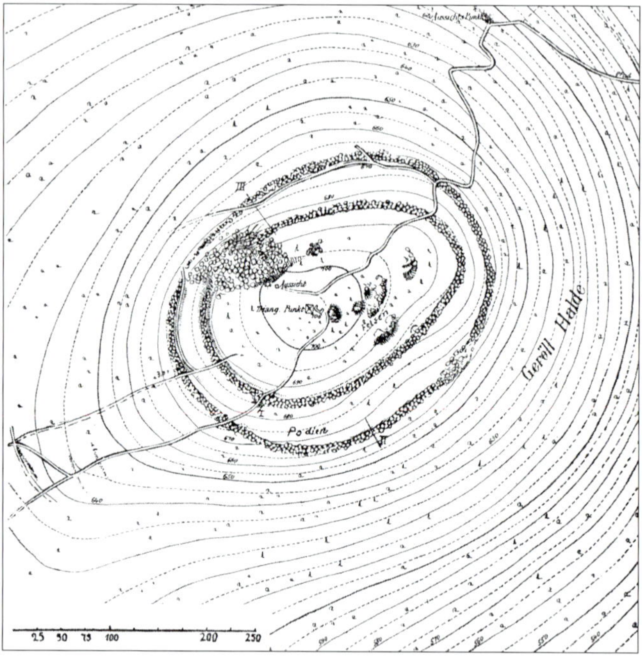

Abb. 148 (oben) **Plan der Wälle auf dem Baier** nach W. Lange.
Abb. 149 (unten) **Der Baier von Südsüdost** (Foto TLDA).

5 Ein neu entdeckter Holzbohlenweg

Länge: 6 km
Schwierigkeit: mittel

Im Sommer 2011 wurden durch starke Regenfälle und abflie-
ßendes Oberflächenwasser innerhalb eine Holwegezuges unterhalb des Baier, ca. 2,5 km westlich von Weilar ein 3,8 m breiter
Bohlenweg frei gespült. Die Ausgrabung erfolgte 2012. An einer
neuzeitlichen Datierung des Weges besteht kein Zweifel. Es ist
überliefert, dass die Wegbefestigung in einer bereits vorhandenen Hohlweg in den 30er Jahren des 20. Jahrhunderts gebaut
und bis in die 1950er Jahre benutzt wurde. Was den noch offen
liegenden Befund außerordentlich sehenswert macht, ist die gute
Erhaltung solcher in der Vergangenheit sicher häufig angewand-
ten Holzkonstruktionen. In Längsrichtung des Weges verlaufen
auf der Sohle eines älteren Hohlweges Nadelholzstämme, drei
nebeneinander, dazwischen zur Stabilisierung ebenfalls in Längsrichtung weitere Stangen, über die quer Spaltbohlen aus Fichten

Abb. 150 **Freilegung des Holzbohlenwegs unterhalb des Baier** *(Foto TLDA).*

Abb. 151 **Befund des Bohlenweges bei Weilar nach der Freilegung** (Foto TLDA).

und Lärchenholz genagelt wurden. Letztere diente als Unterbau für einen elastischen und ausgleichenden Belag der Fahrbahn. Dabei ist mit Schüttgut zu rechnen, das auch eine entsprechende Festigkeit entwickelte, um Fuhrwerke zu tragen ohne nachzugeben. In einem Aufbau von unten nach oben kämen Schotter und ein leicht abbindender (Kalk)Split als Decke in Betracht. Hält der Belag nicht, wird die Bohlenabdeckung sehr schnell abgenutzt, praktisch zerfahren. Reparaturen und auch Fahrspuren sind am Weilaer Bohlenweg deutlich zu erkennen. Der Grund den lange genutzten Hohlweg an dieser Stelle zu befestigen war die hohe Feuchtigkeit des Areals. Nahe am Weg treten bis heute Quellen aus, die auch über die vorhandene Wegesohle abfließen. Bei intakter Holzkonstruktion kann das Wasser unter der Fahrbahn ablaufen und der Weg bleibt passierbar.

Eine 4 m Strecke des noch erhaltenen ca. 36 m langen Bohlenweges liegt offen. Es gibt keine Sicherheit das fragile Baumaterial über die Zeit zu bringen. Deshalb wurde ein weiteres Stück zur Bewahrung wieder abgedeckt.

6 Diedorf

Länge: 5 km
Schwierigkeit: mittel
GPS Burgruine Fischberg: 50.655556° N, 10.118844° O

Die Ruine der mittelalterlichen Burg Fischberg liegt auf dem Bergsporn Höhn 510,8 m ü. NN zwischen Diedorf und Klings. Die Burg wurde 1330 (?) erbaut und soll 1512 zerstört worden sein, wird aber 1525 nochmals genannt. Sie hatte die Aufgabe, nahe vorbeiführende Verkehrswege und das Feldatal zu decken und war zeitweise auch Verwaltungsmittelpunkt.

Von der ehemaligen Kernburg sind bis heute Reste eines Turmes und eine Kelleranlage sowie Wall und Graben im Gelände gut erkennbar. Bis zum Anfang der 1990er Jahre waren weitere Abschnittswälle und die Vorburg als archäologisches Denkmal unter Schutz gestellt. Etwa 2/3 des ehemaligen Burgareals bis

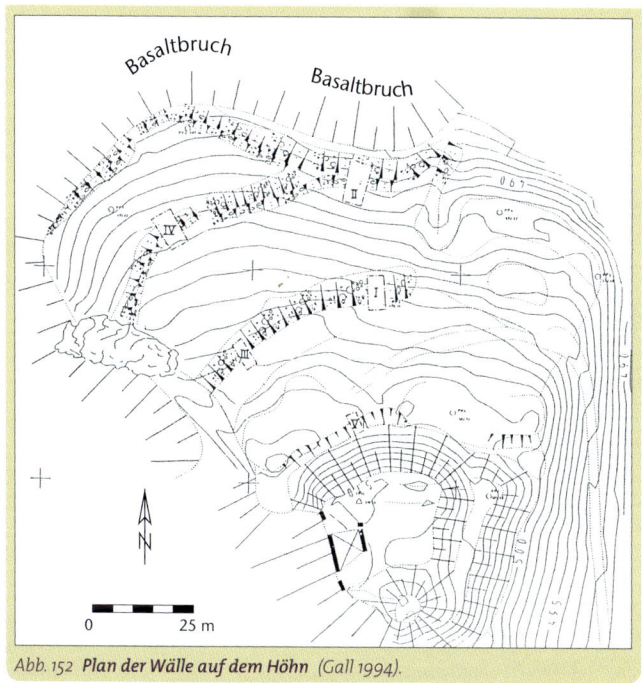

Abb. 152 **Plan der Wälle auf dem Höhn** *(Gall 1994).*

zur Höhenlinie 498 m fielen dem Basaltabbau zum Opfer. Vor Beginn des Abbaus wurden in den Jahren 1992/93 archäologische Ausgrabungen durchgeführt, die eine Sondierung der von der Zerstörung betroffenen Befestigungen zum Ziel hatten.

Das Fundmaterial zeigt, dass der Sporn bereits in der Spätbronze- bis frühen Eisenzeit eine Höhensiedlung trug, die mit Abschnittswällen gesichert war. Der nördlichste Wall, nach seiner Konstruktion eine Stein-Erde-Schüttung mit stabilisierenden Holzeinbauten, war in seiner Ursprünglichkeit erhalten und wurde im Mittelalter nicht mehr benutzt. Die Schnitte I und III der Ausgrabung zeigen im Profil eine Trockenmauer mit Vorderblende. Es fällt auf, dass die Mauerkonstruktion ohne Mörtel auskommt, was für eine ältere als die hochmittelalterliche Datierung spricht. Schnitt I erbrachte ein Profil, das mindestens zwei Bauphasen im Trockenmauerwerk erkennen lässt.

Der größte Teil des hangabwärts nach Norden umgelagerten Fundmaterials lag hinter den Wällen. Neben der Keramik datieren zahlreiche Eisenfunde, darunter zwei ältere Pfeilspitzen, Armbrustbolzen, ein Radsporn sowie eine Axt mit Schlagmarke in die historische Zeit der Burg Fischberg. Zwei Bronzearmringe sind die ältesten Funde vom Berg. Sie sind schon länger bekannt und wurden in die Mittelbronzezeit datiert. Mit ihnen könnte der Beginn der ältesten Besiedlung verbunden werden. Die Ringe können aber auch aus Gräbern stammen, die spätestens mit der Errichtung der Burg Fischberg zerstört wurden (⇒ Burgen in der Rhön, S. 200).

7 Fischbach

Länge: ca. 2,5 km
Schwierigkeit: mittel
GPS: 50.65893°N, 10.17334°O

Am Südhang des Schlageller über dem Sommertal liegen zwei Grabhügel in einer Höhe von 550−580 m ü. NN. Sie ragen bei einem Durchmesser von 7 und 10 m deutlich aus der Umgebung heraus. Die Steinpackung und Abdeckung lassen auf eine mittelbronzezeitliche Zeitstellung schließen. Der Platz ist vom Ort entlang eines etwa 2,5 km langen Wanderweges Richtung Norden durch das Sommertal zu erreichen. Am Weg unterhalb der Hügel entspringt die Quelle des Baches, in dessen Lauf Kaskaden zu beobachten sind, die auf eine rezente Travertinbildung zurückgehen. Die Situation zählt zu den besonderen geologischen Sehenswürdigkeiten des Wartburgkreises.

8 Dermbach

Länge: 2 km
Schwierigkeit: leicht
GPS Altes Schloss: 50.70735° N, 10.087761° O

Eine erste Kirche soll 825 auf der höchsten Erhebung des Ortes, von einer Burg beschützt, erbaut worden sein.

Der Ort wird 1186 erstmals erwähnt und ist 1317 im Besitz des Klosters Fulda.

Das „Alte Schloss" liegt auf einem Bergrücken südwestlich des Ortes. Das Gipfelplateau misst 29x25 m und wird von einem

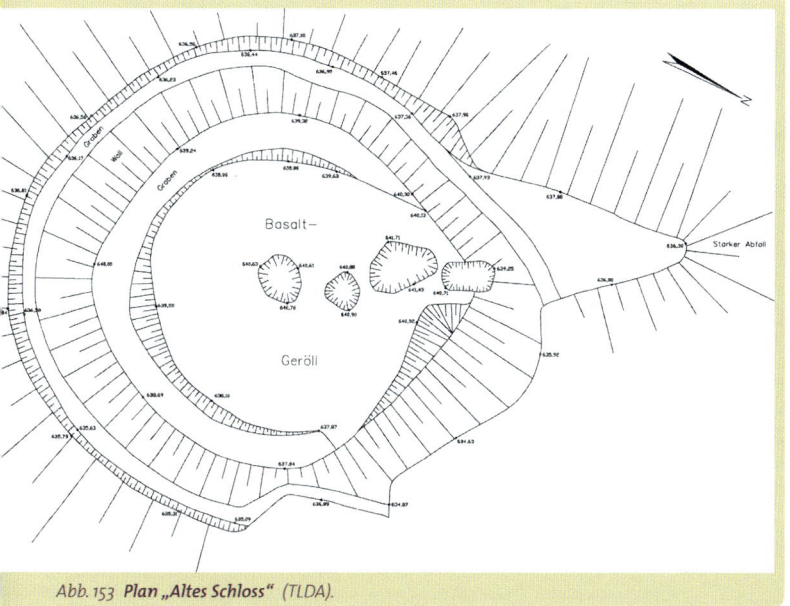

Abb. 153 **Plan „Altes Schloss"** *(TLDA).*

Wall-Grabensystem umgeben. Nach Norden, Süden und Westen ist davor ein zweiter Graben angelegt. Der ringförmige Grundriss lässt an eine hochmittelalterliche Anlage für einen kleinen Dienstadeligen denken. Eine Funktion der Burganlage war der Schutz der aus Fulda kommenden mittelalterlichen Handelsstraße, des Ortesweges (⇒ Burgen in der Rhön, S. 200).

Zusammen mit Zella und Roßdorf gehört Dermbach zum Operationsgebiet während eines Gefechts zwischen Österreichern und Preußen 1866.

9 Neidhartshausen

Schwierigkeit: mittel
GPS Taufstein: 50.67642° N, 10.13285° O
GPS Kloster Zella: 51.218508° N, 10.2751190° O

In der Flur sind drei Burganlagen zu besichtigen. Der „Taufstein" westlich des Ortes ist ein Turmhügel, der über den steil abfallen-

Abb. 154 **Turmhügel „Taufstein"** *(Foto TLDA).*

den Feldatalhang ragt. Mittelalterliche Anlagen dieser Art dienten als Warten zum Schutz des durch das Flusstal führenden Weges. Um zum „Taufstein" zu gelangen folgt man der Ausschilderung nach Südwesten aus dem Ort heraus zur Freilichtbühne. Auf dem Weg dorthin wird das Wiesengelände „Auf der Burg" passiert. Besonders von oberhalb dieser am Ortsrand gelegenen Fläche sind noch schwache konturierte Reste eines ehemals vorhanden gewesenen Grabensystems zu erkennen. Mit dem Burgareal wird das historisch überlieferte „Unterhaus" identifiziert. Dagegen liegt das mittelalterliche „Oberhaus" weiter östlich, noch über dem „Taufstein". Das Burggelände befindet sich auf einem Sporn, der zum Berg hin durch ein doppeltes Wall-Grabensystem geschützt wurde. Ab 1116 ist die Burg als Sitz eines Adelsgeschlechts beglaubigt, zu dem auch Erpho von Neidhartshausen gehörte, der während seiner territorialen Herrschaft auch das Kloster Zella gründete (⇒ Burgen in der Rhön, S. 205).

Das **Kloster Zella**, in dem heute die Verwaltung des Biosphärenreservats Rhön/Thüringen ihren Sitz hat, ist von Neidhartshausen mit einem kleinen Abstecher aus dem Feldatal heraus schnell erreicht. Ein Besuch des 1136 gegründeten Benediktinerklosters lohnt sich. Mit seiner Barockkirche und der Probstei strahlt die Anlage beeindruckend in das Land. Eine Ausstellung widmet sich dem Naturraum Rhön und bietet vielfältige Veranstaltungen.

Ausgrabungen hat es noch nicht gegeben. Allerdings steht eine Untersuchung des Klosterareals angesichts der frühen Gründung noch auf der Wunschliste der Archäologen.

10 Kaltennordheim

Schwierigkeit: mittel – schwer
Grabhügelfeld Riederholz:
Länge 6 km, GPS: 50.62036° N, 10.19909° O
Windbergsattel: Länge 4 km, GPS: 50.38265° N, 10.07789° O
Umpfenberg: Länge 8 km, GPS: 50.64669° N, 10.15927° O

In der Ortsflur befinden sich zwei altbekannte Grabhügelfelder. Das Grabhügelfeld im Riederholz liegt 3 km östlich des Ortes hinter dem Abzweig nach Kaltenlengsfeld an der Oberkatzer Straße.

Abb. 155 „Gekesselter" Grabhügel im Riederholz (Foto TLDA).

Ursprünglich wurden 21 Hügel gezählt, deren Verteilung sich bis in die Gemarkung Oberkatz, Landkreis Schmalkalden-Meiningen, erstreckte. Auf der Kaltennordheimer Flur sind im Laubmischwald heute noch 5 Hügel gut zu erkennen. Drei Hügel bilden eine kleine Gruppe. Etwa 350 m nordwestlich davon befindet sich der einzeln liegende „Fuchshügel", und am Nordrand des Laubmischwaldes auf der Flurgrenze liegt ein weiterer Einzelhügel. Alle Hügel zeigen starke äußere Beschädigungen, die durch frühere Nachgrabungen verursacht wurden. Am Südwestabhang des Hahnberges lag ein Grabhügel, im Volksmund „Leutnantsgrab" genannt, der bereits zu Beginn des 19. Jahrhunderts mit einem Kreuzschnitt untersucht wurde, ohne dass Funde gemeldet wurden.

Der „Fuchshügel" dürfte durch Fuchsbauten zumindest im Inneren stark zerstört sein. Dieser größte aller Hügel im Riederholz ist nicht wie im Volksmund überliefert für die Füchse geschaffen worden, sondern als bereits vorhandene Ruine einer Grabanlage von ihnen benutzt worden. Systematische Untersuchungen 1935 leitete Dr. Marquardt aus Meiningen im Auftrag Prof. Neumanns von der Universität Jena. Es wurde ein Grabhügel mit Basaltsteinpackung von etwa 9 m Durchmesser und 0,8 m Höhe ausgegraben. Dem Fundbericht ist zu entnehmen, dass der Hügel im Kern eine Brandbestattung mit Gefäßbeigaben enthielt und damit nach heutigem Wissensstand hallstattzeitlich (6. Jh. v. Chr.) war und dass drei Bronzearmringe sowie etwas Keramik auf ehemals vorhandene latènezeitliche Nachbestattungen in dem Hügel hinweisen könnten. G. Neumann begutachtete 1940 den Einzelfund einer bronzenen Sichel aus dem Areal, was verdeutlicht, dass auch ältere bronzezeitliche Gräber im Riederholz zu erwarten sind. Es kann auch davon ausgegangen werden, dass nicht nur die sichtbaren und die zerstörten Hügelgräber, sondern auch Flachgräber zwischen ihnen zu einer in der Hallstatt- bis Latènezeit und vielleicht auch in der Bronzezeit genutzten Nekropole gehören, die sich über die Flurgrenze hinaus in den Kreis Schmalkhalden-Meiningen erstreckt. Ein Plan des sehr weiträumigen Gräberfeldes wurde von Bodendenkmalpflegern 1963 angefertigt. Eine jüngere Geländeaufnahme der Grabhügel erfolgte 1976.

Das zweite Gräberfeld liegt auf dem Windbergsattel, nordwestlich des Ortes an der Flurgrenze zu Klings. Es umfasste ehemals mindestens sechs über ein weiträumiges Areal verstreut liegende Hügel. Ein Hügel wurde 1935/36 durch R. Karcher und W. Felsch ausgegraben. Je ein Hügel wurde 1927 beim Straßenbau und 1934 zur Steingewinnung zerstört. Der fachgerecht ausgegrabene Hügel enthielt acht Bestattungen, von denen sich im geringen Umfang Skelettmaterial erhalten hatte. Es waren Körperbestattungen, die in die Steinpackung des Hügels eingebracht worden waren. Die geschlechtsspezifischen Beigaben aus Bronze, mit denen die Gräber in die Mittelbronzezeit datiert werden können, hatten sich gut erhalten. Bei einer Frau (Bestattung 1) lagen paarweise Radnadeln, Armspiralen, eine einzelne Brillennadel und sechs Spiralröllchen. Bei einem Mann (Bestattung 8) fanden sich ein Beil und ein kleiner Dolch sowie eine Nadel, ein Arm- und ein Fingerring.

Der 1927 beim Straßenbau abgefahrene Hügel war aus handlichen Steinen gepackt noch 1,5 m hoch und hatte einen Durchmesser von 12 m. Das erhaltene Skelettmaterial gehörte zu mehreren Individuen. Darunter befand sich ein Rückenwirbel, in dem eine Pfeilspitze mit Widerhaken steckte. Dieser Befund wurde wie folgt beurteilt: „Die Pfeilspitze ist von hinten rechts zwischen dem oberen Gelenkfortsatz und der rechten Seitenmasse des Kreuzbeines eingedrungen und im Lendenwirbel stecken geblieben. ... Der Bestattete wurde von rückwärts getroffen, vermutlich in vorgebückter Stellung, ... Die Verwundung war keine tödliche, aber sie lähmte den Getroffenen. Ein längeres Leben war ihm nicht beschieden. ..." (s. Abb. 156). Die letzte Geländeaufnahme des Grabhügelfeldes nahmen ehrenamtliche Bodendenkmalpfleger im Mai 1962 vor. Ein Grabhügelmodell ist im Heimatmuseum von Kaltennordheim zu besichtigen.

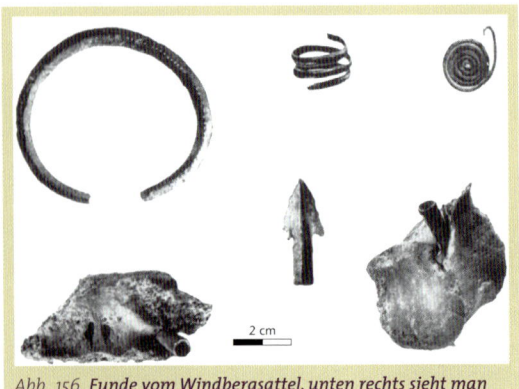

Abb. 156 *Funde vom Windbergsattel, unten rechts sieht man die Pfeilspitze im Wirbel* (Foto TLDA).

Der Umpfenberg (697 m ü. NN) liegt im nördlichsten Zipfel der Gemarkung Kaltennordheim. Bis in die 1960er Jahre wurde am Nordhang Basalt abgebaut. Entlang der 680 m Höhenlinie sind nach Süden und Westen noch Wallreste auf einer Länge von 300 m erhalten. Ein großer Teil des Walles fiel dem Steinbruchbetrieb zum Opfer. Eine historische Geländeaufnahme vor dem Steinbruchbetrieb aus der Zeit um 1904/05 zeigt einen im Norden offenen ovalen Ringwall. Sicher war die Gipfelbefestigung auch an dieser Steilstelle ehemals geschlossen und wurde erst mit dem Wegebau zum Aussichtspunkt planiert. Mit dem alten Plan wird auch die Größe der umwallten Innenfläche mit ca. 190x110 m erkennbar. Die wenigen oberflächlich aufgesammelten Keramikreste gestatten eine Datierung in die Spätbronze- bis ältere Eisenzeit.

Der Berg ist von Kaltenlengsfeld aus Richtung Osten auf einer ausgeschilderten Strecke von 2,5 km (grünes Dreieck), die stetig bergan führt, gut zu erwandern. Man hält sich unterhalb der Ski- und Wanderhütte und gelangt in den ehemaligen Steinbruch. Die Reste der Wallanlage liegen ca. 15 m höher auf der alten Oberfläche.

11 Kaltensundheim

Wehrkirche GPS: 50.607111° N, 10.159358° O

Im Ort ist die sehenswerte Wehrkirche unbedingt einen Besuch wert. Die Chorturmkirche von 1604 mit Turm von 1492 auf einem dominierenden Kalksteinfelsen ist von einer im Grundriss quadratischen 6 bis 7 m hohen Befestigungsmauer mit den Resten eines

Wehrturmes in der Nordostecke und einem Torweg im Süden umgeben.

Die Wehrkirche soll auf eine (Kirchen?)Burg mit doppeltem Mauerring, innen vier Ecktürmen und außen fünf Rondellen, zurückgehen.

Einen guten Klang hat der Namen des Ortes in der Frühgeschichtsforschung. In Kaltensundheim wurden Reihengräber des 7./8. Jahrhunderts ausgegraben, die für den frühen mittelalterlichen Landesausbau in der Rhön stehen könnten. Die daran beteiligten Siedler brachten die fränkische, aber auch die altthüringische Kultur in das Feldatal.

Zusammen mit Kaltennordheim und Kaltenwestheim wird der Ort zu jenen Ansiedlungen gezählt (heim-Orte), die mit der fränkischen „Staatskolonisation" im 8. Jahrhundert entstanden. Der Nachweis der oben genannten älteren Burganlage unter der spätmittelalterlichen Wehrkirche wäre mit Blick auf die Reihengräberfelder und damit nahe liegender Fragestellung eine Herausforderung für die Landesarchäologie.

12 Erbenhausen

Länge: 5 km
Schwierigkeit: schwer
Alte Mark GPS: 50.583044° N, 10.154492° O

Nordöstlich des Ortes, östlich an der B285, direkt auf der Flurgrenze zu Kaltensundheim liegt die Alte Mark. Sie trägt als markante Basaltkuppe (676 m) auf dem Gipfel eine Wallanlage, die mit 0,38 Hektar Innenfläche zu den auffallend kleinen Anlagen gehört (⇒ Burgen in der Rhön, S. 193). Von ihr aus ist das Quellgebiet von Felda und Herpf gut zu kontrollieren. Eine Untersuchung des Walles führte A. Götze im Jahr 1904 durch. Der Aufschluss ließ ein Trockenmauerwerk erkennen. Im Aushub wurde eine halbe Reibemühle und Keramik mit unregelmäßiger Strichverzierung gefunden. Die Funde datieren in die späte Bronze- und ältere Eisenzeit.

Die geringe Größe der Anlage könnte aber auch auf eine mittelalterliche Zeitstellung, vielleicht den Standort einer Warte zum Schutz der Wege im Tal, hinweisen. Die Alte Mark ist von Kaltensundheim und auch von Erbenhausen zu erreichen. Beide Wege heißen „Burgweg".

Appenwinden – eine spätmittelalterliche Wüstung vor den Toren Fuldas

Abb. 157 **Das obere Grumbachtal südöstlich von Pilgerzell.** (Foto U. Lange)

Viele Spaziergänger und Radfahrer, die vom Künzeller Ortsteil Pilgerzell in Richtung Weyhers unterwegs sind, kennen das stille und landschaftlich reizvolle Tälchen des Grumbachs südlich von Loheland. Nur wenigen dürfte bekannt sein, dass sich in den naturnahen Laubwäldern Reste eines untergegangenen Dorfes, einer Wüstung, verbergen. Erste Hinweise auf die Existenz von Appenwinden gibt die Topografische Karte 1:25.000 Blatt Fulda. Der dort eingetragene Flurname „Apewinde" lokalisiert die ungefähre Lage der einstigen Siedlung recht gut. Die Kartenausgabe mit Gemarkungsgrenzen zeigt für Pilgerzell in west-östlicher Richtung eine auffallend schmale Gemarkung. Offensichtlich wurden in historischer Zeit kleinere Gemarkungsteile einer alten, größeren Gemarkung angefügt.

Im Spätherbst und im Winter, wenn kein Laubkleid der Bäume den geübten Blick des Beobachters stört, lassen sich bei

Die Route
Länge: 4 km
Schwierigkeit: leicht
Einkehrmöglichkeiten: Gasthof zur Linde, Wernaustr. 7, 36093 Künzell-Pilgerzell

einer Geländebegehung auffällige Spuren einstiger landwirtschaftlicher Nutzung im Wald feststellen, z.B. die Reste ehemaliger Ackerterrassen oder parallel verlaufende, flache Bodenwellen, sogenannte Wölbäcker. Beide Reliktformen gehören mit großer Sicherheit zur Flur von Appenwinden. Es gibt sogar Hinweise auf die ehemalige Ortslage des Dörfchens. Sie hat sich zumindest in Rudimenten aufgrund der konservierenden Funktion des Walds erhalten. Im unteren Hangbereich, in der Nähe des nördlichen Quellastes des Grumbachs, fallen bei näherem Suchen zwei mal zwei Meter große, wannenförmige Hohlformen ins Auge. Sie deuten von Umfang und Tiefe her auf eingebrochene Kellergewölbe hin.

Bei Appenwinden handelt es sich offensichtlich um eine Totalwüstung. Sowohl die Ortschaft als auch die dazugehörige Wirtschaftsfläche, die Flur, müssen einem massiven Entsiedlungsprozess zum Opfer gefallen sein. In Osthessen fand diese von 1320 bis etwa 1470 statt und vernichtete in manchen Regionen bis zu 80% der hochmittelalterlichen Siedlungssubstanz. Schriftliche Nachrichten über die Existenz des alten Dorfes gibt es kaum.

Abb. 158 *Fossile Ackerflächen am Abhang des Herzbergs: breite, gewölbte, zum Teil schon verschleifte Hoch- oder Sattelbeete des späten Mittelalters durchziehen das flach auslaufende Waldgelände. Die nach dem Wüstfallen einsetzende allmähliche Verbuschung und Verwaldung des Areals konservierten die Agrarrelikte bis in die heutige Zeit. Eine genaue Datierung der Beete ist nur mit Hilfe von Bodenuntersuchungen möglich.* (Foto U. Lange)

Lübeck schreibt 1936 in seinem Aufsatz: „Alte Ortschaften des Fuldaer Landes, Bd. 2":

„Eine im Bereiche der alten Karlmannschenkung (743) gelegene Wüstung am Fuße des Florenberges. Der Ort begegnet erstmals im Jahre 1166 in einer Urkunde des ehemaligen Abtes Markward I. (1150–65), der nach seiner Abdankung Propst des Andreasklosters auf dem Neuenberge geworden war. Markward schenkte in dem

Abb. 159 *Große, zum Teil wohl behauene Steinblöcke liegen verstreut in der Nähe von vermuteten Hauspodesten. Das Material diente vielleicht als Fundament.* (Foto U. Lange)

genannten Jahre eine schon lange vor seiner Zeit wüst gewordene halbe Hube zu Pilgerzell dem Freien Adelbert, dem Sohne des Rudeger von Abbenwinden, zu Erbrecht für solange, als der Zins von vier Solidi rechtzeitig bezahlt und die üblichen Dienste pflichtgemäß verrichtet würden. Ferner wird 1308 das Dorf (villa) als unter dem Florenberge liegend erwähnt. Abt Johann übergab 1409 die Vogtei u.a. auch über die „villula" Appewinden der Propstei auf dem Neuenberge. Der Ort befand sich damals schon in einer absteigenden Entwicklung. Er war bereits völlig wüst geworden, als 1469 das Kloster Neuenberg „einen Flecken Strauch und Gebüsch zu Appenwinden in der Krumbach" zur Rodung hergab.

Auch schon 1384 scheint es zum mindesten teilweise wüst gewesen zu sein. In diesem Jahre nämlich bestätigte Hans von Rota, dass ihm der Abt Friedrich für Pferdeschaden und andere Ansprüche 50 „gute wichtige" Gulden zuerkannt und ihm als Unterpfand seine Rechte an den Wüstungen Ermbrechts und Appinwinden abgetreten habe."

Lübeck vermutet aufgrund der Endung „-winden" im Ortsnamen eine auf Slawen zurückgehende Siedlung, von denen es um den Florenberg mehrere gab. Das Grundwort „Abbo" oder „Appo" könnte seiner Ansicht nach auf den Führer einer slawischen Siedlungsgruppe oder auf den Grundbesitzer hinweisen, auf dessen Eigentum sie angesiedelt wurden.[1]

Lübeck datiert die Gründung des Orts ins ausgehende 7. Jahrhundert, also noch lange bevor das Kloster Fulda entstand. Die Vermutung Lübecks wird heute durch die Siedlungsforschung bestätigt. Danach sickerten im 6. und 7. Jahrhundert slawische Volksgruppen von Thüringen kommend in den von den Merowingern machtpolitisch nur schwach entwickelten ostfränkischen Raum, zu dem damals auch Osthessen gehörte. Appenwinden zählt daher zur ältesten Siedlungssubstanz unseres Raums.

Die Ortslage von Appenwinden lässt sich am Zusammenfluss der beiden Quelläste des Grumbachs annehmen. Dafür spricht neben den bereits eingangs erwähnten, in unmittelbarer Nachbarschaft gefundenen, eingebrochenen Kellerräumen die Nähe der Siedlung

---

[1] Ortsnamen, die auf slawische Besiedlung hindeuten, sind in Osthessen und im Gebiet der ehemaligen Reichsabtei Fulda, deren Grundherrschaft im frühen Mittelalter weit nach Osten über den Grabfeldgau bis an den Fuß des Thüringer Walds ausgriff, nicht so selten wie man vielleicht zunächst vermuten könnte. Auch lebten noch um 1000 etliche Slawen in einigen Dörfern der weiteren Umgebung von Fulda. Lübeck, 1931.

*Abb. 160 **Heute verläuft ein Forstweg parallel zur historischen Wegeverbindung von Fulda nach Weyhers. Im Hintergrund sieht man den markanten Florenberg bei Pilgerzell mit seiner alten Wehrkirche.** (Foto U. Lange)*

zur Grumbachquelle und damit zur Wasserversorgung. Auch standen die Hütten nach Süden exponiert und damit windgeschützt. Weiterhin spricht für diese These die Nähe der 200 m weiter nördlich verlaufenden Altstraße von Fulda nach Weyhers, parallel zum heutigen Forst- und Fahrweg. Zugleich könnte der letzte Faktor eine der Hauptursachen gewesen sein, die dazu beitrugen, dass Appenwinden im Laufe des Spätmittelalters aufgegeben wurde. Hierfür spricht die von Hildebrandt in teilweiser Anlehnung an Abel für den Hünfelder Raum aufgestellte Theorie für die Wüstwerdung weiter Teile Osthessens. Danach endete in Mitteleuropa zu Beginn des 14. Jahrhunderts eine während des gesamten Hochmittelalters anhaltende positive Kulturlandschaftsentwicklung. Sie führte zu einer massiven Ausweitung des Siedlungsnetzes. Ein jäher Klimaumschwung („Kleine Eiszeit"), gefolgt von schweren Missernten, Hungersnöten und schweren Pestepidemien, beendete die hochmittelalterliche Kolonisationsphase. Die drastischen Bevölkerungsverluste lösten schließlich eine schwere Agrarkrise aus, da viele städtische Bewohner als Konsumenten wegfielen. Die Getreidepreise sanken kontinuierlich und lösten eine Landflucht im Umfeld der Städte aus. Viele landwirtschaftliche Nutzflächen vor allem auf den wenig fruchtbaren Böden des mittleren Buntsandsteins mussten aufgegeben werden. Dieser sich schleichend vollziehende, sich über 150 Jahre hinziehende Wüstungsprozess beeinflusste letztendlich auch die soziale Situation der zahlreichen adligen Grundherren in Osthessen, die auf die Natural- und Geldabgaben ihrer Untertanen angewiesen waren. Die schrumpfende Landbevölkerung verstärkte die zunehmende Verarmung des Adels und förderte das um sich greifende Raubritterwesen insbesondere entlang der überörtlichen Verkehrsverbindungen.

Für die Bevölkerung von Appenwinden bedeutete wahrscheinlich die Nähe der Straßenverbindung von Fulda nach Weyers, wo sich der Stammsitz der Herren von Ebersberg befand, permanente Rechtsunsicherheit und leibliche Drangsal. Da lag es nahe, sich der sicheren Stadt Fulda anzuvertrauen, um den Widrigkeiten des Lebens auf dem Land zu entgehen. Außerdem bot das Stadtleben im Bereich des Gewerbes neue, lukrativere Existenzmöglichkeiten.[2]
(Lit.: Abel 1955; Hildebrandt 1971; Kiefer 1971; Lübeck 1931; 1934; 1936; Riebeling 1977; Schenk 2011.)

Abb. 161 **Mehr als 300 Jahre alt ist dieses Steinkreuz mit der Inschrift „BEDER MÖLLER 1695" am Weg von Pilgerzell in Richtung Loheland. Bei dem gut erhaltenen Denkmal handelt es sich wohl um ein Unfallkreuz (Riebeling, H.). Solche steinernen Mahnmale unterstreichen die überörtliche Bedeutung historischer Wegeverbindungen (⇒ Steinkreuze in der Rhön, S. 183).** *(Foto U. Lange)*

---

[2] Die Wüstung Schönstatt bei Traisbach (Gemeinde Hofbieber) am südlichen Abhang des Dammersbacher Forstes zeigt zur Wüstung Appenwinden erstaunliche Parallelen bezüglich ihrer Orts- und Flurlage sowie ihrer Einbettung in ein überörtliches Verkehrsnetz. Vermutlich führte an Schönstatt die alte Straße von Fulda nach Geisa vorbei (Kiefer, 1971). Wahrscheinlich sind auch die Ursachen des Wüstfallens bei beiden Ortschaften die gleichen.

Steinkreuze in der Rhön

ie Steinkreuze gehören zu einer großen Gruppe von Klein-
denkmalen wie es beispielsweise die historischen Grenzsteine sowie Erinnerungs- und Gedenksteine aller Art auch
tun. Im Gegensatz zu den meisten Objekten dieser heterogenen,
aber unbedingt schützenswerten Gruppe, die von der staatlichen
Bodendenkmalpflege bisher nicht systematisch erfasst wurden,
sind die bekannten Steinkreuze in Thüringen durch die ehrenamtlichen Bodendenkmalpfleger immer gut betreut in das Denkmal-
buch des Freistaates Thüringen eingetragen worden. Gleiches gilt
für die verwandten Kreuzsteine.

Nach vorhergehenden kleinräumigen heimatgeschichtlichen
Untersuchungen, hat Frank Störzner in den 70er und 80er Jahre
des vorigen Jahrhunderts eine systematische Erfassung der Steinkreuze und Kreuzsteine für Thüringen vorgenommen und sie in
zwei Katalogbänden vorgelegt. Auch die Steinkreuze Hessens
sind vielfach in der Heimatliteratur beschrieben. In zahlreichen
Dorfchroniken nehmen sie einen prominenten Platz ein. Zusam-
menfassend kann man sich aber am besten in der Arbeit von
H. Riebeling aus dem Jahr 1977 über die Steinkreuze und Kreuzsteine in Hessen informieren bzw. in dem 1999 erschienenen Buch
von J. Reinhardt über dieselbe Denkmalgruppe in der Rhön. Einen
überaus informativen deutschlandweiten Überblick zum Thema
Sühnekreuze mit zahlreichen Einzelbeschreibungen kann man
auch im Internet unter www.suehnekreuz.de bekommen.

Steinkreuze sind eine vergegenständlichte Quelle zur mittelalterlichen Rechtsgeschichte.

Einem unvermittelt und ohne christlichen Beistand zu Tode
gekommenen Menschen, das konnte durch einen Unfall oder
durch ein Verbrechen passiert sein, wurde mittels einer Sühne-
maßnahme durch die Aufstellung eines Steinkreuzes nachträglich
christliches Recht gewährt. Vermittler zwischen dem Opfer und
den Verursachern und/oder den Hinterbliebenen war die Kirche.
Sie legte das Maß der Sühne fest. Die Umsetzung erfolgte in der
Regel am Ort des Geschehens. Folglich erzählt ein Steinkreuz, vorausgesetzt sein Standort ist der ursprüngliche, immer von einer
tragischen Begebenheit mit Todesfolge. Die Geschichte darüber
ist an den Platz gebunden, nur dort ist das Steindenkmal origi-
när. Eine Entfernung vom Originalstandort entwertet die Quelle,

wenn das Kreuz nur um seiner selbst willen abtransportiert und irgendwo anderweitig als immer noch kunsthistorisch wertvolles Original neu aufgestellt wird. Allerdings ist das Geschehen, das zur Aufstellung führte, oft nicht mehr bekannt. Es gibt mündliche Überlieferungen, oft sagenhaft, die eine kleine Geschichte erzählen, die Vorgänge aber nur sehr ungenau überliefern oder gar frei erfinden. Selten bezeugt Archivmaterial, wichtig sind z.B. Aufzeichnungen in Kirchenbüchern, die Umstände, die zur Aufstellung eines Steinkreuzes führten.

Manche Kreuze wurden auch später noch mit Inschriften versehen, die keinen Bezug mehr zu ihrer Aufstellung besaßen. Sie wurden auch umgesetzt, um als Wegweiser oder Grenzsteine nachgenutzt zu werden.

Mit der Einführung der ersten Reichsstrafgerichtsordnung der „Lex Constitutio Criminalis Carolina" im Jahr 1532 endete das Sühnerecht, lag ein Gesetzestext vor, der säkular ausgerichtet war.

Auch noch nach der Reformation werden vereinzelt Steinkreuze aufgestellt. Der fortlebende Brauch hält die Verbindung zum ursprünglichen Inhalt. Heute sind die Kreuze für die Unfallopfer an unseren Straßen eine ereignisbedingte Wiederaufnahme des alten Gedankens, neben der Erinnerung und dem Gedenken an die Verstorbenen, dem völlig unvorhergesehenen und unerwarteten Tod etwas entgegen zu setzen.

Steinkreuze und Kreuzsteine in Thüringen

Bad Salzungen. Standort: Im Grundhoftal auf der östlichen Böschung der Straße L 2895 nach Möhra etwa 300 m nördlich der Einmündung in die Landstraße Bad Salzungen Unterrohn. Im Kreuzungsfeld ist ein Wappenstechschild mit quer geteiltem Wappenfeld und Helm, darunter „G M" und rechts neben dem Schild „V" eingearbeitet. Die historische Überlieferung berichtet, dass

177

im Tal zur Gefangennahme Martin Luthers 1521 ein Trupp Ritter postiert war. Einer von ihnen wurde vom Schlag getroffen und verstarb an jener Stelle, wo der Stein steht. Mündlich überliefert ist auch, dass das Kreuz den Ort einer Schlacht kennzeichnet. (Lit.: Störzner 1988, 121 f.)
GPS: 50.49330° N, 10.13407° O

Bermbach. Standort: 600 m östlich des Ortes an der Straße nach Borbels. In die nach Nordosten weisende Fläche des Sandsteinkreuzes wurde zentral ein viergeteiltes Quadrat eingearbeitet (christliche Symbolik?). Über den Scheitel des Kreuzes verlaufen zwei Querrillen. Es ist überliefert, dass das Steindenkmal die Grabstätte französischer Soldaten aus den Befreiungskriegen markiert. (Lit.: Störzner 1988, 121)
GPS: 50.75020° N, 9.99793° O

Bettenhausen. Standort: im Ort an der südöstlichen Friedhofsmauer. Das Kalksteinkreuz in lateinischer Form steht neben dem Friedhofseingang. Auf der Nordwestseite des Querbalkens ist die Jahreszahl 1523 eingearbeitet. Das Kreuz wurde 1980 am jetzigen Standort neu aufgestellt. (Lit.: Störzner 1988, 110)

Birx. Standort: etwa 800 m südwestlich des Ortes Richtung Seiferts. Ein Sandsteinkreuz in lateinischer Form steht auf der hessisch-thüringischen Landesgrenze und wurde als Grenzstein nachgenutzt (GSW/KP). Eine Jahreszahl könnte als 1484 gelesen werden. (Lit.: Störzner 1988, 110)

Frankenheim. Standort: 700 m südwestlich des Ortes im Feld. Das Steinkreuz in lateinischer Form wird auch Schwedenkreuz genannt. Ursprünglich verlief an der Stelle ein Weg. Es ist mündlich überliefert, dass am Ort ein Ritter im Kampf gefallen sein soll. Auch wird berichtet, dass an der Stelle ein schwedischer Offizier aus dem Dreißigjährigen Krieg begraben liegen soll. (Lit.: Störzner 1988)

Helmershausen. Standort: im Ort – Untere Gasse. Im Kreuzungsfeld des eingemauerten Sandsteinkreuzes ist ein stilisierter Spinn-
rocken eingeritzt. Mündlich überliefert ist, dass dieses Kreuz an
einen erschossenen Soldaten (1866?) erinnert und mit Bezug auf
das Bild, dass an dieser Stelle eine Spinnerin ermordet wurde.
(Lit.: Störzner 1988, 112)

Henneberg. Standort: am südwestlichen Ortsrand, Obere Gasse,
am Weg nach Herrmannsfeld. Es ist mündlich überliefert, dass
an der Stelle ein Mädchen erstochen wurde. (Lit.: Störzner 1988,
113)

Oberweid. Am nordwestlichen Ortsrand sind zwei Kreuze in der
südlichen Friedhofsmauer im Abstand von 9 m zueinander verbaut. (Störzner 1988, 114 f.)
   Etwa 200 m nördlich des Ortsrandes steht ein weiterer Kreuz-
stein ca. 100 m hinter einer Abzweigung von der Straße nach
Kaltenwestheim. Der Stein wurde zum Gedenken an den im De-
zember 1798 erfrorenen Postboten Johannes Herpich errichtet.
(Lit.: Störzner 1988, 115)

Rippershausen. Standort: etwa 800 m nordwestlich des Ortes
am Fußweg nach Solz. Das Schwedenkreuz genannte Denkmal
ist aus Sandstein und hat eine lateinische Form. Es ist 0,8 m hoch
und weist alte Kantenabschläge auf. Überliefert ist (1767) der
Unfalltod des Visitators Philipp Schenk von Schweinsberg im Jahr
1567. (Lit.: Störzner 1988, 115 f.)

Utendorf. Oberhalb des Ortes ist ein Kalksteinkreuz neben dem
Eingang in die Kirchhofsmauer eingefügt. Im Kreuzteil ist „1584/
BB" eingearbeitet. (Lit.: Störzner 1988, 118)

Wasungen. Am südöstlichen Ortsrand in der östlichen Friedhofsmauer sind zwei Sandstein- und ein Kalksteinkreuz in jeweils
lateinischer Form eingebaut worden. (Lit.: Störzner 1988, 119)

Steinkreuze und Kreuzsteine in Hessen

Bad-Hersfeld. Standort: in den Anlagen zwischen Stiftsbezirk und Vitalisstraße (das Original befindet sich im Städtischen Museum).

Das Sühnekreuz steht auf einem Sockel aus dem Jahre 1878, auf dem die Ereignisse der Vitalisnacht aufgeschrieben wurden, weswegen es auch „Vitaliskreuz" genannt wird. Arme und Schaft sind achtkantig ausgeführt, mit dornähnlichen Spitzen an der Innenseite. Das Kreuz war vielleicht ursprünglich Teil eines gotischen Kirchenbaus. Es steht an der Stelle, an der Ritter Eberhard von Engern bei der Erstürmung der Stadt 1378 von einem Pfeil tödlich getroffen wurde. (Riebeling 1977, 110 f.)
GPS: 50.86688° N, 9.70008° O
Am Marktplatz neben dem Lingg-Denkmal steht ein weiteres Steinkreuz, das sogenannte Lulluskreuz. (Lit.: Riebeling 1977, 111)
GPS: 50.86748° N, 9.70435° O

Fulda. Standort: in eine Einfriedungsmauer an der Straße „Abtstor" eingemauert, direkt neben der gleichnamigen Bushaltestelle. (Lit.: Reinhardt 1999, 90; Riebeling 1977, 137)
GPS: 50.55260° N, 9.67086° O
Standort: auf der Brücke der Langebrückenstraße.
Das Sühnekreuz steht auf einem Sockelstein, auf dem ein Wappen, ein Beil und eine Hand dargestellt werden. Darauf liegt ein Querbalken mit den Wappen von Georg Schenk zu Schweinsberg (links) und Hermann von Clauer (rechts). Der darauf stehende Stein zeigt das säulenflankierte Wappen von Fürstabt Balthasar von Dernbach oder Fürstabt Wolfgang Schutzbar, genannt Milchling. Das bekrönende Kreuz wurde später erneuert. Das Kreuz erinnert der Sage nach an einen Baumeister, dem die Hand abgeschlagen wurde, da er aus Rache den Bauschmuck der Brücke an der Langebrückenstraße zerstörte, weil ein Konkurrent den Auftrag zum Bau derselben bekommen hatte. (Lit.: Reinhardt 1999, 85; Riebeling 1977, 139)
GPS: 50.55470° N, 9.66497° O

Fulda-Lüdermünd. Standort: rechts der Straße von Lüdermünd nach Hemmen, an der Grenze zum Vogelsbergkreis
Das Grenz- und Friedenskreuz wurde im Jahre 1383 errichtet. Das verzierte lateinische Kreuz steht auf einem hohen Sockel. Auf beiden Seiten des Kreuzes ist das Wappen der Herren von Görtz

zu Schlitz dargestellt. Auf der Vorderseite wird es von Topfhelm und Adler bekrönt und von zwei fuldischen Kreuzen flankiert, auf der Rückseite wird es von drei Kreuzen und einem Schwert umgeben. Auf dem Sockel sind zwei leere Figurennischen sowie erneut Kreuze und Wappen der Herren von Görtz aufgebracht. Eine heute kaum noch zu lesende Inschrift erinnert an den Tod des Probstes Winhihlus. Das Kreuz wird schon in der Inschrift als Friedensmal bezeichnet und ist gleichzeitig Grenzstein zwischen Fulda und Schlitz. (Lit.: Reinhardt 1999, 125 f.)
GPS: 50.61385° N, 9.61452° O
⇒ Rund ums Lüdertal (S. 58)

Gersfeld-Altenfeld. Standort: kurz hinter dem Ortsausgang an der B 279 Richtung Gersfeld. Ursprünglich soll es talwärts in den Wiesen an der Fulda gestanden haben. (Lit.: Reinhardt 1999, 117; Riebeling 1977, 145 f.)
GPS: 50.45380° N, 9.85152° O

Gersfeld-Dalherda. Standort: außerhalb des Ortes, rechts der Straße nach Schmalnau (Lit.: Reinhardt 1999, 116; Riebeling 1977, 145).
GPS: 50.42408° N, 9.81948° O

Gersfeld-Rommers. Standort: im Rommerser Grund, bei der Wüstungskirche unterhalb der Straße Gichenbach-Gersfeld.

Das Sühnekreuz hat einen gerundeten Kopf und einen beschädigten Arm. Auf der Vorderseite wurde ein langer Dolch bzw. ein Schwert eingerillt. An dieser Stelle sollen sich Vater und Sohn ohne sich zu erkennen gegenseitig im Kampf um ein Burgfräulein umgebracht haben. Eine andere Sage spricht von Soldaten, die bei einem Trinkgelage in Streit gerieten und sich umbrachten. (Lit.: Reinhardt 1999, 119; Riebeling 1977, 146)
GPS: 50.42692° N, 9.88342° O
⇒ Das Ulstertal (S. 127)

Großenlüder-Lütterz. Standort: nördlicher Ortsausgang links des Weges zum Schmerhof.
Das kleine Sühnekreuz träge eine nicht mehr entzifferbare Inschrift, die vielleicht aus dem Jahr 1622 stammen könnte. An dieser Stelle sollen sich zwei Männer gegenseitig erschossen haben. (Lit.: Riebeling 1977, 137)
GPS: 50.59707° N, 9.59381° O
⇒ Rund ums Lüdertal (S. 58)

Großenlüder-Unterbimbach. Standort: am Ortsausgang Richtung Maberzell an der B 254.
Das Sühnekreuz zeigt eine stark verwaschene figürliche Darstellung, bei der es sich um Christus am Ölberg mit schlafendem Jünger oder Engel handeln soll. Das Kreuz soll angeblich an zwei Frauen erinnern, die an dieser Stelle beim Grasmähen in Streit gerieten und sich gegenseitig mit ihren Sicheln töteten. (Riebeling 1977, 137; Sturm 1962).
GPS: 50.57393° N, 9.58862° O
Standort: in die Außenmauer des Hauses Fuldaer Straße 49 eingemauert.
Das Steinkreuz zeigt eine nach oben geöffnete Schneiderschere im Kreuzungsfeld. An dieser Stelle sollen zwei Frauen wegen der Grasnutzung in Streit geraten sein. Obwohl es zu keinen Tätlichkeiten kam, soll das Kreuz zur Besiegelung eines Gelübdes aufgestellt worden sein. (Lit.: Riebeling 1977, 137)
GPS: 50.57620° N, 9.57908° O
⇒ Rund ums Lüdertal (S. 58)

Hilders. Standort: im Ort an der Ulsterbrücke.
Ursprünglich soll es an der Ulster nördlich von Hilders am Weg nach Aura gestanden haben. Das Steinkreuz hat eine Nische in gotischer Form im Kreuzungsfeld. Auf den Armen sind ein Wappen und eine nicht mehr entzifferbare Inschrift in gotischer Schrift angebracht. Es soll an eine Burgfrau der Auersburg erinnern, die bei der Überquerung der Ulster ertrank, während ihr gottesfürchtiger Kutscher überlebte. (Lit.: Riebeling 1977, 140)
GPS: 50.57055° N, 9.99937° O
⇒ Das Ulstertal (S. 127)

Hünfeld-Großenbach. Standort: außerhalb des Ortes rechts der Straße zur B 84.
Das stark verwitterte Kreuz lässt deutliche Schleif- und Wetzspuren erkennen. Außerdem sind auf der Rückseite ein kleines Kreuz und ein Winkelhaken eingetieft. (Lit.: Reinhardt 1999, 74; Riebeling 1977, 127)
GPS: 50.68856° N, 9.79337° O
⇒ Zwischen Hünfeld und Rasdorf (S. 96)

Künzell-Pilgerzell. Standort: südöstlich des Ortes links des Wegs nach Loheland, am Rand der Wüstung Appenwinden.
Im Kreuzungsfeld des Steinkreuzes steht in einem eingeritzten Rahmen die Inschrift „Beder Möller 1695". Es soll an den Unfalltot eines Peter Möller an dieser Stelle erinnern. (Lit.: Reinhardt 1999, 93; Riebeling 1977, 138)
GPS: 50.51053° N, 9.75633° O
⇒ Wüstung Appenwinden (S. 170)

Tann. Standort: drei Kreuze an der Friedhofsmauer; zwei an der Außen-, eines an der Innenseite.
Ein Kreuz in der Außenmauer hat eine leichte Malteserform. Das Kreuz in der Innenmauer besitzt ein ausgehauenes lateinisches Mittelkreuz. Alle drei Kreuze waren wahrscheinlich ursprünglich Grabkreuze. (Lit.: Reinhardt 1999, 77 f.; Riebeling 1977, 128)
GPS: 50.64488° N, 10.02252° O
⇒ Das Ulstertal (S. 127)

Wehrhafte Kirchen in der Rhön

Die zahlreichen Dorfkirchen der Rhön sind immer einen Besuch wert. Viele von ihnen sind auch in den letzten Jahren fachgerecht und aufwändig restauriert worden und stellen ein attraktives Tourismusangebot dar.

Ein Phänomen des südthüringischen und osthessischen Raumes, weil eine besondere Quelle zur Regionalgeschichte, sind die von den Gemeinden wehrhaft gemachten Kirchen. Es ist interessant, dass sich in der thüringischen Rhön die Bezeichnung Wehrkirche für dieses Phänomen durchgesetzt hat, während in Osthessen zumeist von Wehrfriedhöfen gesprochen wird. Beide Begriffe sind, folgt man den baulichen Merkmalen der Einzelbeispiele, noch in der Diskussion. Sie verkörpern ein militärisch-defensives Konzept, das im geistig-religiösen und oft auch räumlichen Mittelpunkt der Gemeinde von einer bäuerlichen Bevölkerung umgesetzt wurde. Überwiegend sind es die Kirchhöfe, die durch eine Mauer mit verschiedenen fortifikatorischen Elementen versehen sind und einigen Schutz bieten. Einer gut organisierten Belagerung mit dem damals verfügbaren militärischen Equipment konnten die meisten von ihnen nicht standhalten. Es sind Bauteile einer Burg wie der Zwinger, die Torkonstruktion und der Turm darüber, weitere Türme im Mauerverlauf sowie die Hinweise auf ehemals vorhandene Wehrgänge innen und die Schießscharten, auch bereits für Hakenbüchsen, sowie Zwinger und Graben nach außen, die den Befestigungscharakter für den Besucher sichtbar machen. Die Kirche selbst ist natürlich keine Burg, sondern ein nach seiner liturgischen Funktion gestalteter Bau. Das tief religiös geprägte mittelalterliche Gedankengut transportiert die Schutzfunktion der Kirchen für alle, die sich unter ihr Dach begeben. Das heißt, sind die äußere Mauer und der Kirchhof nicht zu halten, bleibt der Kirchenbau selbst der letzte, von Gott geschützte Rückzugsort und der Kirchturm wird zum Bergfried. An manchen Türmen sind auch Schießscharten und höher gesetzte Eingänge eingebaut worden.

Die wie auch immer befestigten Kirchen sind Aktionen zum Selbstschutz der Gemeinde. Sie konnten nur mit Duldung vielleicht auch im Interesse der jeweiligen feudalen Herrschaft errichtet werden. Damit werfen sie ein Licht auf die harten territorialen Auseinandersetzungen zwischen den Würzburgern, den Hennebergern, den Klöstern Fulda und Hersfeld sowie den Thüringer Landgrafen. Auch inneren Unruhen in Form des Raubrittertums konnte so begegnet werden.

Wehrkirchen in Thüringen

Die Kirche in **Sünna** gehört zu den Beispielen, die sich durch ihre Umfassungsmauer und historische Überlieferung als wehrhafte Kirche zu erkennen geben. Der rezente Kirchenbau geht auf einen Neubau von 1753 zurück. In diesen und auch in vorangegangenen Bauphasen sind älteste Bauteile einer romanischen Kirche übernommen worden.

Im Jahr 2008 wurden archäologische Ausgrabungen im Chorbereich der Kirche um den Standort des Altars durchgeführt. Durch drei Schnitte, die in etwa 2 m Tiefe das Anstehende erreichten, wurden Baureste von mindestens zwei vor dem heutigen Bauwerk existierende Kirchgrundrisse entdeckt. Der Baubefund kann über ein archäologisches Fenster im Fußboden besichtigt werden.

Teile einer halbrunden Apsis gehören zum Chor einer romanischen Kirche des 12./13. Jahrhunderts. Es ist das älteste Bauwerk des 1062 erwähnten Sünna.

Eine befestigte Kirche ist für 1385 genannt. Die Umwehrung erfolgte möglicherweise im Zusammenhang mit jenen Umbauarbeiten am Kirchenbau, welche auch den Chor nach gotischem Stil veränderten. Die zentrale Lage des Kirchhofes im Ort, auf einer Anhöhe, begünstigte das Unternehmen. Es sind die Ringmauer mit Schießscharten und das ehe-

Abb. 166 **Ausgrabungen im Chor der Kirche in Sünna** (Foto TLDA).

mals befestigte Tor, die den Befestigungscharakter heute noch gut sichtbar dokumentieren. Aus der Ortslage, die von der B 84 durchquert wird, sind über einen gut ausgeschilderten Fahrweg das Kelten-Dorf mit dem benachbarten Hotel und der Wanderweg auf den Öchsen gut zu erreichen.

⇒ Kelten in der Rhön (S. 141) ⇒ Wanderung auf den Öchsen (S. 149)

Der Kirchhof der Chorturmkirche von **Stepfershausen** ist nach Überlieferung seit 1398 befestigt und aus einer Burg hervorgegangen. Im Jahr 2005 erfolgte eine vollständige archäologische Untersuchung der Nord- und Ostseite des Kirchhofes. Insgesamt wurden 139 christliche Bestattungen vom 13./14. Jahrhundert bis in das 18./19. Jahrhundert dokumentiert. Ein der Kirche vorhergehendes älteres Sandsteinmauerwerk in Trockenbautechnik aus dem 13. Jahrhundert könnte auf die Burg hinweisen. Kleinere Mauerzüge gehören zu Gaden, die von innen an die Kirchhofmauern angelehnt, im 15./16. Jahrhundert bestanden. Gaden sind kleine Vorratshäuser, die in Stepfershausen in das 15./16. Jahrhundert datieren, in anderen Kirchhöfen auch bis in das 14. Jahrhundert zurückreichen. Der Gaden, in Fachwerktechnik ausgeführt, bot im Belagerungsfall auch den Menschen Zuflucht. Gaden sind auch auf den Kirchhöfen von Bettenhausen, Herpf, Helmershausen und Walldorf zu besichtigen. Die Kirche in Stepfershausen empfiehlt sich dem Besucher mit einer informativen Ausschilderung zu den neuen Ausgrabungen.

Die im März 2012 durch eine Brandkatastrophe stark in Mitleidenschaft gezogene Kirche von **Walldorf** steht exponiert auf dem Kirchberg über dem Werratal nahe der Herpfmündung. Eine rechteckige, von Nordwest nach Südost orientierte Innenfläche von 150 x 65 m ist von einer 6 m hohen Mauer mit halbrunden Ecktürmen, einem Halbschalenturm in der Ostmauer sowie einem Halsgraben umgeben. Die Kirchhofmauer weist außerdem verschiedene Schießschartenformen, innen Wehrgangreste und über dem Eingang einen Torturm auf.

Der Kirchturm ist als eingezogener Westturm aufgeführt und wurde als ehemaliger Wehrturm, wie andere ältere Bauteile auch, in den Bau von 1587 einbezogen. Im Walldorfer Kirchhof wurde in den 50er und 90er Jahren des 20. Jahrhunderts mehrfach gegraben und Fundmaterial und christliche Bestattungen notgeborgen. Mit neuen Ausgrabungen seit 2012 soll auch die Frage der Besiedlung des Kirchhofareals in ur- und frühgeschichtlicher Zeit geklärt werden. Eine Anfang der 1990er Jahre gefundene bronzezeitliche Spiralscheibe und ein Silexartefakt könnten ein Hinweis auf ein hohes Alter des Platzes zum Schutz der Werrafurt bei Walldorf sein.

Der Ort **Herpf** wird für 788 erstmals genannt. Das Kirchenareal um St. Johannis, im Oberdorf gelegen, wurde 2005 untersucht. Der Chorturm der Kirche ist im unteren Teil aus Buckelquader mit Zangenlöchern und Ritzfugen aufgebaut. Er kann noch in die erste Hälfte des 13. Jahrhunderts datiert werden. Zusammen mit den im Gemeindehausneubau erkennbaren Resten einer Kemenate gehörte der Turm damit zu den Baulichkeiten einer historisch überlieferten Burg am Ort. Nach der dendrochronologischen Untersuchung von Hölzern aus dem Turm wird dessen jüngere Aufstockung um 1404/05 datiert. Damit erfolgte auch der Einbau von Schartenkammern mit Prellhölzern für den Einsatz von Hakenbüchsen. Es sollte somit ein sicherer Ansatz für einen Umbau der Anlage zur „Wehrkirche" in der ersten Hälfte des 15. Jahrhunderts gewonnen sein. Zur Befestigung des Kirchhofes zählt auch die umlaufende Zwingermauer mit Graben. Auch in Herpf wird der Besucher per neu gestalteter Ausschilderung über die Ausgrabungsergebnisse informiert.

Der Bau wehrhafter Elemente an und um Kirchen erfolgte schwerpunktmäßig im 14. Jahrhundert und füllte auch das 15. Jahrhundert aus. Seit dem 13. Jahrhundert zunehmende Auseinandersetzungen zwischen den Henneberger Grafen und dem Hochstift Würzburg hielten bis in das 15. Jahrhundert hinein an. Die Besitzungen des Klosters Fulda reichten bis in die Täler von Herpf und Fulda, die somit eine Frontlinie gegen die Henneberger bildeten und zugleich umkämpfte Verkehrsführungen waren.

Wehrkirchen und -friedhöfe in Hessen

Auch im hessischen Teil der Rhön gab es einst zahlreiche Wehrkirchen. In den meisten Fällen sind die Mauern jedoch vergangen oder nur noch in wenigen Resten erhalten, da sie spätestens ab dem 18. Jahrhundert keinen Nutzen mehr für die Verteidigung besaßen und somit zumeist auch nicht mehr erhalten wurden. Außerdem standen sie in einigen Fällen einer Erweiterung der Kirchen und Friedhöfe im Wege. Einige frühe Wehrkirchen wurden bereits im 10. Jahrhundert anlässlich der Ungarneinfälle errichtet. Die meisten stammen jedoch aus dem hohen und späten Mittelalter oder der frühen Neuzeit. Die am besten erhaltenen Wehrfriedhöfe liegen bei Rasdorf und Eiterfeld-Soisdorf. Diese sollen mit einigen ausgewählten Wehrfriedhöfen und Wehrkirchen im Folgenden kurz vorgestellt werden. Reste weiterer Wehrfriedhöfe und Wehrkirchen finden sich auch in Burghaun (ev. Kirche), Burghaun-Hünhan, Burghaun-Langenschwarz, Ebersburg-Schmalnau, Eiterfeld-Arzell, Eiterfeld-Großentaft, Fulda-Kämmerzell, Fulda-Maberzell, Haunetal-Neukirchen, Haunetal-Rhina, Künzell-Dietershausen und Nüsttal-Kirchhasel.

Eine erste Kirche ist in **Ebersburg-Ried** im frühen 16. Jahrhundert nachgewiesen. Die heutige Kirche wurde allerdings erst in den 1930er Jahren errichtet, wobei jedoch der Glockenturm der früheren Wehrkirche erhalten blieb. Der massive Turm hat kleine Fensterschlitze, die im Angriffsfall leicht als Schießscharten verwendet werden konnten. Die wehrhafte Friedhofsmauer ist noch vollständig erhalten. In der Mauer befinden sich 13 Nischen für Kreuzwegbilder. Außerdem wurde in der Ostseite das Oberteil eines gotischen Maßwerkfensters mit Dreipässen verbaut.

Die heutige Pfarrkirche von **Eichenzell-Lütter** wurde zwischen 1911 und 1913 anstelle einer mittelalterlichen Vorgängerkirche errichtet, von der nur noch der Turm erhalten ist. In diesem hängt eine der ältesten Glocken des Fuldaer Landes, die 1534 gegossen wurde. An der Westseite der Kirche sind noch die Reste der Wehrmauer mit den Resten eines nach innen offenen Rundturms erhalten. An einigen Stellen sind noch Schießscharten zu erkennen.

Die erste urkundliche Erwähnung einer Kirche in **Eiterfeld-Soisdorf** geht auf das Jahr 1337 zurück. Kunstgeschichtlich kann man den Turm der heutigen Kirche jedoch bereits in die Romanik, also das 11./12. Jahrhundert datieren. Die Kirche wird von einer sehr gut erhaltenen quadratischen Wehrmauer von etwa 50 m Seitenlänge umgeben. Die Mauer ist bis zu 6 m hoch und fast 1 m breit. In der Nordostecke steht ein dreiviertelrunder, nach innen offener

Turm. Ob auch die übrigen Mauerecken ursprünglich durch Türme verstärkt waren, lässt sich heute nicht mehr sicher feststellen. An der gesamten Mauer sind immer wieder Einlassungen für Balken zu erkennen. Diese trugen wohl einst einen umlaufenden Wehrgang, unter dem sich wohl auch die Gaden befanden, bei denen es sich um Notunterkünfte handelte, in denen Mensch und Vieh in Gefahrenzeiten Unterschlupf fanden. Archäologische Untersuchungen fanden bisher nicht statt, doch wurden bei älteren, baubedingten Bodeneingriffen Mauerreste und Teile eines Gewölbekellers freigelegt, die vielleicht auf eine heute nicht mehr bekannte Nutzung des Areals zurückgehen. Eine Deutung als Überreste der „Hahnen-" bzw. „Gickelsburg" wird heute jedoch skeptisch gesehen.

Großenlüder-Oberbimbach erhielt erst 1320 eine eigene Pfarrei, nachdem es vorher zu Großenlüder gehört hatte. Kurz danach wurde auch die erste Kirche errichtet. Die heutige Kirche wurde aber erst zwischen 1840 und 1845 gebaut. Von der Mauer des Wehrfriedhofs haben sich noch große Teile erhalten. Dazu gehören auch Teile eines nach innen geöffneten Turmes an der Südostecke.
⇒ Rund ums Lüdertal (S. 58)

Auf dem Florenberg bei **Künzell-Engelhelms** wurde um 900 unter Abt Huoggi eine erste Kirche errichtet. Bald darauf wurde sie zum Schutz vor den Ungarneinfällen von einer Wehrmauer umgeben, von der noch immer größere Teile erhalten sind. Die heutige Kirche wurde Anfang des 16. Jahrhunderts vollendet, der wehrhafte Kirchturm wurde jedoch bereits im 14. Jahrhundert erbaut. Der Innenraum der Kirche wird u. a. durch schöne Barockaltäre geschmückt. Bemerkenswert ist auch der spätgotische Taufstein mit seinem achteckigen Becken.

Die Pfarrei **Petersberg-Margretenhaun** wurde bereits am Ende des 11. Jahrhunderts gegründet und reichte damals bis zum Ulstertal. Die heutige Kirche wurde im 15. Jahrhundert errichtet. Bemerkenswert sind die beiden Löffelschießscharten in der Westfassade. Sie wird von einer Wehrmauer umgeben, die durch Mauerstützen zusätzlich verstärkt und an der Süd- und Ostseite noch vollständig erhalten ist.
⇒ Das Haunetal (S. 78)

Der wohl um 1500 angelegte Wehrfriedhof von **Rasdorf** liegt am Ortsrand und gilt als der am besten erhaltene Hessens. Die Einfriedung ist etwa rechteckig mit einer Seitenlänge von ungefähr 70 m. Ursprünglich umschloss sie auch die Kirche Sankt Michael, von der heute jedoch nur noch die Grundmauern erhalten sind. Die Mauer ist bis zu 5 m hoch und etwa 0,80 m dick. An jeder Ecke der Mauer steht ein dreiviertelrunder Turm, der zur Innenseite hin offen ist. Schießscharten weisen auf die einstige Wehrhaftigkeit der Türme hin. Aussparungen für Balken belegen, dass die Türme ursprünglich drei Ebenen besessen haben. Andere Aussparungen in der Mauer belegen Balken eines umlaufenden Wehrganges sowie für darunter befindliche Gaden. Neben der Mauer und den Türmen sind auch noch das rundbogige Tor und Teile des Torhauses erhalten.
⇒ Zwischen Hünfeld und Rasdorf (S. 96)

Die Filialkirche von **Schenklengsfeld-Erdmannrode** wurde 1573 erbaut und 1717 durch einen Umbau nach Westen erweitert. Das Westportal mit Birnstab und doppelter Kehlung ist mit der Jahreszahl 1573 versehen. Um die Kirche ist noch die wehrhafte Friedhofsmauer erhalten. Besonders eindrucksvoll ist die alte Gerichtslinde vor der Kirche.

Abb. 167 *Mittelalterlicher Wehrfriedhof von Rasdorf* (Foto F. Verse)

Burgen in der Rhön

D ie Rhön kann mit einigem Recht als ein Burgenland bezeichnet werden. Die Topographie der Landschaft mit vielen Basaltgipfeln bietet beste Voraussetzungen für den Bau von Burganlagen. Dabei ist in allen Zeiten die Frage nach den Ursachen für die Notwendigkeit von Burganlagen zu stellen: Warum benötigen die Menschen in der Landschaft solche befestigten und meist schwer zugänglichen Anlagen, deren Errichtung oft auch mit einem überdurchschnittlich hohen Arbeitsaufwand verbunden war?

Wenn im Folgenden das Phänomen Burg in der Rhön sehr knapp zusammengefasst werden soll, ist vorauszuschicken, dass der sehr weit gefasste Oberbegriff Burg nach dem äußeren Erscheinungsbild der Anlagen, den heute noch sichtbaren Baulichkeiten oder Geländeeingriffen, im Detail sehr verschieden ausgefüllt werden kann und muss.

Von den ur- und frühgeschichtlichen Burgen in der Landschaft sind die klassischen Burgen des Mittelalters nach ihrem äußeren Erscheinungsbild und ihrem historischen Platz klar abzusetzen.

Urgeschichtliche Wallburgen

Die Bezeichnung Wallburg ist wissenschaftlich natürlich nicht besonders exakt. Sie nimmt aber, meist zutreffend auf das Relikt Bezug, welches von der Anlage noch sichtbar ist, nämlich einer oder mehrere Wälle und dazugehörige Gräben. Die Wälle sind die Ruinen einer ehemals vorhanden gewesenen Befestigung um einen Gipfel oder eine sich in Hang- oder Spornlage erstreckende Innenfläche. Eine Wanderung über die Anlagen erfordert einen geschulten Blick, ist aber immer sehr reizvoll und in den vegetationsarmen Monaten des Jahres am Erfolg versprechendsten.

Die Konstruktion der Befestigung kann nur durch eine archäologische Ausgrabung, einen Wallschnitt verbunden mit der Gewinnung von Profilen, genauer rekonstruiert werden. Sicher ansprechbare und auch datierbare Innenbebauungen sind kaum überliefert. Dazu sind, intensive Geländebeobachtungen vorausgesetzt, verschiedene Interpretationen möglich. Gibt es außerdem ein entsprechendes Fundaufkommen, kann auf wirtschaftliche Tätigkeit geschlossen werden. Systematische Ausgrabungen auf Basalt sind technisch schwierig, weil mangels ausgeprägter Kulturschichten meist keine Siedlungsstratigraphie erkennbar ist. Wie die Grabungen auf dem Öchsenberg und auf dem Höhn zeigten, muss mit Sedimentfallen hinter den Wällen gerechnet werden. Bei einer Geländebegehung steht immer die Frage nach der Wasserversorgung der Anlagen. Im magmatischen Gestein gibt es keine Quellen. Zisternen zum Auffangen des Oberflächenwassers wären eine technische Lösung. Bei den meisten Gipfelburgen liegen Quellen unterhalb, geologisch im Muschelkalk oder im Keuper, und sind, wie am Öchsen, der Milseburg und an der Hessenkuppe, zusätzlich ausgebaut oder möglicherweise mit einer Anbindung an den Hauptwall auch extra befestigt worden. Aus den großen Innenflächen, nicht alle Flächen sind zur Bebauung geeignet, kann auch auf Bevölkerungszahlen geschlossen werden. Die Größe der von den Wällen umschlossenen Areale schwankt zwischen weniger als 1 ha und über 30 ha. Wird genug aussagefähiges archäologisches Material gefunden, sind Überlegungen auch zur Art der wirtschaftlichen Tätigkeit der Siedler möglich. Als eine Besonderheit der Rhön darf der Umgang mit dem natürlich gebrochenen Basalt gelten. Der Einbau von stabilisierenden Hölzern ist kaum nachzuweisen, deshalb ist die Verarbeitung der Bruchsteine zu einem Trockenmauerwerk eine technisch bemerkenswerte Leistung.

Sehenswerte Wallburgen

Aschenhausen, Diesburg (GPS: 50.588144" N, 10.214925" O): Der ovale Gipfelring (713 m) umschließt eine Innenfläche von ca. 230 x 150 m. Ältere Ausgrabungen erbrachten vor allem Fundmaterial der Frühlatènezeit. (Lit.: Uloth 1998, Peschel 2004)

Bad Salzschlirf/Schlitz, Sängersberg (GPS: 50.64235° N, 9.54330° O): Die Ringwallanlage auf dem Sängersberg (498 m) umschließt die beiden Kuppen „Basaltfelsen" und „Grafengunst". Die Anlage ist 450 m lang und bis 200 m breit. Im Nordosten am Übergang zur nächsten Bergkuppe ist eine Terrassenkante, die eine zusätzliche Befestigungslinie markiert. Das Steinmaterial des Ringwalls weist deutliche Spuren von Hitzeeinwirkung auf. Bei einer Sondage konnte J. Vonderau urgeschichtliche Scherben finden. Die Befestigung wird allgemein in die Eisenzeit gesetzt. (Lit.: Sippel, in: Herrmann/Jockenhövel 1990, 317 ff)

⇒ Rund ums Lüdertal (S. 58)

Erbenhausen, Alte Mark (GPS: 50.583044° N, 10.154492° O):
Ein Ringwall (676 m) umfasst eine 0,38 ha große Fläche des Gipfels. Es gibt von der Anlage bisher nur eine Keramikscherbe, die allgemein eisenzeitlich datiert wird. (Lit.: Bahn 1994)

⇒ Archäologisches Feldatal, Nr. 12 (S. 169)

Fulda-Maberzell, Schiebberg (GPS: 50.59860° N, 9.61670° O):
Die Abschnittsbefestigung liegt auf einer spornartigen Verengung der Trätzhofer Hochfläche (376 m) oberhalb des Zusammenflusses von Fulda und Lüder. Die ehemalige Abschnittsbefestigung ist heute nur noch als leicht bogenförmig verlaufende Terrassenkante zu erkennen. Bei insgesamt drei schmalen Grabungsschnitten durch das Mauerwerk konnte J. Vonderau eine Trockenmauer mit Erdhinterschüttung feststellen, die er aufgrund einiger weniger Keramikfunde in die Spätlatènezeit datierte. (Lit.: Sippel, in: Herrmann/Jockenhövel 1990, 379)

⇒ Rund ums Lüdertal (S. 58)

Geisa, Schleidsberg (GPS: 50.70823° N, 9.97426° O)
Ein flacher Wall am West- und Nordwesthang des Schleidsbergs (502 m) sowie vorgeschobene Abschnittswälle nach West sichern ein kleines Siedlungsareal, von dem latènezeitliche Keramik geborgen wurde. (Lit.: Bahn 1994)

⇒ Kelten in der Rhön, Nr. 5 (S. 148)

Großenlüder-Bimbach, Heidenküppel (GPS: 50.57240° N, 9.58360° O):
Inmitten der Fuldaer Senke liegt der Heidenküppel (278 m), auf dem sich die Reste eines kleinen Ringwalls befinden, der eine 35 x 70 m große Innenfläche umschließt. Ausgrabungen durch J. Vonderau erbrachten eine bronzene Frühlatènefibel und zahlreiche Keramikscherben, die auf eine intensive Besiedlung des Platzes schließen lassen. (Lit.: Sippel, in: Herrmann/Jockenhövel 1990, 389; Vonderau 1905)

⇒ Rund ums Lüdertal (S. 58)

Hofbieber-Danzwiesen, Milseburg (GPS: 50.54470° N, 9.89800° O):
Die Milseburg (835 m) ist eine eisenzeitliche Zentralsiedlung, deren Befestigungsanlagen eine Fläche von über 32 ha einschließen. Die Ostmauer ist noch heute als mächtiger Basaltsteinwall im Gelände zu erkennen. Bei dem etwa in der Mauermitte befindlichen Osttor bilden zwei sich überlappende Mauerenden eine Torgasse. Im Süden und Westen der Milseburg werden mehrere Quellen durch Annexe in die Befestigung einbezogen. Die Bergspitze wird durch einen kleinen Wall von der übrigen Burg abgetrennt. Bei mehreren Ausgrabungen zu Beginn des 20. und 21. Jahrhunderts wurden Funde von der Steinzeit bis zur Spätlatènezeit gemacht. Eine erste Besiedlung des Berges erfolgte in der Urnenfelderzeit. Auch in der Späthallstatt-/Frühlatènezeit war der Berg besiedelt, wobei es allerdings unsicher ist, ob zu dieser Zeit auch schon eine Befestigung bestand. Die heute sichtbaren Wälle gehen wahrscheinlich auf die Spätlatènezeit zurück. Bei den Ausgrabungen wurden nicht nur mehrere Zentner Keramik gefunden, sondern auch Geräte und Waffen aus Eisen, Spinnwirtel, Mahlsteine sowie Perlen und Ringe aus Glas. (Lit.: Müller, in Herrmann/Jockenhövel 1990, 405 f.; Söder/Zeiler 2012)
⇒ Die Milseburg (S. 113)

Hünfeld-Kirchhasel, Stallberg (GPS: 50.71720° N, 9.84300° O):
Der Basaltkegel des Stallberges (522 m) liegt am Rande der alten Straße Mainz – Erfurt. Ein mächtiger Wall aus Basaltsteinen umschließt hier eine Fläche von etwa 6 ha. Die 4 m breite Mauer aus Basaltsteinen war wohl durch eine Holzkonstruktion verstärkt worden. Im Nordwesten der Anlage befand sich eine Toranlage. Einige Wallschnitte J. Vonderaus sind noch heute im Gelände erkennbar. Von der Befestigung sind kaum Scherben bekannt, dafür aber mehrere Mahlsteine und Mahlsteinfragmente. Der einzige gut datierbare Fund ist ein urnenfelderzeitliches Bronzemesser, dennoch wird die Anlage zumeist in die Eisenzeit gesetzt. (Lit.: Gensen 1985; Gensen, in: Herrmann/Jockenhövel 1990, 413)
⇒ Zwischen Hünfeld und Rasdorf (S. 96)

Kühndorf, Dolmar (GPS: 50.62636° N, 10.48132° O)
Der Ringwall (739 m) zieht um das Gipfelplateau. Im Schnitt ist ein Trockenmauerwerk mit Pfostenschlitzen rekonstruierbar. Großflächige Prospektionen erbrachten, entgegen früheren Überle-

gungen zum Oppidumcharakter der Anlage, keine latènezeitliche Besiedelung der Gipfelfläche. Die Keramik aus dem Wallschnitt datiert ältereisenzeitlich. Die 14-C Daten der Holzreste aus dem Wall liegen zwischen dem 7. und 6. Jh. v. Chr. (Lit.: Spazier 2011)

Öchsen/Lenders, Hessenkuppe
Flacher Wallring um den Gipfel (680 m) mit Funden der Bronze- und Eisenzeit. (Lit.: Bahn 1994)

Otzbach, Arzberg (GPS: 50.74789° N, 10.02279° O)
Ringwall um den Gipfel (572,5 m), Toranlage, kleinste Keramikscherben werden der Eisenzeit zugeordnet. (Lit.: Bahn 1994)

Petersberg-Margretenhaun, Margretenberg
Auf dem Margretenberg (360 m) wurden Reste eines Ringwalls entdeckt, der jedoch durch Ackerbau und Steinbrucharbeiten bereits stark zerstört ist. Auf dem Berg wurden Feuersteingeräte und einige Scherben gefunden. Die Befestigungsanlage wird allgemein in die Eisenzeit datiert. (Lit.: Vonderau 1931, 61 f)
⇒ Das Haunetal (S. 78)

Rasdorf, Kleinberg (GPS: 50.73600° N, 9.87580° O):
Der Kleinberg (512 m) liegt in unmittelbarer Nachbarschaft zum Stallberg. Sein Ringwall umschließt eine Fläche von lediglich einem Hektar. Der Zugang lag möglicherweise im Nordwesten. Bisher fanden auf dem Kleinberg keine Ausgrabungen statt. Die wenigen vorgeschichtlichen Scherben erlauben keine sichere Datierung, dennoch wird er allgemein in die Eisenzeit gesetzt. (Lit.: Gensen 1985; Gensen, in: (Herrmann/Jockenhövel 1990, 464 f)
⇒ Zwischen Hünfeld und Rasdorf (S. 96)

Tann, Habelberg (GPS: 50.64000° N, 9.99200° O):
2 km westlich von Tann erhebt sich der Habelberg (718 m) über das Ulstertal. Am West- bzw. Nordwesthang führt ein etwa 300 m langer Wall aus Basaltsteinen entlang, der von den Felsklippen im Südwesten bis zum Plateau hinaufführt, wo er sich dann verliert. Auf dem Plateau wurden Reste vorgeschichtlicher Keramik und ein eisernes Schwert mit Scheide aus der Mittellatènezeit gefunden. (Lit.: Hahn 1987; Sippel, in: Herrmann/Jockenhövel 1990, 485)
⇒ Das Ulstertal (S. 127)

Völkershausen/Sünna, Öchsenberg (GPS: 50.79700° N,
10.02542° O):
Die Reste eines Ringwallsystems auf dem Öchsenberg (636 m)
lassen im Profil der Wallschnitte ein Basalttrockenmauerwerk erkennen. Ausgrabungen, die zahlreiches Fundmaterial erbrachten,
belegen eine spätbronze- bis ältereisenzeitliche und eine latènezeitliche Besiedlung eines weiträumigen Areals. (Lit.: Schmitt
1998)
⇒ Wanderung auf den Öchsen (S. 149)

Völkershausen, Geiskopf (GPS: 50.77780°N, 10.03748°O):
Reste eines Gipfelwalls (520 m) unterhalb und dem Dietrichsberg
südöstlich vorgelagert sind im Gelände zu erkennen. Ein kleiner
Basaltring von 50 m Durchmesser umschließt eine Fläche, die
wenig siedlungsgünstig dennoch Keramikmaterial der Hallstatt-
und Latènezeit erbrachte. (Lit.: Bahn 1994)

Weilar, Baier (GPS: 50.74625°N, 10.10409°O):
Zwei Wallringe unterhalb des Gipfelplateaus (717,7 m), vermutete
Tore nach Norden und Süden. Bisher gibt es keine Funde. (Lit.:
Bahn 1994)
⇒ Archäologisches Feldatal, Nr. 4 (S. 157)

Mittelalterliche und frühneuzeitliche Burgen und Schlösser in der Rhön

Häufig handelt es sich bei den mittelalterlichen Burgen der Rhön
um Anlagen, die durch auf den Kuppen noch vorhandene Bauten oder deren Ruinen gut erkennbar sind und über die sichtbare Substanz hinaus historisch in verschiedene Überlieferungen
eingegangen sind. Niederungsburgen sind in der bergigen Rhön
naturgemäß deutlich seltener und liegen am Rand der größeren
Tallagen.
    Die mittelalterlichen Burgen sind heute auf den ersten Blick als
Baudenkmale zu erkennen. Ihr Baugrund bleibt aber auch immer
ein archäologisches Denkmal.
    Die erhaltenen Bauten sind – auch im ruinösen Zustand – zu-
meist gut ansprechbar und touristisch aufbereitet. Manche mittelalterliche Burganlage der Rhön weist heute überhaupt keine

Baureste mehr auf. Solche Plätze geben sich durch ihre Grundrisse, Wälle und Gräben als mittelalterlich zu erkennen. Letztlich helfen hier nur archäologische Untersuchungen weiter.

Drei Wallanlagen im Werratal bei Bad Salzungen, und bei Unterrohn und bei Tiefenort, zwei von ihnen werden Schlösschen genannt, weisen bei verhältnismäßig großen Innenflächen keine Spuren einer Bebauung auf. Die Wallanlagen von Bad Salzungen und Unterrohn nehmen Spornlagen ein und sind somit auch keine typischen Höhenburgen. Die Anlagen von Tiefenort oder Hilders meiden das Hochplateau des jeweiligen Berges, Wall und Graben liegen auf einer Terrasse am Hang unterhalb. Datierendes Fundmaterial liegt bisher von den Anlagen nicht vor.

Eine ganze Anzahl kleiner hochmittelalterlicher Burganlagen, Turmhügel und Wasserburgen waren Sitze des Dienst- bzw. regionalen Adels zur Beherrschung und zum Schutz angrenzender kleiner Territorien und der das Land durchquerenden Verkehrswege. Eine Ortsflur mit gleich mehreren solchen Anlagen ist Neidhartshausen.

Unter dem Schloss der Familie Boineburg-Lengsfeld aus dem 18. Jahrhundert in Weilar, das am westlichen Ortsrand über der Talaue der Felda liegt, wurden bei archäologischen Untersuchungen im Jahr 2002 punktuell Reste einer Wasserburg nachgewiesen. Ein Befestigungsgraben war nach innen durch Faschinen aus Erlenholz gesichert. Seine Auffüllung enthielt spätmittelalterliches Keramikmaterial, Knochen und Schlacken. Teile einer Umfassungsmauer waren noch 1,60 bis 1,90 m breit. Eine gut zu beobachtende Stratigraphie im Innenraum der Burg lässt eine Besiedlung vom 13./14. Jahrhundert bis in die Neuzeit erkennen.

Die Burg Ebersberg bei Ebersburg lässt noch heute mit ihrer mächtigen Umfassungsmauer, Rundturm und Bergfried den Machtanspruch der ortsansässigen Adelsgeschlechter erkennen, die sich mal mehr mal weniger erfolgreich gegen die jeweiligen Landesherren zu behaupten suchten. Dabei störten sie den Landfrieden teilweise so erheblich, dass immer wieder auch militärische Strafmaßnahmen von Seiten der Landesherren durchgeführt wurden. So wurde die Burg Ebersberg erstmals 1270 durch Abt Bertho II. von Leibolz wegen fortgesetzter Räubereien von Seiten der Burgherren zerstört. Hermann von Ebersberg wurde dabei gefangen genommen und in Fulda hingerichtet, woraufhin eine Adelsverschwörung ihren Anfang nahm, der Abt Bertho 1271 zum Opfer fiel. (⇒ s. S. 85).

Zu den großen, ehemals sehr imposanten mittelalterlichen Burganlagen zählt die Krayenburg bei Tiefenort. Die Anlage ist in eine Haupt- und eine Vorburg, umgeben von Wall und Graben, gegliedert. Von der mittelalterlichen Bebauung sind die Reste eines Palas, Kelleranlagen, die Ring- und Zwingermauer erhalten. Die 1927 errichtete Gaststätte macht einen Besuch des Krayenberges zusätzlich attraktiv. Beim Aufstieg passiert der Besucher noch die schon genannte ältere Wallanlage, die nordöstlich unterhalb des Plateaus liegt.

Für die Geschichte Südthüringens und der Vorderrhön spielt die Henneburg bei Henneberg eine herausragende Rolle. Die ca. 120 m x 65 m große Burg war der Stammsitz der Henneberger Grafen, deren Namen 1069 erstmals genannt wird. Die Innenfläche der Burg war seit 1832 mehrmals Gegenstand archäologischer Ausgrabungen. Bereits 1845 wurde erstmals Bausubstanz gesichert. Bei den Ausgrabungen bis 1995 stand stets das Areal der nördlichen Hauptburg im Fokus. Die Baureste wurden Mitte der 1990er Jahre für die zahlreichen Besucher gesichert und in Teilen rekonstruiert. Bei Ausgrabungen im südlichen, tiefer liegenden Burgareal ab 2001 wurde ein Rundturm des 12. Jahrhunderts freigelegt. Mit einem Außendurchmesser von 11,70 m und einem Innendurchmesser von 6,20 m war er als Bergfried nach Süden ausgerichtet und zusammen mit weiteren Gebäuden Teil einer Vorburg, durch die ein älterer Zugang zur Kernburg führte. Der neu entdeckte Turm wurde zur Deckung dieses Zugangs genutzt und bereits im 12. Jahrhundert wieder abgetragen. Anfang des 13. Jahrhunderts wird der Bergfried in der Hauptburg erbaut und der neue Zugang mit einem Tor im Nordwesten geschaffen.
Ein wichtiges Grabungsergebnis war die Feststellung hallstattzeitlicher Siedlungsreste unter der mittelalterlichen Stratigraphie.

Ab der Renaissance, besonders aber während des Barocks, wurden einige mittelalterliche Burgen in Schlösser umgebaut bzw. Schlösser auch neu errichtet. Zum einen hatten die Burgen aufgrund der fortschreitenden Waffentechnik nach der Erfindung des Schießpulvers erheblich an Bedeutung verloren. Andererseits nahm das Repräsentationsbedürfnis des Adels stark zu. Besonders die Fürstäbte von Fulda, die als Territorialherren ihre Stellung auch durch die Errichtung von Repräsentationsbauten unterstreichen wollten, investierten erhebliche Summen in den Bau von Schlössern und

Residenzen. Zu den größten auch heute noch in barocker Pracht erhaltenen Anlagen gehören das Fuldaer Stadtschloss sowie Schloss Fasanerie in Eichenzell, die als Residenz bzw. Sommerresidenz der Fuldaer Fürstäbte und -bischöfe dienten.

Sehenswerte mittelalterliche bis frühneuzeitliche Burgen und Schlösser

Bad Hersfeld-Asbach, Milnrode

Die Burg liegt in einem Seitental der Fulda auf einem kleinen Sporn, der durch einen mächtigen Halsgraben vom Hang getrennt wurde. Neben der Kernburg war auch eine Vorburg vorhanden. Bei mehreren Ausgrabungen zwischen 1957 und 1966 konnten Fundamente freigelegt werden, die in den 1980er Jahren teilweise aufgemauert wurden. Sie lassen Lage und Verlauf von Gebäuden, Bergfried und Umfassungsmauer erkennen. Wann die Burg erbaut wurde, ist unklar. Ihr Verfall begann spätestens Mitte des 15. Jhs., wobei ein in den Ruinen gelegenes Gehöft noch bis um 1600 betrieben wurde. (Lit.: Knappe 1994, 185 f)

Bad Salzungen-Allendorf, Burg Frankenstein
(GPS: 50.81651° N, 10.26467° O):
Reste von Wall und Graben erhalten, künstliche Ruine von 1888. Ausgrabungen 1952: Keramik- und Eisenfunde, Reste einer Bronzeschüssel (Hanseschüssel). Das ortsansässige Geschlecht der Herren von Frankenstein, eine Nebenlinie der Henneberger Grafen, starb 1347 aus. (Lit.: Wanderführer 12)

Bad Salzungen, Schlösschen (GPS: 50.49252° N, 10.13577° O):
Spornlage mit Zugang über Wall und Graben von Ost, Wallreste im Westen, keine Innenbebauung, starke Störungen durch Steinbruchbetrieb. Erschließung durch regionale Wanderwege: Schwalbengrundweg und Bad Salzunger Bergrundweg. (Lit.: Wanderführer 12)

Bad Salzungen, Schnepfenburg (GPS: 50.81211° N, 10.23505° O):
Hersfelder oder Fuldaer Ministeriale benannten sich nach der Burg, die Burg wird 1212 durch Otto IV. und 1295 durch König Adolf von Nassau erobert. Noch im 13. Jh. sind die Landgrafen von

Thüringen Lehensherren, seit 1560 Schnepfenburg, nach einem Brand 1792 als Amtssitz wieder aufgebaut. Ein quadratischer Bergfried und eine Kelleranlage sind erhalten. (Lit.: Wanderführer 12)

Burghaun, Burg Burghaun (GPS: 50.697308° N, 9.727853° O): Burghaun war Stammsitz der Herren von Haune. Von ihrer Burg an der Nordostseite des Ortes sind nur noch Teile der Stützmauer sowie einige Keller erhalten. Die übrigen Gebäudeteile ließ Fürstabt Adalbert von Schleiffras abreißen, um an ihrer Stelle zwei Barockkirchen zu errichten. (Lit.: Knappe 1994, 191)
⇒ Das Haunetal (S. 78)

Dankmarshausen, Burg Hornsberg (GPS: 50.90704° N, 9.98473° O): Die hessisch-thüringische Landesgrenze verläuft über die Anlage, historische Grenzsteine belegen das. Zu sehen sind Wälle, Gräben, Bergfried?, Zufahrt und Ringmauerreste. 1214 Nennung eines Namensträgers von Hornsberg. (Lit.: Wanderführer 12)

Dermbach, Altes Schloss (GPS: 50.70735° N, 10.08776° O): Eine kleine Anlage mit Wall und Graben um ein Gipfelplateau, nach Norden, Süden und Westen ein zweiter Graben. (Lit.: Wanderführer 12)
⇒ Archäologisches Feldatal, Nr. 8 (S. 163)

Diedorf, Burg Fischberg (GPS: 50.655556° N, 10.118844° O): Die Burg in Spornlage auf dem Höhn (510,8 m) ist zu großen Teilen einem Steinbruch zum Opfer gefallen. Sie wurde wahrscheinlich 1330 gebaut und 1512 zerstört. Keller, Burgturmreste, Wälle und Gräben sind noch zu sehen. In den Jahren 1992/93 wurden archäologische Ausgrabungen durchgeführt. (Lit.: Gall 1994)
⇒ Archäologisches Feldatal, Nr. 6 (S. 161)

Ebersburg-Ebersberg, Ebersburg (GPS: 50.4744° N, 9.8516° O): 3 km südöstlich von Weyhers liegt auf einem Bergkegel (688 m) die Ruine der Ebersburg, die wahrscheinlich um 1100 von dem Rittergeschlecht der Ebersberger erbaut wurde. Nachdem diese ihren Hauptsitz Mitte des 15. Jhs. nach Gersfeld verlegt hatten, begann der allmähliche Verfall der Burg. Dennoch sind immer noch große Teile der Anlage erhalten, darunter ein Rundturm

und ein Bergfried aus dem 14. Jh. Letzterer kann noch bestiegen werden und ermöglicht so einen schönen Blick über die Rhön. Der Schlüssel kann gegen ein Pfand am nahe gelegenen „Berggasthof zur Ebersburg" ausgeliehen werden. (Lit.: Knappe 1994, 220 f.; Sturm 1989, 176 ff)
⇒ Das Ulstertal (S. 127)

Ehrenberg-Wüstensachsen, Wasserburg (GPS: 50.50130° N, 10.00650° O):
Auf der Hohen Rhön liegt Wüstensachsen an einer alten Straße nach Thüringen. Östlich des Ortes stand eine Wasserburg, von der nur noch der Burghügel und der Ringgraben schwach erkennbar sind. Wann und von wem die Burg erbaut worden ist, und wann sie abgebrochen wurde, ist unbekannt, allerdings wurde das Burghaus im 16. Jh. erneuert. (Lit.: Knappe 1994, 221; Sturm 1989, 967)
⇒ Das Ulstertal (S. 127)

Eichenzell, Schloss Fasanerie (GPS: 50.507675° N, 9.707172° O):
Bereits 1710 ließ Fürstabt Adalbert von Schleiffras wohl durch seinen Baumeister Johann Dientzenhofer hier ein kleines Jagdschloss errichten, das ab 1730 unter Fürstabt Adolph von Dalberg weiter ausgebaut wurde. Bis 1757 ließ der nunmehrige Fürstbischof Amand von Buseck dieses kleine Schloss durch seinen Baumeister Andreas Gallasini zur prunkvollen barocken Sommerresidenz ausbauen. Nach der Auflösung des Fürstbistums Fulda fiel diese an die Landgrafen von Hessen und ist heute Teil der Hessischen Hausstiftung. Die ehemalige Sommerresidenz wird heute vor allem als Museum benutzt. In seinen etwa 60 Schauräumen vermittelt es einen reichhaltigen Eindruck vom fürstlichen Leben des 18. und 19. Jhs. Bedeutend sind auch seine Sammlungen von Porzellan und antiker Kunst. (Lit.: Sturm 1989, 221 ff)

Friedewald, Burg Friedewald (GPS: 50.880303° N, 9.856358° O):
An dieser Stelle wurde wohl bereits im Frühmittelalter eine Wasserburg errichtet, die im 15. Jahrhundert festungsartig ausgebaut wurde. Die Burg hat eine quadratische Form mit vier Ecktürmen sowie einen hohen Bergfried, der heute nicht mehr steht. Während der Renaissance wurde die Burg zu einem Jagdschloss umgebaut. 1762 wurde sie bei einer Belagerung durch französische Truppen erheblich zerstört. Die Gebäude der Vorburg wurden jedoch wieder instand gesetzt und auch die Ruinen der

Kernburg bieten noch immer ein imposantes Bild. (Lit.: Knappe 1994, 181)

Gersfeld, Oberes, Mittleres und Unteres Schloss (GPS Oberes Schloss: 50.451711° N, 9.920294° O):
Die drei Schlösser stehen an der Stelle einer älteren Wasserburg, von der sich jedoch nur noch wenige Gräben erhalten haben. Anfang des 14. Jhs. wurde die Burg fuldisches Lehen und gelangte in den Besitz der Herren von Schneeberg. Nachdem Gersfeld Anfang des 15. Jhs. an Würzburg fiel wurden die Herren von Ebersberg mit Gersfeld belehnt. Das „Obere Schloss" entstand am Ende des 15. Jhs. aus der erweiterten Schneeberger Kemenate und wurde zwischen 1605 und 1608 umgebaut. Bereits 1560 wurde auch das „Mittlere Schloss" erbaut, das im 18. Jh. umgebaut wurde. 1740 entstand das „Untere Schloss" ganz im Stile des Barock. (Lit.: Knappe 1994, 209 f.; Sturm 1989, 298 ff)
⇒ Das Ulstertal (S. 127)

Gersfeld-Sandberg, Schneeberg (GPS: 50.46930° N, 9.94510° O):
Etwa 3 km östlich von Gersfeld liegen oberhalb der alten Straße auf einer Kuppe die Überreste einer früheren Burg (684 m). Zwei Wallgräben schützen sie nach der Bergseite. Es ist nur wenig Mauerwerk von eingestürzten Kellern und Fundamenten, darunter die Reste eines quadratischen Bergfrieds, erhalten geblieben. Die Erbauungszeit der Burg ist nicht genau zu bestimmen, sie dürfte aber zwischen dem 12. und 14. Jh. gelegen haben. (Lit.: Knappe 1994, 217 f.; Sturm 1989, 789 f)

Haunetal-Oberstoppel, Burg Hauneck (GPS: 50.75170° N, 9.70110° O):
Die Burg wurde wohl im 13. Jh. durch die Herren von Haune errichtet. 1469 wurde sie niedergebrannt, jedoch zwischen 1483 und 1489 wieder aufgebaut. Die Mauer mit Doppeltoranlage, Teile des Palas sowie des Bergfrieds sind noch erhalten und bieten ein eindrucksvolles Bild. Der Bergfried kann bestiegen werden und ermöglicht einen weiten Blick über das Haunetal und in den Vogelsberg hinein. (Lit.: Knappe 1994, 194; Sturm 1971, 149 f)
⇒ Das Haunetal (S. 78)

Haunetal-Rhina, Sinzigburg (GPS: 50.74650° N, 9.68600° O):
Die Burg liegt unterhalb des Stoppelberges am Rande der Haune-
tals. Der Burghügel wird durch ein dreifaches, noch gut erkenn-
bares Wall-Graben-System gesichert, das zumindest heute zur
Talseite hin offen ist. Einige sehen in der Burg den frühen Stammsitz der Herrn von Trümbach, andere nur einen 1402 errichteten
temporären Bau zur Belagerung der Burg Hauneck durch Landgraf
Hermann von Hessen. (Lit.: Knappe 1994, 200)
⇒ Das Haunetal (S. 78)

Haunetal-Wehrda, Alt-Wehrda (GPS: 50.74500° N, 9.66810° O):
Wann die Burg genau errichtet wurde ist unklar, sie muss jedoch
im 12. Jh. bereits bestanden haben. Vielleicht ist sie aber auch
älter, da angenommen wird, dass die Burg Stammsitz der Herrn
von Trümbach war. Im 15. Jh. war sie noch bewohnt. Heute ist
nur noch der Burghügel mit geringen Mauerresten unter einem
kleinen Wäldchen erhalten. (Lit.: Knappe 1994, 201)
⇒ Das Haunetal (S. 78)

Henneberg, Henneburg (GPS: 50.49026° N, 10.36216° O):
Eine hochmittelalterliche Burganlage, 11./12. bis 16. Jahrhundert.
Stammsitz der Henneberger Grafen. Bergfried und Nordwesttor,
dazu Innenbebauung und Gipfelring, alles ist touristisch gut erschlossen. (Lit.: Spazier 2004)

Hilders, Auersburg (GPS: 50.58880° N, 9.99700° O):
Nördlich von Hilders steht die Ruine der mehreckigen Burg Auersburg (738 m). Sie ist an der östlichen Seite mit einem Wallgraben
vom Hang getrennt. Die teilweise erneuerte Mauer mit einem
Turmrest und ein paar Schießscharten ist fast vollständig erhalten
geblieben und erhebt sich eindrucksvoll über den Wald. Einen
Bergfried besaß die Burg nicht. Sie wurde wahrscheinlich im 10. Jh.
von Regenher v. Weid erbaut und im Bauernkrieg 1525 zerstört. Einige noch vorhandene Gebäudereste wurden am Ende des 17. Jhs.
abgetragen. (Lit.: Knappe 1994, 204; Sturm 1989, 62 f)
⇒ Das Ulstertal (S. 127)

Hilders-Brand/Liebhards, Eberstein (GPS: 50.54420° N,
9.96680° O):
Oberhalb des Dorfes Brand liegt die Ruine Eberstein (669 m), die
im 12. Jh. unter Heinrich IV erbaut wurde. Da um 1830 große Teile

der Ruine zur Steingewinnung abgerissen wurden, sind heute nur noch wenige Fundament- und Mauerreste sowie Teile der Verteidigungsgräben erhalten. (Lit.: Knappe 1994, 207 f.; Sturm 1989, 111, 496)
⇒ Das Ulstertal (S. 127)

Hofbieber, Bieberstein (GPS: 50.57350° N, 9.85100° O):
Schloss Bieberstein steht auf einem Sporn hoch über der Bieber (505 m), anstelle einer bereits 1150 erbauten Burg, von der nur noch der Halsgraben und einige Stützmauern erhalten sind. Es wurde Anfang des 18. Jhs. unter Fürstabt Adalbert v. Schleiffras als Sommerresidenz erbaut. Bereits Mitte des 18. Jh. wurde das mächtige, quadratische Gebäude durch Bastionen und Kasematten verstärkt. Das Schloss wechselte mehrmals den Besitzer, bis es 1904 von Herman Lietz erworben wurde, der dort ein Internat einrichtete, das noch immer besteht. (Lit.: Knappe 1994, 204 f.; Sturm 1989, 78 ff)

Hofbieber-Kleinsassen, Liedenküppel (GPS: 50.54810° N, 9.89150° O):
Nordwestlich der Milseburg liegt die kleine Erhebung des Liedenküppels (674 m). Nur noch wenige Graben- und Mauerreste bezeugen eine kleine Turmburg, die von einem Halsgraben vom Berg getrennt war. Sie wurde wahrscheinlich im 11. Jh. erbaut und wohl schon im 13. Jh. wieder aufgegeben. (Lit.: Knappe 1994, 213)
⇒ Die Milseburg (S. 113)

Hünfeld-Mackenzell, Burg Klinge („Siglindisburg") (GPS: 50.64450° N, 9.79140° O):
Die kleine Burg liegt auf einem steilen Sporn am linken Ufer der Nüst zwischen Mackenzell und Silges. Sie wird durch einen Halsgraben von der Höhe abgetrennt. Wann sie errichtet und wieder aufgegeben wurde ist nicht bekannt. Heute sind nur noch wenige Teile der Ringmauer und der Gebäudefundamente erhalten. (Lit.: Knappe 1994, 195)

Motzlar, Rockenstuhl (GPS: 50.68228° N, 9.94952° O):
Von der mittelalterlichen Anlage sind noch Ringmauerreste, Graben und eine Schutthalde mit zahlreichen hochmittelalterlichen Funden, vor allem Keramik erhalten.

Die Anlage wird bis in das 9. Jh. zurückdatiert. Für das 12. Jh. werden mehrere Ministeriale genannt. 1265 Belagerung und 1327 Amt Rockenstuhl, 1699 aufgegeben. Ein gut ausgeschilderter Wanderweg (Rhönklub) erschließt die Anlage. Eine Schutzhütte ist über das Forstamt Kaltennordheim zu reservieren (Tel.: 036966 84201). (Lit.: Lappe 1991)

Neidhartshausen (GPS Oberhaus: 50.67808° N, 10.13562° O; GPS Unterhaus: 50.67672° N, 10.12782° O; GPS „Taufstein": 50.67642° N, 10.13285° O):
Oberhaus: Ein im Grundriss ovales Burggelände liegt auf einem nach Nordosten orientierten Sporn. Nach Süden bietet ein Wall-Graben-System Schutz. Die Burg wird 1116 erstmals erwähnt. Das ansässige Adelsgeschlecht gründete Kloster Zella und starb bereits 1268 aus.
Unterhaus: Es ist ein terrassenförmig ausgeprägtes Gelände „Auf der Burg" unterhalb der Freilichtbühne. Ein das ehemalige Burgareal schützender Graben ist noch erkennbar.
Turmhügel „Taufstein": Die Anlage ist ein 5–6 m hoher Turmhügel am Rand des Feldatales. Im Westen fällt das Gelände steil ab. Die anderen Seiten werden am Fuß des Hügels durch Wall und Graben geschützt. (Lit.: Wanderführer 12)
⇒ Archäologisches Feldatal, Nr. 9 (S. 164)

Nüsttal-Haselstein, Burg Haselstein (GPS: 50.68100° N, 9.85100° O):
Südöstlich der Straße von Hünfeld nach Rasdorf liegt die im 11. Jh. erbaute Burg Haselstein (483 m). Im 12. Jh. wird sie Sitz fuldischer Amtmänner und bleibt es bis zum 16. Jh. Dann wird sie aufgegeben und ihre Steine werden teilweise für das unterhalb der Burg errichtete Schloss verwendet. Von der Burg sind heute die weithin sichtbare Schildmauer, Gebäudereste und Kellergewölbe erhalten. (Lit.: Knappe 1994, 195; Sturm 1971, 146)
⇒ Zwischen Hünfeld und Rasdorf (S. 96)

Oechsen, Altes Schloss (GPS: 50.73767°N, 10.07088°O):
Südlich des Ortes auf dem Schorn liegt die kleine viereckige Burganlage mit ca. 1300 qm Innenfläche. An einen Steilhang im Westen angelehnt ist sie im Norden, Süden und Osten von Wall und Graben umgeben. Noch sichtbare Fundamente werden als Reste einer Wohnbebauung interpretiert. (Lit.: Wanderführer 12)

Petersberg-Steinau, Burg Steinau (GPS: 50.59070° N, 9.73700° O): Am Rande der Hauneaue lag die Niederungsburg Steinau. Die Burg wird im 13. Jh. erstmals erwähnt. Da die Ritter von Steinau 1271 an der Ermordung von Abt Bertho II. v. Leibolz beteiligt waren, wurden Teile der Burg eingerissen. 1722 waren noch die Hautgebäude der Burg erhalten, die jedoch 1842 einem Großbrand zum Opfer fielen. Seit einiger Zeit legt eine Gruppe Heimatfreunde Teile der Fundamente frei. (Lit.: Knappe 1994, 218; Sturm 1989, 820)
⇒ Das Haunetal (S. 78)

Rasdorf, Morsberg (GPS: 50.71530° N, 9.85920° O): Die Burg liegt an der Straße von Hünfeld nach Rasdorf auf einem Basaltkegel (466 m). Die Ganerbenburg wurde wahrscheinlich im 12. Jh. gegründet und wurde etwa zur Mitte des 16. Jhs. aufgegeben. Heute sind nur noch Wälle und Gräben zu erkennen. (Lit.: Hahn 1972; Knappe 1994, 198)
⇒ Zwischen Hünfeld und Rasdorf (S. 96)

Schleid, Bocksberg (GPS:) Ein kleines Plateau auf dem Gipfel lässt kaum noch Befestigungsspuren erkennen. Grabungen erbrachten Fundamente und mittelalterliche Funde, darunter Geschossspitzen. Für das 12. Jahrhundert werden fuldaische Ministeriale erwähnt. Im 13. Jahrhundert wurde die Anlage zerstört. (Lit.: Wanderführer 12)

Tann, Rotes, Blaues und Gelbes Schloss (GPS: 50.64214° N, 10.02100° O): Von einer vorangegangenen Burg sind noch der Halsgraben und Fundamentteile erhalten. Das „Rote Schloss" wurde 1558 erbaut und enthält wohl noch Teile der älteren Burganlage. Das „Blaue Schloss" entstand bei einem Umbau im 18. Jh. und das „Gelbe Schloss", wie das an der Hangseite stehende Hauptgebäude genannt wird, wurde 1699/1714 errichtet. Die Burg ist noch heute im Besitz der Herren v. d. Tann. (Lit.: Knappe 1994, 219; Sturm 1989, 861 ff)

Tiefenort, Krayenburg (GPS: 50.83680°N, 10.12965°O): Die mittelalterliche Krayenburg besteht aus Vor- und Hauptburg, die beide durch Mauer und Graben voneinander getrennt sind. Der gesamte Komplex wird von einer Ring- und Zwingermauer mit begleitendem Graben umgeben. Auf der Burginnenfläche sind noch Keller sowie Teile von Wohngebäuden erhalten. Die Burg wird 1155 im Besitz des Klosters Hersfeld erwähnt. Die Vögte waren mit den Frankensteinern verwandt. Die Burg wurde 1407 an die Thüringer Landgrafen verpfändet, fiel 1567 an Kursachsen und verfiel nach dem Dreißigjährigen Krieg. Heute ist die Ruine beliebter Veranstaltungsort. (Lit.: Wanderführer 12)

Abb. 168 *Der romanische Palas der Krayenburg* (Foto TLDA).

Abb. 169 **Das Schlösschen bei Unterrohn** *(Foto TLDA).*

Unterrohn, Schlösschen (GPS: 50.83117°N, 10.18132°O):
Die unbebaute Wallanlage liegt westlich des Ortes über der Werra.
Der dreieckige Grundriss ist durch Wall und Graben gesichert. Es
gibt bisher keine Funde von der Innenfläche. Nach Topographie
und Grundriss wäre eine frühgeschichtliche Datierung denkbar.
(Lit.: Wanderführer 12)

Weilar, Schloss (GPS: 50.762644°N, 10.154708°O):
Unter dem von Boineburg-Lengsfeldschen Schloss aus dem
18. Jahrhundert wurden bei Ausgrabungen im Ort 2002 ein Stück
Wassergraben mit Faschinen aus Erlenholz, Reste einer Ringmauer
sowie eine mittelalterliche Siedlungsstratigraphie neu entdeckt.
Damit kann die Existenz einer Wasserburg der Herren von „Wilere"
am Ort, die zwischen dem 13. und 14. Jahrhundert bestand, als
gesichert gelten. (Lit.: Spazier 2000)

Glossar

Annex	in diesem Fall Erweiterung eines Bauwerkes (z.B. eines Grabhügels oder einer Befestigung)
Äolisch	auf dem Luftweg, durch den Wind angeweht
Bandkeramik	frühneolithische Kulturgruppe Mitteleuropas, die durch die bandförmige Verzierung ihrer Keramik charakterisiert wird
Chopper	einfaches Steingerät mit einseitig behauener Schneide
Chopping Tool	einfaches Steingerät mit beidseitig behauener Schneide
Dechsel	früh- bis mittelneolithisches Steinbeil mit quer zum Schaft verlaufender Schneide
Curtis	frühmittelalterlicher befestigter (Königs)Hof, fränkisch-karolingisch
Doppelkoni	typische Gefäßform der Urnenfelderkultur mit doppelkonischer Form
Fulda-Werra-Gruppe	mittelbronzezeitliche Kulturgruppe, die ihren Verbreitungsschwerpunkt im Umfeld der Rhön besitzt
Glockenbecher-kultur	endneolithische Kulturgruppe, die von Spanien bis Mitteleuropa verbreitet war und durch ihre typische Becherform charakterisiert wird
Hallstatt	namengebender Fundort, Gräberfeld im oberösterreichischen Salzkammergut, Salzbergbau
Heidelbergensis	Bezug auf den Fundort Mauer bei Heidelberg
Herzynisch	von Hercynia silva, deutsche Waldgebirge von Nordwest nach Südost streichend/fallend
Hominide/ Hominidae	Menschenartige
Investiturstreit	Streit zwischen Kaiser und Papst um das Recht, Bischöfe zu ernennen; wurde 1122 mit dem sog. Wormser Konkordat beigelegt

Jastorfkultur	eisenzeitliche Kulturgruppe im norddeutschen Raum, die nach einem Urnengräberfeld bei Jastorf (Lkr. Uelzen) benannt wurde
Kandouon (griech.) auch Canduum (lat.)	Ort nach Ptolemaios Geographie südlich von Eisenach gelegen, von einigen Archäologen auf dem Öchsen zwischen Sünna und Völkershausen (Wartburgkreis) lokalisiert
Keuper	Gesteinsart, die sich zur Zeit der Trias vor ca. 230 bis 200 Millionen Jahren bildete
Kolluvium	Ablagerung von lockeren Erdmaterialien durch Ab- und Anspülung, Solifluktion und Bodenfließen
Kompositwerkzeug	Werkzeug, für dessen Herstellung verschiedene Materialien verwendet wurden; in diesem Fall Holz und Stein
Löß	während der Eiszeit angewehtes Sediment, das sehr fruchtbare Böden z.B. Schwarzerde bildete
Mergel	Sedimentgestein, das sich vor allem aus Kalk und Ton zusammensetzt
Mikrolithen	Kleingeräte aus Stein, die mit einer Holzschäftung verbunden wurden und typisch für die Mittelsteinzeit (Mesolithikum) sind
Michelsberg	namengebender Fundplatz des Jungneolithikums, Höhensiedlung b. Untergrombach (Baden Württemberg)
Mousterien	Kulturbezeichnung der mittleren Altsteinzeit, charakteristische Steinbearbeitungstechnik, namengebend ist der französische Fundplatz Le Moustier b. Les Eyzies (Dep. Dordogne/ Frankreich)
Niederungsburg	in Niederungsgebieten wie Tal- oder Beckenlagen errichtete Befestigungen, die häufig von einem Wassergraben (Wasserburgen) geschützt wurden

Oppidum/ Oppidakultur	stadtartige Siedlungen der Kelten, die im 2./1. Jh. v. Chr. in West- und Mitteleuropa errichtet wurden und charakteristisch für die spätkeltische Kultur sind
Petrographie	die Lehre von den Steinen, Gesteinskunde
Phonolith (Klangstein)	vulkanisches Gestein, das beim Anschlagen einen hellen Klang erzeugt
Pingen	kleinere Eintiefungen im Erdreich, die beim Bergbau im Tagebauverfahren entstehen
Pleistozän	das Eiszeitalter, ältere und längste Periode des Quartärs (ca. 2 Mio. bis 0,01 Mio. Jahre v. Chr.)
Quartär	jüngste erdgeschichtliche Periode (Erdneuzeit), 4. Abteilung, geteilt in Pleistozän und Holozän (Beginn vor etwa 2 Mio. Jahren)
Rössen	namengebender Fundort des Mittelneolithikum, Gräberfeld b. Merseburg (Sachsen Anhalt)
Röt	Gesteinsart, die sich während des Oberen Buntsandsteins vor über 240 Millionen Jahren bildete
Sachsenkriege	Kriegszüge der Franken unter Karl dem Großen gegen die Sachsen zwischen 772 und 804, die mit der Unterwerfung und Christianisierung der Sachsen endeten
Schnurkeramik	endneolithische Kulturgruppe, die von den zentralrussischen Steppengebieten bis nach Mitteleuropa verbreitet war und durch die Verzierung der Keramik durch Schnurabdrücke charakterisiert wird
Silex	anderes Wort für „Feuerstein"
Tangentialtor	Toranlage zwischen zwei versetzt aufeinander zulaufenden Mauerabschnitten
Tauröste	Flachs oder Lein wird nach der Ernte im kurzgeschnittenen (tau)feuchten Gras ausgebreitet, es kommt zur Gärung; lange Faserzellen lösen sich dabei von den kurzen Zellen des Stengels

Tertiär	Erdneuzeit, 3. Abteilung, folgt der Kreidezeit und geht dem Quartär voraus (65-2 Mio Jahre v. Chr.)
Toreutik	Oberbegriff für verschiedene Tätigkeiten der Metallbearbeitung
Torques	keltischer Halsring mit stempelförmigen bzw. verdickten Enden
Travertin	Kalkstein, der sich durch Ausfällung an Süßwasserquellen bildet
Tutulus	hoher, teilweise leicht pyramidenförmiger Zierkörper bei Nadeln und Fibeln
Unstrut-Gruppe	jung- und spätbronzezeitliche Kulturgruppe, die ihren Verbreitungsschwerpunkt im Thüringer Becken hat
Wendelring	typische Halsringform der älteren Eisenzeit; der Ring wird während der Herstellung unter mehrfacher Richtungsänderung gedreht, wodurch Rippen mit unterschiedlicher Ausrichtung entstehen
Weserrenaissance	typischer Baustil, der sich v.a. im 16. Jh. im Weserraum herausbildete
Wölbäcker	typische Ackerform des Mittelalters, mit breiten und bis zu 1 m hohen Flurstreifen, die über 100 m lang sein konnten
Wüstungen	aus sehr unterschiedlichen Gründen aufgegebene Siedlungen des Mittelalters und der Neuzeit

Museen und Sammlungen

Museum der Stadt Bad Hersfeld
Ein Sammlungsschwerpunkt liegt auf der Darstellung der Stadt- und Stiftsgeschichte. Dabei werden u.a. auch die Ergebnisse der archäologischen Untersuchungen im Klosterbezirk berücksichtigt. Museum der Stadt Bad Hersfeld, Im Stift, 36251 Bad Hersfeld. Tel.: 06621-75774

Stadtmuseum „Türmchen" Bad Salzungen
Das Museum ist im Fachwerkbau einer 1499 erbauten Wallfahrtskapelle im Ortsteil Allendorf eingerichtet. Das historische Gebäude war Wohnhaus zur Schäferei und wurde nach der Säkularisation 1528 mit einem Dachreiter versehen und diente als Gemeindehaus. Seit 1995 wird in einer kleinen Ausstellung die 1230-jährige Geschichte der Stadt Bad Salzungen dargestellt. Museum „Türmchen", August-Bebel-Str. 69, 36433 Bad Salzungen. Tel.: 03695-606249

Museum Dermbach
Die Darstellung der Kultur- und Sozialgeschichte der Rhön steht im Mittelpunkt der Ausstellung. Den Schwerpunkt bildet die Zeit vom 18. bis 20. Jh. Themen sind auch die mittelalterliche Hennebergische Geschichte und der Bauernkrieg.
Museum Dermbach, Kirchberg 5, 36466 Dermbach/Rhön. Tel.: 036964-8760; Einführungsvorträge und Führungen für Gruppen nach Voranmeldung auch außerhalb der Öffnungszeiten

Museum „Haus Hölzerkopf" Burghaun
Heimatmuseum mit Fundstücken zur örtlichen Natur- und Kulturgeschichte. Das Museum befindet sich zurzeit noch im Aufbau. Im Mittelpunkt der archäologischen Sammlung sollen die Grabungsergebnisse eines mittelbronzezeitlichen Grabhügels bei Burghaun „Am Dell" stehen.
Museum Burghaun „Haus Hölzerkopf", Moorstraße 12, 36151 Burghaun. Tel.: 06652-960121; Email: info@burghaun.de

Vonderau-Museum Fulda
Regionalmuseum mit Sammlungen zur Geologie, Biologie, Kunst- und Kulturgeschichte Osthessens. Große archäologische Samm-

lung mit Fundstücken von der Altsteinzeit bis zum Mittelalter aus dem gesamten Landkreis Fulda. Die Fundstücke werden durch mehrere Rekonstruktionen anschaulich ergänzt.
Vonderau Museum Fulda, Jesuitenplatz 2, 36037 Fulda. Tel.: 0661-9283510; Email: museum@fulda.de

Heimatmuseum Geisa
Ausstellungsstücke zur Ortsgeschichte und regionalen Ur- und Frühgeschichte.
Heimatmuseum Geisa, Schlossplatz 5, 36419 Geisa. Tel.: 036967-690150 und 75216; Email: info@stadt-geisa.de

Werratalmuseum Gerstungen
Das 1992 neu eröffnete Museum ist im Schloss, das auf dem Areal einer Burganlage des 13./14. Jhs. steht, untergebracht. Eine ältere Burganlage wird auch als Ort der Unterzeichnung des Gerstunger Friedensvertrages von 1074 zwischen Heinrich IV. und der Reichs-opposition angesehen.
Die Ur- und Frühgeschichte des Werragebietes um den Ort wird durch die Ausstellung der Sammlung des Studienrates Arno Volland mit einem umfangreichen Fundmaterial aus bekannten Ausgrabungen dargestellt. Neu gestaltet wurde die Präsentation einer geologisch-mineralogischen Sammlung „Steinreiche Werra". Für die Geschichte des Handwerks in Gerstungen besitzt eine um-fangreiche Keramiksammlung des 18./19. Jhs. mit künstlerisch herausragenden Exponaten überregionale Bedeutung.
Schloss Gerstungen, Sophienstraße 4, 99834 Gerstungen. Tel.: 936922-31433/2450; Email: haupt@gerstungen.de; Führungen, auch außerhalb der Öffnungszeiten, nach Voranmeldung

Heimat- und Krippenmuseum Großenlüder
Das Museum ist im alten Stiftskapitularischen Amtshaus unter-gebracht. Neben Krippen aus aller Welt beherbergt das Museum Exponate zur Orts- und Kirchengeschichte, Paläontologie und Mineralogie sowie zur Archäologie. Im Mittelpunkt stehen dabei Grabfunde vom Finkenberg.
Stiftskapitularisches Amtshaus, Marktplatz 1, 36137 Großenlüder. Tel.: 06648-9110353, Email: krippen@grossenlueder.de

Konrad-Zuse-Museum mit Stadt- und Kreisgeschichte

Zu den Schwerpunkten des Museums gehört die Darstellung von Leben und Werk Konrad Zuses. Breiten Raum nehmen Geschichte und Naturraum des ehemaligen Kreises Hünfeld ein. Die archäologische Abteilung besitzt Fundstücke von der Altsteinzeit bis zur Eisenzeit. Die Bestattung des bekannten „Mädchen von Molzbach" wird als Rekonstruktion originalgetreu wiedergegeben. Der Keltenhof bei Mackenzell ist eine Außenstelle des Museums. Konrad-Zuse-Museum, Kirchplatz 4–6, 36088 Hünfeld. Tel.: 06652-919884; Email: zuse-museum@huenfeld.de

Museum Jüchsen

Das Museum ist in der alten Schule untergebracht. Die Ur- und Frühgeschichte der Region mit originalen Funden und Rekonstruktionen von der hallstatt- bis latènezeitlichen Siedlung Widderstatt wird präsentiert. Jüchsen gehört zu den ältesten Orten Thüringens (758). Eine auch volkskundlich hochwertige Sammlung des Museums informiert zur Ortsgeschichte vom Mittelalter bis zur Neuzeit.
Museums Jüchsen, Gutsstraße 2, 98631 Jüchsen. Tel.: Gemeindeverwaltung 036947-51202; Besuch nach Anmeldung in der Gemeindeverwaltung

Heimtamuseum Kaltennordheim

Die Ausstellung befindet sich seit 1997 im Schloss. In drei Räumen wird eine volkskundliche Sammlung des 19./20. Jhs. zum bäuerlichen Leben und dem örtlichen Handwerk gezeigt, die der Heimat- und Geschichtsverein zusammengetragen hat und betreut.
Heimatmuseum, Schloss, 36452 Kaltennordheim; Tel.: 036966-81431 und 778-0; Email: hauptamt@vg-oberes-feldatal.de

Hennebergisches Museum Kloster Veßra

Das Museum mit dem Ausstellungsschwerpunkt Volkskunde nutzt die ehemalige Prämonstratenser-Klosteranlage mit seiner beeindruckenden Kirchenruine aus dem 12. Jh. im Mittelpunkt auch als Freiland- und Technikmuseum. In der Exposition werden die Geschichte des Henneberger Landes und die Klosterentwicklung vermittelt. Archäologische Funde des frühen und hohen Mittelalters stammen aus Ausgrabungen auf der Siedlung Altenrömhild und aus Grabungen im Refektorium des Klosters.

Hennebergisches Museum, 98660 Kloster Veßra. Tel.: 036873-69030; Email: info@museumklostervessra.de; Führungen nach Voranmeldung

Museum im Schloss Elisabethenburg Meiningen (Kulturstiftung Meiningen)

Das Schloss Elisabethenburg, die ehemalige Residenz der Herzöge von Sachsen-Meiningen, stellt als Dreiflügelanlage ein imposantes Beispiel thüringischer Baukunst des Barock dar. Das Museum im Schloss ist einer von drei Ausstellungsorten. Es beherbergt die Kunstsammlung, die mit ihrem Grundbestand auf die Herzöge von Sachsen-Meiningen zurückgeht. Teil der Sammlung sind auch 9000 Objekte, die der 1832 von Ludwig Bechstein gegründete Hennebergische altertumsforschende Verein zusammengetragen hat: darunter hochmittelalterliche Plastik, Kunsthandwerk, volkskundliche Exponate, Folterinstrumente sowie regionalgeschichtlich bedeutende Einzelstücke.
Schloss Elisabethenburg, Schlossplatz, 98 617 Meiningen. Tel.: 03693-503641; Email: service@meiningermuseen.de; Übersichts- und Spezialführungen nach Voranmeldung

Landschaftsinformationszentrum „Hessisches Kegelspiel" Rasdorf

Das Museum besitzt Exponate zur Geologie, Landschafts- und Kulturgeschichte der Region. Neben dem Museum befindet sich ein Steingarten.
Landschaftsinformationszentrum, Großentafter Straße 10a, 36169 Rasdorf. Tel.: 06651-96010; Email: info@rasdorf.de

Steinsburgmuseum Römhild

Das Steinsburgmuseum stellt in seiner Dauerausstellung die Ur- und Frühgeschichte Südthüringens dar. Es beherbergt die Sammlung der archäologischen Funde von der Steinsburg selbst, wofür der Museumsneubau bereits 1929 eröffnet wurde. Auch die urgeschichtliche Sammlung des Hennebergischen altertumsforschenden Vereins und die Sammlung des Apothekers Keller aus Dermbach sind im Steinsburgmuseum untergebracht. Raritäten im Bestand des Hauses sind die Bibliothek und große Teile des Privatarchivs des Prähistorikers Alfred Götze (1865–1948). Das Steinsburgmuseum ist heute Außenstelle des Thüringischen Landesamtes für Denkmalpflege und Archäologie und für die

archäologische Denkmalpflege in den Landkreisen Schmalkalden-Meiningen, Hildburghausen und Suhl zuständig.
Steinsburgmuseum Römhild, Waldhaussiedlung 8, 98631 Römhild. Tel.: 036948 20561; Email: post@tlad.de; Führungen nach Voranmeldung

Museum Roßdorf/Rhön

Das Museum ist im Roßdorfer Gutsspeicher eingerichtet. Es behandelt die Ereignisse um das Gefecht von Roßdorf am 4. Juli 1866 während des Preußisch-Österreichischen Krieges.
Museum Roßdorf, ehemaliger Gutsspeicher, 98590 Roßdorf. Tel.: Gemeindeverwaltung 036848-8820; Walter Nickel 036968-5032; Email: gemeindeverwaltung@rossdorf-rhoen.de

Keltendorf Sünna

Am Fuß des Öchsenberges, der prominentesten befestigten Höhensiedlung der thüringischen Rhön, entstand zur Förderung des Tourismus in der Rhön das Keltendorf. Vor der Silhouette des archäologischen Denkmals und in unmittelbarer Nachbarschaft des Kelten-Hotels wurden nach Ausgrabungsbefunden Häuser, technische Anlagen und Befestigungsbauten der vorrömischen Eisenzeit rekonstruiert. Ein umfangreiches Veranstaltungsangebot, das sich großer Beliebtheit erfreut, erfüllt seitdem den Platz mit Leben. Die Gemeinde Sünna (Unterbreizbach) und die Gastgeber des Hotels, Familie Stütz, verbinden Wissensvermittlung im Keltendorf, Öchsen-Wanderungen und eine anspruchsvolle Gastronomie zu einem touristischen Event, das wahrzunehmen sich lohnt.
Keltendorf Sünna, Kelten-Hotel GmbH, Goldene Aue, 36404 Sünna. Tel.: 036962-2670; Regina Tittmar 036962-2670; Email: info@keltenhotel.de

Naturmuseum und Museumsdorf Tann

Museum und Museumsdorf sind unmittelbar benachbart. Das Museum zeigt Exponate zur Erdgeschichte sowie zur Flora und Fauna der Rhön. Einige paläolithische Artefakte werden anschaulich ergänzt durch das lebensechte Modell eines eiszeitlichen Lagerplatzes. Im Museumsdorf geben historische Gebäude einen Eindruck vom ländlichen Wohnraum der letzten Jahrhunderte.
Naturmuseum, Schlossstraße , 36142 Tann. Tel.: 06682-8977; Email: info@tann-online.de

Museum Burg Wendelstein Vacha

Die Burg Wendelstein, der Sitz des Museums, entstand mit der Erweiterung der Stadtbefestigung um die Mitte des 13. Jhs. Die Stadt Vacha selbst ist älter und wird 1186 erstmals erwähnt. In den Räumen der Burg und auf einem Freigelände wird die Geschichte der Stadt, in verkehrstopographisch wichtiger Position an einem Werraübergang zwischen Hessen und Thüringen bereits 816 als Örtlichkeit genannt, dargestellt. Die Ausstellung gibt einen Einblick in die Entwicklung des städtischen Handwerks, darunter die Lohgerberei. Den flächendeckenden Ausgrabungen auf dem Markt der Stadt ist eine archäologische Ausstellung gewidmet, die vor allem mittelalterliches Fundmaterial präsentiert. Museum Burg Wendelstein, Untertor 8a, 36404 Vacha. Tel.: 036962-22835; Email: Museum-Vacha@t-online.de; Führungen und Stadtführungen nach Voranmeldung

Stadtmuseum Wasungen

Das Museum hat seit 1995 sein Domizil im 1596 errichteten Damenstift, einem herausragenden Baudenkmal der Altstadt. Die ständige Ausstellung präsentiert nach Schwerpunkten – Gesamtüberblick, Kulturgeschichte, Wirtschaftsgeschichte und Geschichte des Damenstifts – gegliedert, die Entwicklung der Stadt Wasungen.
Damenstift, Untertor 1, 98634 Wasungen. Tel.: 036941-71505; Email: info@wasungen.de; Führungen nach Voranmeldung auch außerhalb der Öffnungszeiten

Museum Schloss Fasanerie

Das Museum im Schloss Fasanerie zeigt in etwa 60 Schauräumen zahlreiche Wohn- und Ausstattungsstücke aus dem 18. und 19. Jh. und vermittelt so einen anschaulichen Eindruck vom adligen Leben dieser Zeit. Außerdem besitzt das Museum eine der bedeutendsten Privatsammlungen antiker Kunst. Da diese Sammlung nicht Teil der Standortbesichtigung ist, sollten Interessenten im Vorfeld gezielt danach fragen.
Schloss Fasanerie, 36124 Eichenzell. Tel.: 0661-94860; Email: museum@schloss-fasanerie.de

Weitere Informationspunkte

Biosphärenreservat Rhön
Hessische Verwaltungsstelle
Groenhoff Haus Wasserkuppe
36129 Gersfeld
Telefon: (0 66 54) 96 12-0
Telefax: (0 66 54) 96 12-20
E-Mail: vwst@brrhoen.de

Biosphärenreservat Rhön
Thüringische Verwaltungsstelle
Propstei Zella
Goethestraße 1
36452 Zella/Rhön
Telefon: (03 69 64) 86 83-30
Telefax: (03 69 64) 86 83-55
e-mail: poststelle.rhoen@nnl.thueringen.de

Rhönklub e.V.
Geschäftsstelle des Hauptvorstandes
Peterstor 7
36037 Fulda
Telefon: (0661) 73488
Telefax: (0661) 79794
Email: hauptvorstand@rhoenklub.de

Literaturauswahl

Allgemein

B. v. Adrian und A. Bagus, Museen in Hessen (Kassel 2008).

Archäologischer Wanderführer Thüringen. Heft 12, Wartburgkreis Süd (Weimar 2010).

Chr. Aschenbrenner, Fulda geologisch und archäologisch. In: Fuldaer Geschichtsverein (Hrsg.), Geschichte der Stadt Fulda, Bd. I. Von den Anfängen bis zum Ende des Alten Reiches (Fulda 2009) 26–44.

B. W. Bahn, Die Burgen in Südthüringen und ihre Vermessung. In: Beiträge zur Ur- und Frühgeschichte 2 (Berlin 1982) 409–425.

P. Donat, Die ur- und frühgeschichtliche Besiedlung des oberen Werragebietes (ungedr. Dissertation, Jena 1966).

G. Eichhorn, Vorgeschichtliches aus der Rhön. Thüringen 2, 1926, 85–89.

Führer zu archäologischen Denkmalen in Deutschland 28: Südliches Thüringen (Stuttgart 1994).

Führer zu vor- und frühgeschichtlichen Denkmälern 1: Fulda, Rhön, Amöneburg, Gießen (Mainz 1964).

Führer zu vor- und frühgeschichtlichen Denkmälern 28: Bad Kissingen, Fränkische Saale, Grabfeld, südliche Rhön (Mainz 1975).

Fuldaer Geschichtsverein (Hrsg.), Geschichte der Stadt Fulda, Bd. I/II (Fulda 2008/2009).

H. Gauß, Die vor- und frühgeschichtliche Besiedlung des Werratales um Gerstungen, Lkr. Eisenach (ungedr. Diplomarbeit, Weimar 1958).

A. Götze, P. Höfer und P. Zschiesche, Die vor- und frühgeschichtlichen Altertümer Thüringens (Würzburg 1909).

H. Hahn, Die vorgeschichtlichen Funde und Denkmäler im Stadtgebiet Hünfeld. In: Hünfeld. 1200 Jahre Campus Unofelt – 10 Jahre Großgemeinde (Nüsttal/Hofaschenbach 1982) 19–90.

F.-R. Herrmann u. A. Jockenhövel, Die Vorgeschichte Hessens (Stuttgart 1990).

R. Heynowski, Eisenzeitlicher Trachtschmuck der Mittelgebirgszone zwischen Rhein und Thüringer Becken. Archäologische Schriften des Instituts für Vor- und Frühgeschichte der Johannes Gutenberg-Universität Mainz, Bd. 1 (Mainz 1992).

E. Marquardt, Denkmale der Vorzeit aus dem Kreise Meiningen und seiner nächsten Umgebung. Sonderdruck aus dem Jahrbuch des Hennebergisch Fränkischen Geschichtsvereins (Hildburg-hausen 1937) 17–48.

M. Müller, Vorgeschichte. In: M. Horn (Red.), Erläuterung zur geo-logischen Karte von Hessen 1:25000 Blatt Nr. 5425 Kleinsassen ²(Wiesbaden 1994) 319–324.

M. Müller, Die vorgeschichtliche Besiedlung des Kreises Fulda. Materialien zur Vor- und Frühgeschichte von Hessen (in Vor-bereitung).

Museen in Thüringen (Leipzig 2006).

K. Peschel, Friedrich Klopfleisch als Ausgräber. Die „Rhönreise" des Jahres 1882. Ethnographisch-Archäologische-Zeitschrift 22, 1981, 397–431.

W. Schenk, Historische Geographie (Darmstadt 2011).

H. Schmitt, Der Öchsenberg bei Vacha, Wartburgkreis und sei-ne urgeschichtliche Besiedlung (ungedr. Magisterarbeit, Jena 1988).

J. Vonderau, Denkmäler aus vor- und frühgeschichtlicher Zeit im Fuldaer Lande. 21. Veröffentlichung des Fuldaer Geschichtsver. (Fulda 1931).

Vorzeit Spuren in Rhön-Grabfeld (Bad Königshofen 1998).

W. Werner, Heimkehr nach Buchonien Wanderungen durch Rhön und Grabfeld (Rudolstadt 1988).

G. Wölfing, Das Henneberger Land – eine Brücke zwischen Fran-ken, Thüringen und Hessen. Frankenland Zeitschrift für fränki-sche Landeskunde und Kulturpflege 44, 1992, 202–213.

G. Wölfing, Geschichte des Henneberger Landes (Leipzig, Hild-burghausen 2009).

Naturkunde

R. Geyer, H. Jahne und S. Storch, Geologische Sehenswürdigkeiten des Wartburgkreises und der kreisfreien Stadt Eisenach. Natur-schutz im Wartburgkreis 8 (Eisenach 1999).

H. Gies, Zur Geologie des Großenlüderer Grabens und Geschichte seiner Mineralquellen. Beiträge zur Naturkunde in Osthessen 46, 2008.

G. Grosse-Brauckmann, B. Stretz und G. Schild, Einige vegetati-onsgeschichtliche Befunde aus der Hohen Rhön. Beiträge zur Naturkunde in Osthessen 23, 1987, 31–65.

M. Kaeselitz, Nördliche Rhön – Steile Wände und offene Fernen (Wiebelsheim 2009).

H. Küster, Geschichte der Landschaft in Mitteleuropa (München 1999).

E. Lange, E. Gringmuth-Dallmer und L. Jeschke, Untersuchungen zur Vegetations- und Besiedlungsgeschichte im südlichen Thüringen. Mitteilungen aus dem Biosphärenreservat Rhön, 4. Monographie (Kaltensundheim 2001).

U. Lange, Die Hohe Rhön. Geschichte einer außergewöhnlichen Landschaft (Petersberg 2000).

Alt- und Mittelsteinzeit

L. Fiedler und H. Leister, Altpaläolithische Geröllgeräte aus Großenbach. In: Hünfeld. 1200 Jahre Campus Unofelt – 10 Jahre Großgemeinde (Nüsttal/Hofaschenbach 1982) 91–93.

L. Fiedler, Ein endpaläolithischer Fundplatz bei Rothenkirchen, Kreis Fulda. Archäologisches Korrespondenzblatt 6, 1976, 267–269.

L. Fiedler, Jäger und Sammler der Frühzeit. Alt- und Mittelsteinzeit in Nordhessen (Kassel 1983).

L. Fiedler, Alt- und mittelsteinzeitliche Funde in Hessen. Führer zur hessischen Vor- u. Frühgeschichte 2 (2., vollständig neu erstellte Auflage Stuttgart 1994).

L. Fiedler, Älteres Paläolithikum aus dem Gebiet zwischen Mittelrhein, Main und Werra. In: L. Fiedler (Hrsg.) Archäologie der ältesten Kultur in Deutschland (Wiesbaden 1997) 49–79.

B. Pflug, Die Verbreitung kieseliger Gesteine in der hessischen Rhön und ihre Verwendung im Paläo- bis Neolithikum. Materialien zur Vor- und Frühgeschichte von Hessen (Wiesbaden 1993).

Jungsteinzeit

N. Kegler-Graiewski, Beile – Äxte – Mahlsteine. Zur Rohmaterialversorgung im Jung- und Spätneolithikum Nordhessens (Köln 2007).

M. Müller und E. Martini, Ein jungsteinzeitlicher Feuersteindolch aus der Rhön. Lesefund von einem Acker bei Poppenhausen, Landkreis Fulda. Hessen Archäologie 2003 (2004) 49–50.

D. Raetzel-Fabian, Die ersten Bauernkulturen. Jungsteinzeit in Nordhessen (Kassel 1988).

F. Stein, Weiterer Fund aus der Alt-Steinzeit bei Fulda. Vergangenheit spricht zur Gegenwart 22, 1969, 7.

F. Verse, Neufund eines „Rössener Keils" bei Großenlüder-Unterbimbach – zum Früh- und Mittelneolithikum in Osthessen. Hessen Archäologie 2008 (2009) 27–29.

J. Vonderau, Steinzeitliche Hockergräber und Wohnstätten auf dem Schulzenberg bei Fulda. 6. Veröffentlichung des Fuldaer Geschichtsvereins (Fulda 1907).

J. Vonderau, Fundorte von Tongefäßen der sogen. Becherkultur im Umland der Stadt Fulda. Fuldaer Geschichtsblätter 29, 1937, 33–36.

J. Vonderau, Ein jungsteinzeitliches Skelettgrab und ein Urnenfeld westlich von Fulda. Fuldaer Geschichtsblätter 29, 1937, 49–53.

Bronzezeit

W. Felsch, Die Hügelgräberbronzekultur in der thüringischen Vorderrhön. In: Der Spatenforscher 4 (Jena1939).

R. Feustel, Bronzezeitliche Hügelgräberkultur im Gebiet von Schwarza (Südthüringen) (Weimar 1958).

R. Feustel, Zur bronzezeitlichen Hügelgräberkultur in Südthüringen. Alt-Thüringen 27, 1993, 53–123.

I. Görner, Bestattungssitten der Hügelgräberbronzezeit in Nord- und Osthessen. Marburger Studien zur Vor- und Frühgeschichte 20 (Rahden/Westf. 2002).

F. Holste und W. Jorns, Der Grabhügel von Molzbach. Germania 19, 1935, 4–12.

M. Müller, Die Urnenfelderkultur im Fuldaer Becken (ungedr. Magisterarbeit, Frankfurt a. M. 1982).

M. Müller, Bemerkungen zu den Grabformen und Bestattungssitten auf dem urnenfelderzeitlichen Friedhof vom Finkenberg bei Oberbimbach (Kr. Fulda). Fuldaer Geschichtsblätter 60, 1984, 25–48.

M. Müller, Ein bronzezeitliches Messer vom Stallberg bei Fulda. Hessen Archäologie 2002 (2003) 41–42.

E. Pramme de Alva, A. Stobbe und F. Verse, Archäologische und naturwissenschaftliche Untersuchungen an einem mittelbronzezeitlichen Gräberfeld bei Fulda-Maberzell „Trätzhof". Fundberichte aus Hessen 50, 2010 (2012) 195–232.

J. Vonderau, Bronzen vom Haimberg bei Fulda. 20. Veröffentlichungen des Fuldaer Geschichtsvereins (Fulda 1929).

J. Vonderau, Ein bemerkenswerter Grabhügel der mittleren Bronzezeit bei Traisbach im Kreise Fulda. Fuldaer Geschichtsblätter 23, 1930, 1–7.

G. Weber, Händler, Krieger, Bronzegießer. Bronzezeit in Nordhessen (Kassel 1992).

Eisenzeit

B. W. Bahn, Urnenfelder- bis latènezeitliche Wallanlagen. In: Südliches Thüringen. Führer zu archäologischen Denkmälern in Deutschland 28. Archäologische Denkmale in Thüringen 1 (Stuttgart 1994) 116–129.

C. Dreysigacker, Das vorgeschichtliche Gräberfeld bei Leimbach. Neue Beiträge zur Geschichte deutschen Alterthums 2, 1888, 195–226.

R. Gensen, Die eisenzeitlichen Ringwälle auf dem Stallberg und dem Kleinberg. Archäologische Denkmäler in Hessen 49 (Wiesbaden 1985).

A. Götze, Die vorgeschichtlichen Burgen der Rhön und die Steinsburg auf dem Kleinen Gleichberg bei Römhild. In: Mannus, Ergänzungsband 2, 11–18 (Würzburg 1911).

Th. Grasselt, Ausgrabungen im Hallstattzeitlichen Gräberfeld Forst Merzelbachwald bei Römhild, Lkr. Hildburghausen (1991–1993). Alt-Thüringen 29, 1995.

H. Hahn, Das Schwert vom Habelberg. Fuldaer Geschichtsblätter 63, 1987, 1–56.

F.-R. Herrmann und M. Müller, Die Milseburg in der Rhön. Archäologische Denkmäler in Hessen 50 (Wiesbaden 1985).

W. Höhn, Auf den Spuren der Kelten in der Rhön, im Fuldaer Land und im Grabfeld. Von der Werra bis zur Fulda und der Fränkischen Saale (Petersberg 2009).

G. Jacobi, Frühlatènezeitliche Tutulusnadeln vom Dünsberg. In: O.-H. Frey (Hrsg.), Marburger Beiträge zur Archäologie der Kelten. Festschr. W. Dehn. Fundberichte aus Hessen, Beiheft 1 (Bonn 1969) 69–84.

A. Janas, Der eisenzeitliche Siedlungsplatz von Hünfeld-Mackenzell, Lkr. Fulda (ungedr. Magisterarbeit, Mainz 2009).

Kelten-Erlebnisweg. Von Südthüringen über die Haßberge bis zum Steigerwald, Tourbegleiter (Nürnberg 2012).

K. Peschel, Die Diesburg bei Meiningen – ein Ort früher Feldforschung in Thüringen. Alt-Thüringen 37, 2004, 5–29.

D. Raetzel-Fabian, Kelten, Römer und Germanen. Eisenzeit in Nordhessen (Kassel 2001).

J. Schneevoigt, Die hallstattzeitlichen Gräberfelder von Herpf „Eichig", Ldkr. Schmalkalden-Meiningen und Ritschenhausen „Wüstung Gaulshausen", Ldkr. Schmalkalden-Meiningen (ungedr. Magisterarbeit, Jena 2006).

U. Söder und M. Zeiler, Die Milseburg. Oppida Celtica I (Marburg 2012).

I. Spazier, Neue Untersuchungen am Dolmar bei Kühndorf, LKr. Schmalkalden-Meiningen. Alt-Thüringen 41, 2011, 257-269.

H. Storch, Die Rekonstruktion der keltischen Bronzekanne von Borsch, Kr. Bad Salzungen, in der Sammlung des Bereichs Ur- und Frühgeschichte der Friedrich-Schiller-Universität Jena. Wissenschaftliche Zeitschrift der Friedrich-Schiller-Universität Jena, gesellschaftswissenschaftliche Reihe, Heft 35, 1986, 411–421.

A. Thiedmann, Der „Keltenhof" von Mackenzell. Archäologische Denkmäler in Hessen 169 (Wiesbaden 2007).

W. Uloth, Im Banne der Diesburg. Interessante Wanderziele im Biosphärenreservat Rhön/Thüringen 1. Mitteilungen aus dem Biosphärenreservat Rhön/Thüringen 1. Beiheft (Kaltensundheim 1998).

Th. Voigt, Latènezeitliche Halsringe mit Schälchenenden zwischen Weser und Oder. Jahresschrift Halle 52, 1968, 143–232.

J. Vonderau, Der Ringwall am nördlichen Heidenküppel bei Unterbimbach im Kreise Fulda. 5. Veröffentlichungen des Fuldaer Geschichtsvereins (Fulda 1905).

J. Vonderau, Die Ringwälle der Rhön. Prähistorische Zeitschrift 19, 1928, 384–385.

J. Vonderau, Ein Skelettgrab der Früh-Latènezeit bei Stöckels. Fuldaer Geschichtsblätter 24, 1931, 97–101.

J. Vonderau, Ein zweites keltisch-gallisches Flachgrab der Frühlatènezeit bei Stöckels. Fuldaer Geschichtsblätter 26, 1933, 33–35.

S. Wefers, Latènezeitliche Mühlen aus dem Gebiet zwischen den Steinbruchrevieren Mayen und Lovosice (Mainz 2012).

Römische Kaiserzeit / Völkerwanderungszeit

M. Müller, J. Kneipp und A. Kreuz, Der frühkaiserzeitliche Siedlungsplatz von Hünfeld-Mackenzell, Flur „Am vorderen Haugraben", Ldkr. Fulda. Berichte der Kommission für archäologische Landesforschung in Hessen 6, 2000/2001, 147–151.

F. Teichner, Fulda-Domhügel. Eine Siedlungsgrube der frühen römischen Kaiserzeit aus Osthessen. In: S. Biegert u. a. (Hrsg.), Beiträge zur germanischen Keramik zwischen Donau und Teutoburger Wald (Bonn 2000) 109–115.

R. v. Uslar, Westgermanische Bodenfunde des ersten bis dritten Jahrhunderts n. Chr. aus Mittel- und Westdeutschland. Germanische Denkmäler der Frühzeit 3 (Berlin 1938).

Mittelalter / Neuzeit

W. Abel, Die Wüstungen des ausgehenden Mittelalters (Stuttgart 1955).

G. Dehio, Handbuch der Deutschen Kunstdenkmäler: Nördliches Hessen (Berlin, München 1950).

G. Dehio, Handbuch der Deutschen Kunstdenkmäler: Thüringen (Berlin, München 2003).

G. v. Donop, Die Fundgräberei auf der Hennebergischen Diesburg. In: Chr. A. Vulpius, Curiositäten der physisch-literarisch-artistisch-historischen Vor- und Mitwelt 9, VI. Stück (Weimar 1822) 467–480.

L. Fiedler, Die Sinzigburg im mittleren Haunetal. Archäologische Denkmäler in Hessen 42 (Wiesbaden 1985).

W. Gall, Sondierungsgrabung auf dem Höhn bei Diedorf, Lkr. Bad Salzungen. Ausgrabungen und Funde 39, 1994, 230–238.

R. Geyer, Katalog zum Altbergbau im Wartburgkreis. Neue Ausgrabungen und Funde in Thüringen 3, 2007, 92–109.

W. Görich, Ortesweg, Antsanvia und Fulda in neuer Sicht – zur Heimführung des Bonifatius vor 1200 Jahren. Germania 33, 1955, 68–87.

H. Hahn, Der Morsberg bei Rasdorf. Fuldaer Geschichtsblätter 48, 1972, 137–145.

J. Heinke, Mittelalterliche und neuzeitliche Straßen und Wege in der Rhön, im Grabfeld und in den angrenzenden Gebieten (Mellrichstadt 2012).

H. Hildebrandt, Regelhafte Siedlungsformen im Hünfelder Land. Marburger Geographische Schriften 34 (Marburg 1968).

H. Hildebrandt, Die spätmittelalterliche Wüstungsperiode und ihre Auswirkungen auf die Kulturlandschaft im Landkreis Hünfeld. Heimatkalender des Landkreises Hünfeld (Hünfeld 1971) 113–139.

W. Kiefer, Traisbach – Monographie eines Dorfes. 49. Veröffentlichung des Fuldaer Geschichtsvereins (Fulda 1971).

Th. Kind, Pfahlbauten und merowingische *curtis* in Fulda? In: Fuldaer Geschichtsverein (Hrsg.), Geschichte der Stadt Fulda, Bd. I. Von den Anfängen bis zum Ende des Alten Reiches (Fulda 2009) 45–68.

R. Knappe, Mittelalterliche Burgen in Hessen. 800 Burgen, Burgruinen und Burgstätten (Gudensberg-Gleichen 1994).

U. Lappe, Mittelalterliche und frühneuzeitliche Funde vom Rockenstuhl im Kreis Bad Salzungen. Ausgrabungen und Funde 36, 1991, 234–239.

K. Lübeck, Die Slawen des Fuldaer Landes. Fuldaer Geschichtsblätter 24, 1931, 1–15.

K. Lübeck, Die Wüstungen des Kreises Fulda. Fuldaer Geschichtsblätter 27, 1934, 30–51.

K. Lübeck, Alte Ortschaften des Fuldaer Landes. Band 2: Alte Ortschaften des Kreises Fulda (Fulda 1936).

H. Müller u. I. Gräfe, Wehrhafte Kirchen des mittleren Werragebietes. Südthüringische Forschungen 3 (Meiningen 1967).

J. Reinhardt, Steinkreuze und Kreuzsteine der Rhön (Petersberg 1999).

H. Riebeling, Steinkreuze und Kreuzsteine in Hessen (Langen 1977)

W. Röll, Die kulturlandschaftliche Entwicklung des Fuldaer Landes seit der Frühneuzeit (Gießen 1966).

R. Schmitt, „Wehrhafte Kirchen" und der „befestigte Kirchhof" von Walldorf, Kreis Schmalkalden-Meiningen. Burgen und Schlösser in Sachsen-Anhalt 9, 2000, 127–149.

G. Seib, Wehrhafte Kirchen in Nordhessen. Beiträge zur hessischen Geschichte 14 (Marburg 1999).

K. Sippel, Die Grasburg bei Mansbach in der Vorderrhön. Archäologische Denkmäler in Hessen 16 (Wiesbaden 1981).

I. Spazier, Der alte Turm der Henneburg. Jahrbuch 2004 des Hennebergisch-Fränkischen Geschichtsvereins (Kloster Veßra, Meinigen, Münnerstadt 2004) 23–36.

I. Spazier, Neueste Ergebnisse zur Burgenforschung in Südwestthüringen. In: R. Aurig, R. Butz, I. Gräßler und A. Thieme, Burg-Strasse-Siedlung-Herrschaft. Studien zum Mittelalter in Sachsen und Mitteldeutschland. Festschrift für Gerhard Billig zum 80. Geburtstag (Beucha 2008) 83–104.

I. Spazier, Archäologische Untersuchungen in befestigten Kirchhöfen Südthüringens. Mitteilungen aus dem Biosphärenreservat Rhön 17, 2012, 40–44.

I. Spazier, R. Schmitt, O. Dietzel, Die Nonnenklöster von Rohe, Lkr. Schmalkalden-Meiningen, Frauensee, Wartburgkreis und Kapellendorf, Lkr. Weimarer Land. Alt-Thüringen 42, 2013, 201–282.

G. Stasch, Architektur in Fulda vom Mittelalter bis zur Säkularisation. In: Fuldaer Geschichtsverein (Hrsg.), Geschichte der Stadt Fulda, Bd. I (Fulda 2009) 599–666.

F. Störzner, Steinkreuze in Thüringen. Katalog der Bezirke Gera und Suhl (Weimar 1988).

E. Sturm, Die Bau- und Kunstdenkmale des Fuldaer Landes. Bd. 2: Kreis Hünfeld (Fulda 1971)

E. Sturm, Die Bau- und Kunstdenkmale der Stadt Fulda (Fulda 1984)

E. Sturm, Die Bau- und Kunstdenkmale des Fuldaer Landes. Bd. 1: Altkreis Fulda. Zweite, neu verfasste Auflage (Fulda 1989).

J. Vonderau, Die Ausgrabungen am Dome zu Fulda in den Jahren 1919–1924. 17. Veröffentlichung des Fuldaer Geschichtsvereins (Fulda 1924).

J. Vonderau, Die Ausgrabungen an der Stiftskirche zu Hersfeld in den Jahren 1921 und 1922. 1. Veröffentlichung des Hersfelder Geschichtsvereins (Hersfeld 1925).

J. Vonderau, Die Ausgrabungen am Domplatze zu Fulda im Jahre 1941. 26. Veröffentlichung des Fuldaer Geschichtsvereins (Fulda 1946).

G. Wölfing, Das Henneberger Land-eine Brücke zwischen Franken, Thüringen und Hessen. Frankenland. Zeitschrift für Fränkische Landeskunde und Kulturpflege 44, 1992, 202–213.

G. Wölfing, Geschichte des Henneberger Landes zwischen Grabfeld, Rennsteig und Rhön (2009 Hildburghausen).

Ortsverzeichnis

Burgnamen sind kursiv, Bergnamen sind halbfett dargestellt.